DESCARTES

ŒUVRES CHOISIES

DISCOURS DE LA MÉTHODE

MÉDITATIONS

TRAITÉ DES PASSIONS

RECHERCHE DE LA VÉRITÉ PAR LES LUMIÈRES NATURELLES

BAR-LE-DUC

CONTANT-LAGUERRE, EDITEUR

1879

BIBLIOTHÈQUE DES CHEFS-D'ŒUVRE

Formats in-8° et grand in-12.

45 volumes parus :

BERNARDIN DE SAINT-PIERRE. Etudes de la Nature................ 1 vol.
BERTRAND DU GUESCLIN. Mémoires sur sa vie et ses exploits, nouvelle édition revue, annotée et précédée d'une Notice.................... 1 vol.
BOILEAU. Œuvres poétiques, suivies du *Traité du sublime* de Longin.... 1 vol.
BOSSUET. Discours sur l'Histoire universelle........................ 1 vol.
— Sermons, Panégyriques et Oraisons funèbres, nouvelle édition précédée d'un Avant-Propos et enrichie de Notices.......................... 2 vol.
BUFFON. Les Animaux carnassiers. Nouvelle édition revue et annotée.... 1 vol.
— Les Oiseaux. Edition revue et annotée............................ 1 vol.
— Les Quadrupèdes. Animaux domestiques et Animaux sauvages en France, précédés du Discours sur la nature des animaux.................... 1 vol.
BUFFON et LACÉPÈDE. Les Amphibies et les Cétacés.................. 1 vol.
CHATEAUBRIAND. Génie du Christianisme. Nouvelle édition............ 2 vol.
— Itinéraire de Paris à Jérusalem. Nouvelle édition revue et annotée...... 2 vol.
CORNEILLE (Pierre). Œuvres choisies............................ 1 vol.
CROISADES (les premières) et le Royaume chrétien de Jérusalem......... 1 vol.
CROISADE (la) de Constantinople et son influence sur le développement du commerce de l'Europe dans le Levant. Nouvelle édition précédée d'un Avant-Propos.. 1 vol.
CROISADES (les) de saint Louis, nouv. édit. précédée d'un Avant-Propos. 1 vol.
DESCARTES. Œuvres choisies : Discours de la Méthode ; Méditations ; Traité des Passions ; Recherche de la vérité par les lumières naturelles...... 1 vol.
FÉNELON. Aventures de Télémaque, précédées d'un Avant-Propos........ 1 vol.
— Traité de l'Existence et des Attributs de Dieu, suivi de Lettres sur divers sujets de métaphysique et de religion............................ 1 vol.
JOINVILLE (sire de). Mémoires, ou Histoire de saint Louis IX, écrite par Jean, sire de Joinville, sénéchal de Champagne ; nouvelle traduction en français moderne, précédée d'une Notice ; accompagnée de Notes philologiques, historiques, etc., et suivie du *Jugement des Auteurs français sur saint Louis*.. 1 vol.
JOSÈPHE (Flavius). Histoire de la Guerre des Juifs contre les Romains, précédée de son Histoire par lui-même et suivie de l'ambassade de Philon, avec une introduction et des notes.................................. 2 vol.
LACÉPÈDE. Les Poissons. Edition revue et annotée.................. 1 vol.
— Les Quadrupèdes ovipares, précédés d'une Notice.................. 1 vol.
— Les Serpents. Edition revue et annotée............................ 1 vol.
LA BRUYÈRE. Œuvres choisies, précédées d'une Préface.............. 1 vol.
LA ROCHEFOUCAULD. Réflexions ou Sentences et Maximes morales ; — et **VAUVENARGUES.** Œuvres choisies.............................. 1 vol.
LE LOYAL SERVITEUR. Mémoires du chevalier Bayard, dit le Chevalier sans peur et sans reproche, lieutenant pour le Roi au gouvernement du Dauphiné et capitaine de cent hommes d'armes. Nouv. édit. en français moderne avec des notes.. 1 vol.
LUCAIN. La Pharsale, trad. de Marmontel, avec Notes et nouvelle Préface. 1 vol.
MASSILLON. Petit Carême, précédé d'une Notice biograp. et littéraire... 1 vol.
MOLIÈRE. Œuvres choisies.. 1 vol.
MONTESQUIEU. Considérations sur les causes de la grandeur et de la décadence des Romains.. 1 vol.
MONTLUC (de). Commentaires de Messire de Montluc, maréchal de France (1521-1574)... 2 vol.
PASCAL. Pensées, précédées de sa Vie par Mme Périer. Edition nouvelle.. 1 vol.
PLUTARQUE. Les Grecs illustres, traduction de Ricard, avec Notes et nouvelle Préface.. 2 vol.
— Les Romains illustres, trad. de Ricard, avec Notes et nouvelle Préface.. 2 vol.
RACINE. Œuvres choisies... 1 vol.
RETZ (cardinal de). Histoire des troubles civils de la Fronde (1619-1653). Nouvelle édition, revue, annotée et précédée d'une Notice.......... 2 vol.
SÉVIGNÉ (Mme de). Lettres à Mme de Grignan, précédées d'une Notice... 2 vol.

BAR-LE-DUC, IMPRIMERIE CONTANT-LAGUERRE.

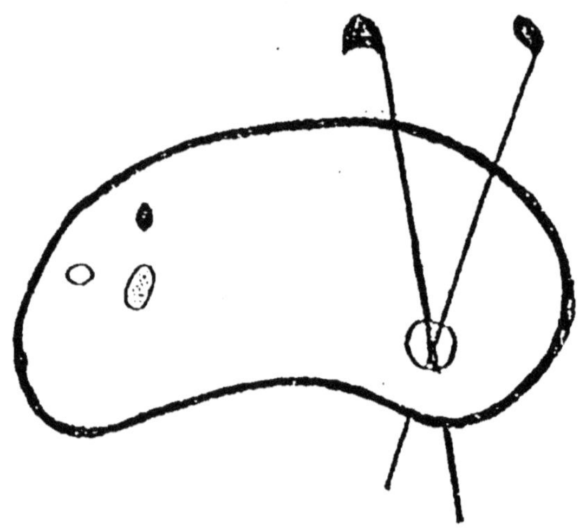

FIN D'UNE SERIE DE DOCUMENTS
EN COULEUR

IMPRIMERIE
CONTANT-LAGUERRE
LVX VITAM
BAR-LE-DUC

DESCARTES

ŒUVRES

CHOISIES

DISCOURS DE LA MÉTHODE
MÉDITATIONS
TRAITÉ DES PASSIONS
RECHERCHE DE LA VÉRITÉ PAR LES LUMIÈRES NATURELLES

BAR-LE-DUC
CONTANT-LAGUERRE, EDITEUR
1879

AVERTISSEMENT SUR CETTE ÉDITION.

Les ouvrages de Descartes que nous réunissons dans ce volume résument parfaitement sa doctrine philosophique.

Le *Discours de la méthode* en expose le point de départ et la série de déductions qu'il tire de son principe. Les *Méditations* nous montrent l'application de sa méthode à l'existence de Dieu et de l'âme humaine, et aux vérités fondamentales de la philosophie. Le traité *des Passions* est un résumé pratique de la morale qui, en classant et en décrivant toutes les passions humaines, nous découvre les principaux mobiles de nos actions. Enfin l'opuscule de la *Recherche de la vérité* que nous avons mis à la fin de ce volume, est une discussion du fameux principe : *Je pense, donc j'existe.*

Descartes avait songé à rendre sa doctrine populaire, et pour la propager, il avait essayé de la présenter sous une forme simple et facile, qui la rendit accessible aux esprits les plus ordinaires. Il n'a pas achevé son entreprise, mais ce fragment a le mérite de nous révéler la souplesse de ce génie qui savait s'abaisser quand il le fallait, et mettre à la portée des intelligences les plus simples les spéculations les plus élevées.

Tout le système de Descartes repose sur ce dilemme : *Je pense, donc j'existe.* La pensée lui permet de reconnaître la spiritualité de l'âme et de l'idée de l'infini qu'il trouve dans l'âme elle-même, il conclut l'existence de l'infini. L'existence de Dieu démontrée, il s'appuie sur sa véracité pour établir l'existence des corps, et il arrive à déduire du fait seul de la pensée les différents ordres des connaissances humaines.

Ainsi la psychologie est son point de départ, puisque c'est sur la pensée qu'il s'appuie, et que la première vérité qu'il affirme c'est l'existence du principe pensant, c'est-à-dire de l'âme humaine. La logique naît de cette maxime qu'il déduit de son fameux enthymême : « Tout ce qui est renfermé dans l'idée d'une chose peut être affirmé de cette chose. » La métaphysique est représentée dans ce qu'elle a de plus élevé, par les arguments qu'il fait pour démontrer l'infini, ou l'existence de Dieu. Enfin vient la physique que l'on rattachait alors à la philosophie, et qui a pour objet le monde sensible dont Descartes prouve en dernier lieu l'existence.

Sans doute il y avait là un prodigieux effort de génie, et le P. Guénard nous a représenté, sous les traits les plus brillants, l'étonnement que causa en France et en Europe cette prodigieuse innovation. « Ce fut, dit-il, un génie puissant et hardi que celui qui entreprit de secouer le joug du prince de l'école. Cet homme nouveau vint dire aux autres hommes que, pour être philosophe, il ne suffisait pas de croire, mais qu'il fallait penser. A cette parole toutes les écoles se troublèrent; une vieille maxime régnait encore : *Ipse dixit*, le Maître l'a dit. Cette maxime d'esclave irrita tous les philosophes contre le père de la philosophie pensante; elle le persécuta comme novateur et impie, le chassa de royaume en royaume, et l'on vit Descartes s'enfuir, emportant avec lui la vérité, qui, par malheur, ne pouvait être ancienne en naissant. Cependant, malgré les cris et la fureur de l'ignorance, il refusa toujours de jurer que les anciens fussent la raison souveraine; il prouva même que ses persécuteurs ne savaient rien, et qu'ils devaient désapprendre ce qu'ils croyaient savoir. Disciple de la lumière, au lieu d'interroger les morts et les dieux de l'école, il ne consulta que les idées claires et distinctes, la nature et l'évidence. Par ses méditations profondes, il tira toutes les sciences du chaos; et, par un coup de génie plus grand encore, il montra le secours mutuel qu'elles devaient se prêter; il les enchaîna toutes ensemble, les éleva les unes sur les autres; et, se plaçant ensuite sur cette hauteur, il marcha, avec toutes les forces de l'esprit humain ainsi rassemblées, à la découverte de ces grandes vérités que d'autres, plus heureux, sont venus enlever après lui, mais en suivant les sentiers de lumière que Descartes avait tracés.

« Ce fut donc le courage et la fierté d'un seul esprit qui causèrent dans les sciences cette heureuse et mémorable révolution dont nous goûtons aujourd'hui les avantages avec une superbe ingratitude. Il fallait aux sciences un homme qui osât conjurer tout seul avec son génie contre les anciens tyrans de la raison, qui osât fouler aux pieds ces idoles que tant de siècles avaient adorées. Descartes se trouvait enfermé dans le labyrinthe avec tous les autres philosophes; mais il se fit lui-même des ailes, et il s'envola, frayant ainsi une route nouvelle à la raison captive. »

Mais n'y avait-il pas quelque témérité à faire, à commencer par le doute, un enseignement dogmatique? Si ce doute était sincère, était-il possible d'en sortir? S'il n'était que provisoire, était-il prudent de renverser l'édifice des connaissances humaines, et de charger ensuite chacun de le rebâtir avec ses seules ressources? N'était-ce pas une tâche supérieure aux forces du plus grand nombre?

Descartes avait compris le danger. Car tout en exposant sa méthode, il a soin de dire qu'il n'a pas la prétention de la généraliser. « Mon dessein, dit-il, n'a pas été d'enseigner ici la méthode que chacun doit suivre pour bien conduire sa raison, mais seulement de faire voir en quelle sorte j'ai tâché de conduire la mienne..... Que si mon ouvrage m'ayant assez plu, je vous en fais voir ici le modèle, ce n'est pas, pour cela, que je veuille conseiller à personne de l'imiter. Ceux que Dieu a mieux partagés de ses grâces auront peut-être des desseins plus relevés; mais je crains bien que celui-ci ne soit déjà que trop hardi pour plusieurs. La seule résolution de se défaire de toutes les opinions qu'on a reçues auparavant en sa créance n'est pas un exemple que chacun doit suivre. Et le monde n'est quasi composé que de deux sortes d'esprits auxquels il ne convient aucunement, à savoir : de ceux qui, se croyant plus habiles qu'ils ne sont, ne se peuvent empêcher de précipiter leurs jugements ni avoir assez de patience pour conduire par ordre toutes leurs pensées, d'où vient que, s'ils avaient une fois pris la liberté de douter des principes qu'ils ont reçus et de s'écarter du chemin commun, jamais ils ne pourraient tenir le sentier qu'il faut prendre pour aller plus droit, et demeureraient égarés toute leur vie; puis de ceux qui, ayant assez de raison ou de modestie pour juger qu'ils sont moins capables de distinguer le vrai d'avec le faux que quelques autres par lesquels ils peuvent être instruits, doivent bien plutôt se contenter de suivre les opinions de ces autres qu'en chercher eux-mêmes de meilleures. »

Nous savons combien on a abusé de la méthode de Descartes. Si ses disciples avaient eu son génie, ils se seraient servis de sa philosophie pour appuyer la religion, au lieu de la combattre.

Car ce grand homme a toujours eu le plus profond attachement pour la doctrine de l'Église catholique. Il a toujours craint, dit Bossuet, d'être en opposition avec les sentiments orthodoxes, et il prenait les plus grandes précautions pour que son système fût à l'abri de toutes les censures. Tous ses ouvrages sont remplis de protestations de foi et de soumission à l'Église Romaine, et l'on ne peut suspecter la sincérité de ses déclarations.

Pendant sa jeunesse il fit un pèlerinage à Notre-Dame de Lorette pour s'acquitter d'un vœu qu'il avait fait. On voit dans ses lettres que la Bible et la Somme de saint Thomas étaient ses lectures favorites. Une preuve de la sincérité de ses croyances religieuses, c'est qu'il les fit partager à la reine Christine. Sur la fin de sa vie elle abjura le protestantisme, et déclara que Descartes avait jeté en elle les semences des idées qui l'avaient amenée au catholicisme.

On inscrivit sur son tombeau l'épitaphe suivante :

D. O. M.

RENATUS DESCARTES
VIR SUPRA TITULOS OMNIUM RETRO PHILOSOPHORUM
NOBILIS GENERE, ARMORICUS GENTE, TURONICUS ORIGINE
IN GALLIA FLEXIÆ STUDUIT
IN PANNONIA MILES MERUIT
IN BATAVIA PHILOSOPHUS DELITUIT
IN SUECIA VOCATUS OCCUBUIT.
TANTI VIRI PRETIOSAS RELIQUIAS
GALLIARUM PERCELEBRIS TUNC LEGATUS, PETRUS CHANUT
CHRISTINÆ, SAPIENTISSIMÆ REGINÆ, SAPIENTIUM AMATRICI
INVIDERE NON POTUIT, NEC VINDICARE PATRIÆ
SED QUIBUS LICUIT CUMULATIS HONORIBUS
PEREGRINÆ TERRÆ MANDAVIT INVITUS,
ANNO DOMINI 1650, MENSE FEBRUARIO : ÆTATIS 54.
TANDEM POST SEPTEM ET DECEM ANNOS
IN GRATIAM CHRISTIANISSIMI REGIS
LUDOVICI DECIMI QUARTI
VIRORUM INSIGNIUM CULTORIS ET REMUNERATORIS
PROCURANTE PETRO D'ALIBERT
SEPULCHRI PIO ET AMICO VIOLATORE
PATRIÆ REDDITÆ SUNT,
ET IN ISTO URBIS ET ARTIUM CULMINE POSITÆ,
UT QUI VIVUS APUD EXTEROS OTIUM ET FAMAM QUÆSIERAT
MORTUUS APUD SUOS CUM LAUDE QUIESCERET,
SUIS ET EXTERIS IN EXEMPLUM ET DOCUMENTUM FUTURUS.
I NUNC VIATOR,
ET DIVINITATIS IMMORTALITATISQUE ANIMÆ
MAXIMUM ET CLARUM ASSERTOREM,
AUT JAM CREDE FELICEM AUT PRECIBUS REDDE.

*

NOTICE BIOGRAPHIQUE

SUR DESCARTES

PAR THOMAS (1).

René Descartes, seigneur du Perron, naquit à la Haye en Touraine, le 30 mars 1596, de Jeanne Brochard, fille d'un lieutenant général de Poitiers, et de Joachim Descartes, conseiller au Parlement de Bretagne, dont il fut le troisième fils. Sa maison était une des plus anciennes de la Touraine. Il avait eu dans sa famille un archevêque de Tours, et plusieurs braves gentilshommes qui avaient servi avec distinction... Son père, soit par goût, soit par raison de fortune, entra dans la robe... Depuis que le père de Descartes se fut établi à Rennes, ses descendants y ont toujours demeuré...

Descartes était né avec une complexion très-faible, et les médecins ne manquèrent pas de dire qu'il mourrait très-jeune; cependant il

(1) Thomas a rejeté dans les notes de son *Eloge* les détails les plus intéressants de la vie de Descartes, en sorte que ces notes forment, dans leur ensemble, une véritable biographie écrite d'après la *Vie de Descartes* par Baillet.

les trompa au moins d'une quarantaine d'années. Ayant perdu sa mère presqu'en naissant, il fut très-redevable au soin d'une nourrice, qui suppléa à la nature par tous les soins de la tendresse. Descartes en fut très-reconnaissant; il lui fit une pension viagère qui lui fut payée exactement jusqu'à la mort, et comme il n'était pas de ceux qui croient que l'argent acquitte tout, il joignait encore à ses bienfaits les devoirs et l'attachement d'un fils. Son père ne voulut point fatiguer des organes encore faibles par des études prématurées; il lui donna le temps de croître et de se fortifier. Mais l'esprit de Descartes allait au-devant des instructions. Il n'avait pas encore huit ans, et déjà on l'appelait « le philosophe. » Il demandait les causes et les effets de tout, et savait ne pas entendre ce qui ne signifiait rien. En 1604 il fut mis au collége de la Flèche. Son imagination vive et ardente fut la première faculté de son âme qui se déploya. Il cultiva la poésie avec transport... Ce goût de la poésie lui demeura toujours, et peu de temps avant sa mort il fit des vers français à la cour de Suède. C'est une ressemblance qu'il eut avec Platon, et que Leibnitz eut avec lui. Il aimait aussi beaucoup l'histoire, et passait les jours et les nuits à lire; mais cette passion ne devait pas durer longtemps... Il étudiait alors en philosophie, il fit des progrès qui annoncèrent son génie; car au lieu d'apprendre il doutait. La logique de ses maîtres lui parut chargée d'une foule de préceptes ou inutiles ou dangereux; il s'occupait à l'en séparer, *comme le statuaire*, dit-il lui-même, *travaille à tirer une Minerve d'un bloc de marbre qui est informe*. Leur métaphysique le révoltait par la barbarie des mots et le vide des idées, leur physique par l'obscurité du jargon et par la fureur d'expliquer tout ce qu'elle n'expliquait pas. Les mathématiques seules le satisfirent; il y trouva l'évidence qu'il cherchait partout. Il s'y livra en homme qui avait besoin de connaître. Quelques auteurs prétendent qu'il inventa, étant encore au collége, sa fameuse *analyse*. Ce serait un prodige plus étonnant que celui de Newton, qui à vingt-cinq ans avait trouvé le calcul de l'infini. Quoi qu'il en soit de cette particularité, Descartes finit ses études en 1612. Le fruit ordinaire de ces premières études est de s'imaginer savoir beaucoup; Descartes était déjà assez avancé pour voir qu'il ne savait rien. En se comparant avec tous ceux qu'on nommait savants, il apprit à mépriser ce nom. De là au mépris des sciences il n'y a qu'un pas. Il oublia donc et les lettres, et les livres, et l'étude; et celui qui devait créer la philosophie en Europe renonça pendant quelque temps à toute espèce de connaissance. Voilà à peu près tout ce que nous savons des premières années de Descartes.

Il était impossible que Descartes demeurât dans l'inaction. Il faut un aliment pour les âmes ardentes. Dès qu'il eut renoncé aux livres, il s'abandonna au plaisir. En 1614 il fit à Paris l'essai d'une liberté dangereuse; mais son génie le ramena bientôt. Tout à coup il rompt avec ses amis et connaissances; il loue une petite maison dans un quartier désert du faubourg Saint-Germain, s'y enferme avec un ou deux domestiques, n'avertit personne de sa retraite, et y passa les années 1615 et 1616 appliqué à l'étude et inconnu presque à toute la terre. Ce ne fut qu'au bout de plus de deux ans qu'un ami le rencontra par hasard dans une rue écartée, s'obstina à le poursuivre jusque chez lui, et le rentraîna enfin dans le monde. On peut juger par ce seul trait du caractère de Descartes et de la passion que lui inspirait l'étude...

Descartes avait vingt et un ans lorsqu'il sortit de France pour la première fois; c'était en 1617. Il alla d'abord en Hollande, où il demeura deux ans; ce dut être pour lui un spectacle curieux qu'un pays où tout commençait à naître, et où tout était l'ouvrage de la liberté. Mais s'il y vit un terrain nouveau créé, pour ainsi dire, et arraché à la mer, s'il y vit le spectacle magnifique des canaux, des digues, du commerce et des villes de la Hollande, il fut aussi témoin des querelles sanglantes des gomaristes et des arminiens. On sait combien l'ambition du prince d'Orange voulut faire servir ces guerres de religion à sa grandeur. Barnevelt, âgé de soixante-seize ans, fut condamné, et mourut sur l'échafaud pour avoir voulu garantir son pays du despotisme. Ce furent là les premiers mémoires que l'Europe fournit à Descartes pour la connaissance de l'esprit humain. En 1619 il passa en Allemagne. Quelques années plus tôt, il y aurait vu ce Rodolphe qui conversait avec Tycho-Brahé au lieu de travailler avec ses ministres, et faisait avec Képler des tables astronomiques tandis que les Turcs ravageaient ses États. Il vit couronner à Francfort Ferdinand II; et il paraît qu'il observa avec curiosité toutes ces cérémonies, qui rendent plus imposant aux yeux des peuples le maître qui doit les gouverner. Ce couronnement fut le signal de la fameuse guerre de Trente-Ans. Descartes passa les années 1619 et 1620 en Bavière, dans la Souabe, dans l'Autriche et dans la Bohême. En 1621 il fut en Hongrie; il parcourut la Moravie, la Silésie, pénétra dans le nord de l'Allemagne, alla en Poméranie par les extrémités de la Pologne, visita toutes les côtes de la mer Baltique, remonta de Stettin dans la Marche de Brandebourg, passa au duché de Meckelbourg, et de là dans le Holstein, et enfin s'embarqua sur l'Elbe, d'où il retourna en Hollande. Il fut sur le point de périr dans ce trajet. Pour être plus libre, il avait pris à Embden un bateau pour lui seul et son valet. Les mariniers à qui son air doux et tranquille et sa petite taille n'en imposaient pas apparemment beaucoup, formèrent le complot de le tuer, afin de profiter de ses dépouilles. Comme ils ne se doutaient pas qu'il entendît leur langue, ils eurent l'heureuse imprudence de tenir conseil devant lui. Par bonheur Descartes savait le hollandais; il se lève tout à coup, change de contenance, tire l'épée avec fierté, et menace de percer le premier qui oserait s'approcher. Cette heureuse audace les intimida, et Descartes fut sauvé... Quatre ou cinq mariniers de la West-Frise pensèrent disposer de celui qui devait faire la révolution de l'esprit humain... Descartes passa la fin de 1621 et les premiers mois de 1622 à la Haye. C'est là qu'il vit cet électeur palatin qui, pour avoir été couronné roi, était devenu le plus malheureux des hommes. Il passait sa vie à solliciter des secours et à perdre des batailles. La princesse Élisabeth, sa fille, que sa liaison avec Descartes rendit depuis si fameuse, avait alors tout au plus trois ou quatre ans. Elle était errante avec sa mère, et partageait des maux qu'elle ne sentait pas encore. La même année Descartes traversa les Pays-Bas espagnols et s'arrêta à la cour de Bruxelles. La trêve entre l'Espagne et la Hollande était rompue. Il y vit l'infante Isabelle, qui, sous un habit de religieuse, gouvernait dix provinces, et signait des ordres pour livrer des batailles, à peu près comme on vit Ximenès gouverner l'Espagne; l'Amérique et les Indes sous un habit de cordelier... En 1623 il fit le voyage d'Italie; il traversa la Suisse, où il observa plus la nature que les hommes, s'arrêta quelque temps dans la Valteline, vit à Venise le mariage du doge avec la mer Adriatique... et arriva enfin à Rome sur la fin de 1624. Il y fut témoin d'un jubilé qui attirait une quantité prodigieuse de peuple de tous les bouts de l'Europe. Ce mélange de tant de nations différentes était un spectacle intéressant pour un philosophe; Descartes y donna toute son attention. Il comparait les caractères de tous ces peuples réunis, comme un amateur habile compare, dans une belle galerie de tableaux, les manières des différentes écoles de peinture. En 1625 il passa par la Toscane; Galilée était alors âgé de soixante ans, et l'Inquisition n'avait pas encore condamné ce grand homme. En 1631 il fit le voyage d'Angleterre, et en 1634 celui de Danemark. L'Espagne et le Portugal sont les seuls pays de l'Europe où Descartes n'ait pas voyagé.

Descartes porta les armes dans sa jeunesse, d'abord en Hollande, sous le célèbre Maurice de Nassau, qui affermit la liberté fondée par son père et mérita de balancer la réputation de Farnèse; de là en Allemagne, sous Maximilien de Bavière, au commencement de la guerre de Trente-Ans. Il vit dans cette guerre le choc des deux religions opposées, l'ambition des peuples, la fureur des partis, l'abus des succès, l'orgueil du pouvoir, et trente provinces dévastées, parce que l'on se disputait à qui gouvernerait la Bohême. Il passa ensuite au service de l'empereur Ferdinand II, pour voir de plus près les troubles de la Hongrie. Ce fut après la mort de Bucquoy, général de l'armée impériale, qui fut tué dans une déroute, qu'il se décida à quitter le métier des armes. Il avait servi environ quatre ans et en avait alors vingt-cinq. On croit pourtant qu'au siége de la Rochelle il combattit comme volontaire dans une bataille contre la flotte anglaise. On se doute bien que l'ambition de Descartes n'était point de devenir un grand capitaine. Avide de connaître, il voulait étudier les hommes dans tous les états; et malheureusement la guerre est devenue un des plus grands spectacles de l'humanité. Il avait d'abord aimé cette profession, comme il l'avouait lui-même, sans doute parce qu'elle convenait à l'activité inquiète de son âme; mais dans la suite, un coup d'œil plus philosophique ne lui laissa voir que le malheur des hommes...

Ce fut en 1625, au retour de son voyage d'Italie, que Descartes fit ses observations sur la cime des Alpes. Descartes y composa une partie de son système sur les grêles, les neiges, les tonnerres et les tourbillons de vents...

Dès son enfance, Descartes avait l'habitude de méditer. Lorsqu'il était à la Flèche, on lui permettait, à cause de la faiblesse de sa santé, de passer une partie des matinées au lit. Il employait ce temps à réfléchir profondément sur les objets de ses études, et il en contracta l'habitude pour le reste de sa vie. Ce temps, où le sommeil a réparé les forces, où les sens sont calmes, où l'ombre et le demi-jour favorisent la rêverie, et où l'âme ne s'est point encore répandue sur les objets qui sont hors d'elle, lui paraissait le plus propre à la pensée. C'est dans ces matinées qu'il a fait la plupart de ses découvertes et arrangé ses mondes. Il porta à la guerre ce même esprit de méditation. En 1619, étant en quartier d'hiver sur les frontières de Bavière, dans un lieu très-écarté, il y passa plusieurs mois dans une solitude profonde, uniquement occupé à méditer. Il cherchait alors les moyens de créer une science nouvelle. Sa tête, fatiguée sans doute par la solitude ou par le travail, s'échauffa tellement qu'il crut voir des fantômes; il entendit une voix qui l'appelait à la recherche de la vérité. Il ne douta point, dit l'historien de sa vie, que ces songes ne vinssent du ciel, et il y mêla un sentiment de religion...

La première étude qui attacha véritablement Descartes fut celle des mathématiques. Dans son enfance il les étudia avec transport, et en particulier l'algèbre et l'analyse des anciens. A l'âge de dix-neuf ans lorsqu'il renonça brusquement à tous les plaisirs et qu'il passa deux ans dans la retraite, il employa tout ce temps à l'étude de la géométrie. En 1617, étant au service de la Hollande, un inconnu fit afficher dans les rues de Bréda un problème à résoudre. Descartes vit un grand concours de passants qui s'arrêtaient pour lire. Il s'approcha; mais l'affiche était en flamand, qu'il n'entendait pas. C'était un mathématicien nommé Beckman, principal du collége de Dordrecht. Le principal, homme grave, voyant un petit officier français en habit uniforme, crut qu'un problème de géométrie n'était pas fort intéressant pour lui, et, apparemment pour le plaisanter, il lui offrit de lui expliquer l'affiche, à condition qu'il résoudrait le problème. C'était une espèce de défi. Descartes l'accepta; le lendemain matin le problème était résolu. Beckman fut fort étonné; il entra en conversation avec le jeune homme, et il se trouva que le militaire de vingt ans en savait beaucoup plus sur la géométrie que le vieux professeur de mathématiques. Deux ou trois ans après, étant à Ulm, en Souabe, il eut une aventure à peu près pareille avec Faulhaber, mathématicien allemand. Celui-ci venait de donner un gros livre sur l'algèbre, et il traitait Descartes assez lestement, comme un jeune officier aimable et qui ne paraissait pas tout à fait ignorant. Cependant un jour, à quelques questions qu'il lui fit, il se douta que Descartes pouvait bien avoir quelque mérite. Bientôt, à la clarté et à la rapidité de ses réponses sur les questions les plus abstraites, il reconnut dans ce jeune homme le plus puissant génie, et ne regarda plus qu'avec respect celui qu'il croyait honorer en le recevant chez lui. Descartes fut lié ou du moins fut en commerce avec tous les plus savants géomètres de son siècle. Il ne se passait pas d'année qu'il ne donnât la solution d'un très-grand nombre de problèmes qu'on lui adressait dans sa retraite; car c'était alors la méthode entre les géomètres, à peu près comme les anciens sages et même les rois dans l'Orient s'envoyaient des énigmes à deviner. Descartes eut beaucoup de part à la fameuse question de la roulette ou de la cycloïde. La cycloïde est une ligne décrite par le mouvement d'un point de la circonférence d'un cercle, tandis que le cercle fait une révolution sur une ligne droite. Ainsi, quand une roue de carrosse tourne, un des clous de la circonférence décrit dans l'air une cycloïde. Cette ligne fut découverte par le P. Mersenne, expliquée par Roberval, examinée par Descartes, qui en découvrit la tangente; usurpée par Toricelli, qui s'en donna pour l'inventeur; approfondie par Pascal, qui contribua beaucoup à en démontrer la nature et les rapports. Depuis, les géomètres les plus célèbres, tels que Huygens, Wallis, Wren, Leibnitz, et les Bernoulli, y travaillèrent encore. Avant de finir cet article, il ne sera peut-être pas inutile de remarquer que Descartes, qui fut le plus grand géomètre de son siècle, parut toujours faire assez peu de cas de la géométrie. Il tenta au moins cinq ou six fois d'y renoncer, et il y revenait sans cesse...

C'est un spectacle aussi curieux que philosophique de suivre toute la marche de l'esprit de Descartes, et de voir tous les degrés par où il passa pour parvenir à changer la face des sciences. Heureusement, en nous donnant ses découvertes, il nous a indiqué la route qui l'y avait mené. Il serait à souhaiter que tous les inventeurs eussent fait de même; mais la plupart nous ont caché leur marche, et nous n'avons que le résultat de leurs travaux. Il semble qu'ils aient craint, ou de trop instruire les hommes, ou de s'humilier à leurs yeux en se montrant eux-mêmes luttant contre les difficultés. Quoi qu'il en soit, voici la marche de Descartes. Dès l'âge de quinze ans il commença à douter. Il ne trouvait dans les leçons de ses maîtres que des opinions, et il cherchait des vérités. Ce qui le frappait le plus, c'est qu'il voyait qu'on disputait sur tout. A dix-sept ans, ayant fini ses études, il s'examina sur ce qu'il avait appris; il rougit de lui-même, et puisqu'il avait les plus habiles maîtres, il conclut que les hommes ne savaient rien et qu'apparemment ils ne pouvaient rien savoir. Il renonça pour jamais aux sciences. A dix-neuf ans il se remit à l'étude des mathématiques, qu'il avait toujours aimées. A vingt et un il se mit à voyager pour étudier les hommes. En voyant chez tous les peuples mille choses extravagantes et fort approuvées, il apprenait, dit-il, à se défier de l'esprit humain, et à ne point regarder l'exemple, la coutume et l'opinion comme des autorités. A vingt-trois, se trouvant dans une solitude profonde, il employa trois ou quatre mois de suite à penser. Le premier pas qu'il fit fut d'observer que tous les ouvrages composés par plusieurs mains sont beaucoup moins parfaits que tous ceux qui ont été conçus, entrepris et achevés par un seul homme : c'est ce qu'il est aisé de voir dans les ouvrages d'architecture, dans les statues, dans les tableaux, et même dans les plans de législation et de gouvernement. Son second pas fut d'appliquer cette idée aux sciences. Il les vit comme formées d'une infinité de pièces de rapport, grossies des opinions de chaque philosophe, tous d'un esprit et d'un caractère différents. Cet assemblage; cette combinaison d'idées souvent mal liées et mal assorties, peut-elle autant approcher de la vérité, que le feraient les raisonnements justes et simples d'un seul homme? Son troisième pas fut d'appliquer cette même idée à la raison humaine. Comme nous sommes enfants avant que d'être hommes, notre raison n'est que le composé d'une foule de jugements souvent contraires qui nous ont été dictés par nos sens, par notre nourrice et par nos maîtres. Ces jugements n'auraient-ils pas plus de vérité et plus d'unité, si l'homme, sans passer par la faiblesse de l'enfance, pouvait juger en naissant et composer lui seul toutes ses idées? Parvenu jusque-là, Descartes résolut d'ôter de son esprit toutes les opinions qui y étaient, pour y en substituer de nouvelles, ou y remettre les mêmes après qu'il les aurait vérifiées; et ce fut son quatrième pas. Il voulait, pour ainsi dire, recomposer sa raison, afin qu'elle fût à lui et qu'il pût s'assurer par la suite des fondements de ses connaissances. Il ne pensait point encore à réformer les sciences pour le public; il regardait tout changement comme dangereux. Les établissements une fois faits, disait-il, sont comme ces grands corps dont la chute ne peut être que très-rude, et qui sont encore plus difficiles à relever quand ils sont abattus qu'à retenir quand ils sont ébranlés. Mais comme il serait juste de blâmer un homme qui entreprendrait de renverser toutes les maisons d'une ville, dans le seul dessein de les rebâtir sur un nouveau plan, il doit être permis à un particulier d'abattre la sienne pour la reconstruire sur des fondements plus solides. Il entreprit donc d'exécuter la première partie de ses desseins, qui consistait à détruire; et ce fut son cinquième pas. Mais il éprouva bientôt les plus grandes difficultés. *Je m'aperçus*, dit-il, *qu'il n'est pas aussi aisé à un homme de se défaire de ses préjugés que de brûler sa maison*. Il y travailla constamment plusieurs années de suite, et il crut à la fin être venu à bout. Je ne sais si je me trompe, mais cette marche de l'esprit de Descartes me paraît admirable. Continuons de le suivre. A l'âge de vingt-quatre ans il entendit parler en Allemagne d'une société d'hommes qui n'avait pour but que la recherche de la vérité; on l'appelait la confrérie des Rose-Croix. Un de ses principaux statuts était de demeurer cachée. Elle avait, à ce qu'on dit, pour fondateur un Allemand né dans le quatorzième siècle. On raconte de cet homme des choses merveilleuses. Il avait profondément étudié la magie, qui était alors une science fort importante. Il avait voyagé en Arabie, en Turquie, en Afrique, en Espagne, avait vu sur la terre des sages et des cabalistes, avait appris plusieurs secrets de la nature, et s'était retiré enfin en Allemagne, où il vécut solitaire dans une grotte jusqu'à l'âge de cent six ans. On se doute bien qu'il fit des prodiges pendant sa vie et après sa mort. Son histoire ne ressemble pas mal à celle d'Apollonius de Tyane. On imagina un soleil dans la grotte où il était enterré, et ce soleil n'avait d'autre fonction que celle d'éclairer son tombeau. La confrérie fondée par cet homme extraordinaire était, dit-on, chargée de réformer les sciences dans tout l'univers. En attendant elle ne paraissait pas; et Descartes, malgré toutes ses recherches, ne put trouver un seul homme qui en fût. Il y a cependant apparence qu'elle existait, car on en parlait beaucoup dans toute l'Allemagne : on écrivait pour et contre, et même, en 1623, on fit l'honneur à ces philosophes de les jouer à Paris, sur le théâtre de l'hôtel de Bourgogne. Descartes déchu de l'espérance de trouver dáns cette société quelques secours pour ses desseins, résolut désormais de se passer des livres et des savants. Il ne voulait plus lire que dans ce qu'il appelait le *grand livre du monde*, et s'occupait à ramasser des expériences. A vingt-sept ans il éprouva une secousse qui lui fit abandonner les mathématiques et la physique; les unes lui paraissaient trop vides, l'autre trop incertaine. Il voulut ne plus s'occuper que de la morale; mais à la première occasion il retournait à l'étude de la nature. Emporté comme malgré lui, il s'enfonça de nouveau dans les sciences abstraites. Il les quitta encore pour revenir à l'homme; il espérait trouver plus de secours pour cette science, mais il reconnut bientôt qu'il s'était trompé. Il vit que dans Paris, comme à Rome et dans Venise, il y avait encore moins de gens qui étudiaient l'homme que la géométrie. Il passa trois ans dans ces alternatives, dans ce flux et reflux d'idées contraires, entraîné par son génie, tantôt vers un objet, tantôt vers un autre, inquiet et tourmenté, et combattant sans cesse avec lui-même. Ce ne fut qu'à trente-deux ans que tous ces orages cessèrent. Alors il pensa sérieusement à refaire une philosophie nouvelle; mais il résolut de ne point embrasser de secte et de travailler sur la nature même. Voilà par quels degrés Descartes parvint à cette grande révolution; il y fut conduit par le doute et par l'examen...

Descartes fut très-longtemps incertain sur le genre de vie qu'il devait embrasser. D'abord il prit le parti des armes, comme on l'a vu, mais il s'en dégoûta au bout de quatre ans. En 1623, dans le temps des troubles de la Valteline, il eut quelque envie d'être intendant dans l'armée; mais ses sollicitations ne purent être assez vives pour qu'il y réussît : il mettait trop peu de chaleur à tout ce qui n'intéressait que sa fortune. En 1625, il fut sur le point d'acheter la charge de lieutenant général de Châtellerault, et comme il était persuadé que pour exercer une charge il fallait être instruit, il manda à son père qu'il irait se mettre à Paris chez un procureur au Châtelet, pour y apprendre la pratique. Il faut avouer que c'était là un singulier apprentissage pour un homme tel que Descartes . il avait alors vingt-neuf ans. Mais ce projet manqua comme l'autre. S'il avait réussi, il est à croire que Descartes aurait fait comme le président de Montesquieu, et qu'il ne fût pas longtemps resté juge. Enfin, après avoir passé dix ou douze ans à observer tous les états, il finit par n'en choisir aucun. Il résolut de garder son indépendance, et de s'occuper tout entier à la recherche de la vérité. Il pensait sans doute que c'était assez remplir son devoir d'homme et de citoyen, de travailler à éclairer les hommes.

Ce fut en 1629, sur la fin de mars, que Descartes partit pour aller s'établir en Hollande ; il avait alors trente-trois ans. Comme sa résolution aurait paru extraordinaire, il n'en avertit ni ses parents ni ses amis; il se contenta de leur écrire avant son départ. On ne manqua point de murmurer. Il n'y a que celui qui a pu concevoir un tel projet qui soit capable de l'approuver. Mais son parti était pris. Il nous rend compte des motifs qui l'engagèrent à quitter la France. Le premier fut la raison du climat. Il craignait que la chaleur, en exaltant un peu trop son imagination, ne lui ôtât une partie de son sang-froid et du calme nécessaires pour les découvertes philosophiques; le climat de la Hollande lui parut plus favorable à ses desseins. Mais son principal motif fut la passion qu'il avait pour la retraite, et le désir de vivre dans une solitude profonde. En France, il eût été sans cesse détourné de l'étude par ses parents ou ses amis, au lieu qu'en Hollande, il était sûr qu'on n'exigerait rien de lui. Il espérait vivre parfaitement inconnu, solitaire au milieu d'un peuple actif qui s'occuperait de son commerce, tandis que lui s'occuperait à penser. Comme son grand but était la retraite, il prit toutes sortes de moyens pour n'être pas découvert. Il ne confia sa demeure qu'à un seul ami chargé de sa correspondance. Jamais il ne datait ses lettres du lieu où il demeurait, mais de quelque grande ville où il était sûr qu'on ne le trouverait pas. Pendant plus de vingt ans qu'il demeura en Hollande, il changea très-souvent de séjour, fuyant sa réputation partout où elle le poursuivait, et se dérobant aux importuns qui voulaient seulement l'avoir vu. Il habitait quelquefois dans les grandes villes, mais il préférait ordinairement les villages ou les bourgs, et, le plus souvent, les maisons solitaires tout à fait isolées dans la campagne. Quelquefois il allait s'établir dans une petite maison aux bords de la mer; on montre encore en plusieurs endroits les maisons qu'il a habitées... Le goût que Descartes avait pour la Hollande était si vif qu'il cherchait à y attirer ceux de ses amis qui voulaient se retirer du monde. Je vais traduire une lettre qu'il écrivait à Balzac sur ce sujet; on la verra peut-être avec plaisir.

« Je ne suis point étonné, lui dit-il, qu'une âme grande et forte telle que la vôtre, ne puisse se plier aux usages serviles de la cour. J'ose donc vous conseiller de venir à Amsterdam, et de vous y retirer, plutôt que dans des chartreuses, ou même dans les lieux les plus agréables de France ou d'Italie. Je préfère même son séjour à cette solitude charmante où vous étiez l'année dernière.

» Quelque agréable que soit une maison de campagne, on y manque de mille choses que l'on ne trouve que dans les villes; on n'y est pas même aussi seul qu'on le voudrait. Peut-être y trouverez-vous un ruisseau dont le murmure vous fera rêver délicieusement, ou un vallon solitaire qui vous jettera dans l'enchantement; mais aussi vous aurez à vous défendre d'une quantité de petits voisins qui vous assiégeront sans cesse. Ici, comme tout le monde, excepté moi, est occupé au commerce, il ne tient qu'à moi de vivre inconnu à tout le monde. Je me promène tous les jours à travers un peuple immense, presque aussi tranquillement que vous pouvez le faire dans vos allées. Les hommes que je rencontre me font la même impression que si je voyais les arbres de vos forêts ou les troupeaux de vos campagnes. Le bruit même de tous ces commerçants ne me distrait pas plus que si j'entendais le bruit d'un ruisseau. Si je m'amuse quelquefois à considérer leurs mouvements, j'éprouve le même plaisir que vous à considérer ceux qui cultivent vos terres; car je vois que le but de tous ces travaux est d'embellir le lieu que j'habite, et de prévenir tous mes besoins. Si vous avez du plaisir à voir les fruits croître dans vos vergers et vous promettre l'abondance, pensez-vous que j'en aie moins à voir tous les vaisseaux qui abordent sur mes côtes m'apporter les productions de l'Europe et des Indes? Dans quel lieu de l'univers trouverez-vous plus aisément qu'ici tout ce qui peut intéresser la vanité ou flatter le goût? Y a-t-il un pays dans le monde où l'on soit plus libre, où le sommeil soit plus tranquille, où il y ait moins de dangers à craindre, où les lois veillent mieux sur le crime, où les empoisonnements, les trahisons, les calomnies soient moins connus, où il reste enfin plus de traces de l'heureuse et tranquille innocence de nos pères? Je ne sais pourquoi vous êtes si amoureux de votre ciel d'Italie. La peste se mêle avec l'air qu'on y respire; la chaleur du jour y est insupportable; les fraîcheurs du soir y sont malsaines; l'ombre des nuits y couvre des larcins et des meurtres. Que si vous craignez les hivers du nord, comment à Rome, même avec des bosquets, des fontaines et des grottes, vous garantirez-vous aussi bien de la chaleur que vous pourrez ici, avec un bon poêle ou une cheminée, vous garantir du froid? Je vous attends avec une petite provision d'idées philosophiques qui vous feront peut-être quelque plaisir; et, soit que vous veniez ou que vous ne veniez pas, je n'en serai pas moins votre tendre et fidèle ami. »

Cette lettre est très-intéressante. D'abord elle nous fait voir le goût de Descartes pour la Hollande et la manière dont il y vivait. Elle nous montre ensuite son imagination et le tour agréable qu'il savait donner à ses idées. On a accusé la géométrie de dessécher l'esprit; je ne sais s'il y a rien dans tout Balzac où il y ait autant d'esprit et d'agrément. L'imagination brillante de Descartes se décèle partout dans ses ouvrages; et s'il n'avait voulu être ni géomètre, ni philosophe, il n'aurait encore tenu qu'à lui d'être le plus bel esprit de son temps.

Le *Discours sur la méthode* parut le 8 juin 1637. Il était à la tête de ses *Essais de philosophie*. Descartes y indique les moyens qu'il a suivis pour tâcher de parvenir à la vérité, et ce qu'il faut faire encore pour aller plus avant. On y trouva une profondeur de méditation inconnue jusqu'alors. C'est là qu'est l'histoire de son fameux doute. Il a depuis répété cette histoire dans deux autres ouvrages, dans le premier livre de ses *Principes*, et dans la première de ses *Méditations métaphysiques*. Il fallait qu'il sentît bien vivement l'importance et la nécessité du doute pour y revenir jusqu'à trois fois, lui qui était si avare de paroles. Mais il regardait le doute comme la base de la philosophie, et le garant sûr des progrès qu'on pourrait y faire dans tous les siècles...

Les règles de l'analyse logique qu'on peut regarder comme la seconde partie de sa *Méthode*, sont indiquées dans plusieurs de ses ouvrages, et rassemblées en grande partie dans un manuscrit qui n'a été imprimé qu'après sa mort. L'ouvrage est intitulé : *Règles pour conduire notre esprit dans la recherche de la vérité*. En voici à peu près la marche. Voulez-vous trouver la vérité? formez votre esprit et rendez-le capable de bien juger. Pour y parvenir, ne l'appliquez d'abord qu'à ce qu'il peut bien connaître par lui-même. Pour bien connaître, ne cherchez pas ce qu'on a écrit ou pensé avant vous; mais sachez vous en tenir à ce que vous reconnaissez vous-même pour évident. Vous ne trouverez point la vérité sans méthode : la méthode consiste dans l'ordre; l'ordre consiste à réduire les propositions complexes à des propositions simples, et vous élever par degrés des unes aux autres. Pour vous perfectionner dans une science, parcourez-en toutes les questions et toutes les branches, enchaînant toujours vos pensées les unes aux autres. Quand votre esprit ne conçoit pas, sachez vous arrêter; examinez longtemps les choses les plus faciles; vous vous accoutumerez ainsi à regarder fixement la vérité et à la reconnaître. Voulez-vous aiguiser votre esprit et le préparer à découvrir un jour par lui-même, exercez-le d'abord sur ce qui a été inventé par d'autres. Suivez surtout les découvertes où il y a de l'ordre et un enchaînement d'idées. Quand il aura examiné beaucoup de propositions simples, qu'il s'essaie peu à peu à embrasser distinctement plusieurs objets à la fois; bientôt il acquerra de la force et de l'étendue. Enfin, mettez à profit tous les secours de l'entendement, de l'imagination, de la mémoire et des sens, pour comparer ce qui est déjà connu avec ce qui ne l'est pas, et découvrir l'un par l'autre.

Descartes divise tous les objets de nos connaissances en propositions simples et en questions. Les questions sont de deux sortes : ou on les entend parfaitement, quoiqu'on ignore la manière de les résoudre, ou la connaissance qu'on en a est imparfaite. Le plan de Descartes était de donner trente-six règles, c'est-à-dire douze pour chacune de ces divisions. Il n'a exécuté que la moitié de l'ouvrage, mais il est aisé de voir par cet essai comment il portait l'esprit de système et d'analyse dans toutes ses recherches, et avec quelle adresse il décomposait, pour ainsi dire, tout le mécanisme du raisonnement.

Les *Méditations métaphysiques* de Descartes parurent en 1641. C'était, de tous ses ouvrages, celui qu'il estimait le plus. Il le louait avec un enthousiasme de bonne foi, car il croyait avoir trouvé le moyen de démontrer les vérités métaphysiques d'une manière plus évidente que les démonstrations de géométrie. Ce qui caractérise surtout cet ouvrage, c'est qu'il contient sa fameuse démonstration de Dieu par l'idée, démonstration si répétée depuis, adoptée par les uns et rejetée par les autres; et qu'il est le premier où la distinction de l'esprit et de la matière soit complètement développée, car, avant Descartes, on n'avait point encore bien approfondi les preuves philosophiques de la spiritualité de l'âme. Une chose remarquable, c'est que Descartes ne donna cet ouvrage au public que par principe de conscience. Ennuyé des tracasseries qu'on lui suscitait depuis trois ans pour ses *Essais de philosophie*, il avait résolu de ne plus rien imprimer. « J'aurais, dit-il, une vingtaine d'approbateurs et des milliers d'ennemis; ne vaut-il pas mieux me taire et m'instruire en silence? » Il crut cependant qu'il ne devait pas supprimer un ouvrage qui pouvait fournir ou de nouvelles preuves de l'existence de Dieu, ou de nouvelles lumières sur la nature de l'âme. Mais avant de le risquer, il le communiqua à tous les hommes les plus savants de l'Europe, recueillit leurs objections et y répondit. Le célèbre Arnauld fut du nombre de ceux qu'il consulta. Arnauld n'avait alors que vingt-huit ans. Descartes fut étonné de la profondeur et de l'étendue du génie qu'il trouva dans ce jeune homme. Il s'en fallait de beaucoup qu'il eût porté le même jugement des objections de Hobbes et de celles de Gassendi. Il fit imprimer toutes ces objections, avec les réponses, à la suite des *Méditations;* et pour leur donner encore plus de poids, le philosophe dédia son ouvrage à la Sorbonne. *Je veux m'appuyer de l'autorité*, disait-il, *puisque la vérité est si peu de chose quand elle est seule*. Il n'avait point encore pris assez de précautions. Ce livre, approuvé par les docteurs, discuté par des savants, dédié à la Sorbonne, et où le génie s'épuise à prouver l'existence de Dieu et la spiritualité de l'âme, fut mis, vingt-deux ans après, à l'index.

On a été étonné que, dans ses *Méditations métaphysiques*, Descartes n'ait point parlé de l'immortalité de l'âme. Ses ennemis avaient beau jeu, et ils n'ont pas manqué de profiter de ce silence pour l'accuser de n'y pas croire. Mais il nous apprend lui-même, par une de ses lettres, qu'ayant établi clairement dans cet ouvrage la distinction de l'âme et de la matière, il suivait nécessairement de cette distinction que l'âme par sa nature ne pouvait périr avec le corps...

La *Géométrie* de Descartes parut en 1637 avec le *Traité de la méthode*, son *Traité des météores* et sa *Dioptrique*. Ces quatre traités réunis ensemble formaient ses *Essais de philosophie*. Sa *Géométrie* était si fort au-dessus de son siècle, qu'il n'y avait réellement que très-peu d'hommes en état de l'entendre. C'est ce qui arriva depuis à Newton; c'est ce qui arrive à presque tous les grands hommes. Il faut que leur siècle coure après eux pour les atteindre. Outre que sa *Géométrie* était très-profonde et entièrement nouvelle, parce qu'il avait commencé où les autres avaient fini, il avoue lui-même dans une de ses lettres qu'il n'avait pas été fâché d'être un peu obscur, afin de mortifier un peu ces hommes qui savent tout. Si on l'eût entendu trop aisément, on n'aurait pas manqué de dire qu'il n'avait rien écrit de nouveau, au lieu que la vanité humiliée était forcée de lui rendre hommage. Dans une autre lettre, on voit qu'il calcule avec plaisir les géomètres en Europe qui sont en état de l'entendre. Il en trouve trois ou quatre en France, deux en Hollande, et deux dans les Pays-Bas espagnols...

Presque toute la physique de Descartes est renfermée dans son livre des *Principes*. Cet ouvrage, qui parut en 1644, est divisé en quatre parties. La première est toute métaphysique, et contient les principes des connaissances humaines; la seconde est sa physique générale, et traite des premières lois de la nature, des éléments de la matière, des propriétés de l'espace et du mouvement; la troisième est l'explication particulière du système du monde et de l'arrangement des corps célestes; la quatrième contient tout ce qui concerne la terre...

Traité des météores, imprimé en 1637, comme on l'a déjà dit. Ce fut un des ouvrages de Descartes qui éprouva le moins de contradiction. Au reste, ce ne serait pas une manière toujours sûre de louer un ouvrage philosophique, mais quelquefois aussi les hommes font grâce à la vérité. C'est le premier morceau de physique que Descartes donna...

Traité de la dioptrique, imprimé aussi en 1637, à la suite du *Discours sur la méthode*.

Traité de musique, composé par Descartes en 1618, dans le temps qu'il servait en Hollande; il n'avait alors que vingt-deux ans. Cet ouvrage de sa jeunesse ne fut imprimé qu'après sa mort. Il fut commenté et traduit en plusieurs langues, mais il ne fit point de révolution...

Il s'en faut de beaucoup que le *Traité de mécanique* de Descartes soit complet. Descartes le composa à la hâte en 1636, pour faire plaisir à un de ses amis, père du fameux Huygens. C'était un présent que le génie offrait à l'amitié. Il espérait dans la suite refondre cet ouvrage, et lui donner une vaste étendue; mais il n'en eut point le temps. On le fit imprimer après sa mort, par cette curiosité naturelle qu'on a de rassembler tout ce qui est sorti des mains d'un grand homme. Ce petit traité parut pour la première fois en 1668.

Tout le monde connaît Descartes comme métaphysicien, comme physicien et comme géomètre, mais peu de gens savent qu'il fut un très-grand anatomiste. Comme le but général de ses travaux était l'utilité des hommes, au lieu de cette philosophie vaine et spéculative qui jusqu'alors avait régné dans les écoles, il voulait une philosophie pratique où chaque connaissance se réalisât par un effet, et qui se rapportât tout entière au bonheur du genre humain. Les deux branches de cette philosophie devaient être la médecine et la mécanique. Par l'une il voulait affermir la santé de l'homme, diminuer ses maux, étendre son existence, et peut-être affaiblir l'impression de la vieillesse; par l'autre, faciliter ses travaux, multiplier ses forces, et le mettre en état d'embellir son séjour. Descartes était surtout épouvanté du passage rapide et presque instantané de l'homme sur la terre. Il crut qu'il ne serait peut-être pas impossible d'en prolonger l'existence. Si c'est un songe, c'est du moins un beau songe, et il est doux de s'en occuper. Il y a même un coin de grandeur dans cette idée, et les moyens que Descartes proposa pour l'exécution de ce projet n'étaient pas moins grands, c'était de saisir et d'embrasser tous les rapports qu'il y a entre tous les éléments, l'eau, l'air, le feu et l'homme; entre toutes les productions de la terre et l'homme; entre toutes les influences du soleil et des astres et l'homme; entre l'homme, enfin, et tous les points de l'univers les plus rapprochés de lui; idée vaste, qui accuse la faiblesse de l'esprit humain, et ne paraît toucher à des erreurs que parce que, pour la réaliser, ou peut-être même pour la bien concevoir, il faudrait une intelligence supérieure à la nôtre. On voit par là dans quelle vue il étudiait la physique. On peut aussi juger de quelle manière il pensait sur la médecine actuelle. En rendant justice aux travaux d'une infinité d'hommes célèbres qui se sont appliqués à cet art utile et dangereux, il pensait que ce qu'on savait jusqu'à présent n'était presque rien en comparaison de ce qui restait à savoir. Il voulait donc que la médecine, c'est-à-dire la physique appliquée au corps humain, fût la grande étude de tous les philosophes. « Qu'ils se liguent tous ensemble, disait-il dans un de ses ouvrages; que les uns commencent où les autres auront fini; en joignant ainsi les vies de plusieurs hommes et les travaux de plusieurs siècles, on formera un vaste dépôt de connaissances, et l'on assujettira enfin la nature à l'homme. » Mais le premier pas était de bien connaître la structure du corps humain. Il commença dans l'exécution de son plan par l'étude de l'anatomie; il y employa tout l'hiver de 1629; il continua cette étude pendant plus de douze ans, observant tout et expliquant tout par des causes naturelles. Il ne lisait presque point, comme on l'a déjà dit plus d'une fois. C'était dans les corps qu'il étudiait les corps. Il joignit à cette étude celle de la chimie, laissant toujours les livres et regardant la nature. C'est d'après ces travaux qu'il composa son *Traité de l'homme*. Dès qu'il parut, on le mit au nombre de ses plus beaux ouvrages. Il n'y en a peut-être même aucun dont la marche soit aussi hardie et aussi neuve. La manière dont il y explique tout le mécanisme et tout le jeu des ressorts dut étonner le siècle *des qualités occultes* et *des formes substantielles*. Avant lui on n'avait point osé assigner les actions qui dépendent de l'âme et celles qui ne sont que le résultat des mouvements de la machine. Il semble qu'il ait voulu poser les bornes entre les deux empires. Cet ouvrage n'était point achevé quand Descartes mourut; il ne fut imprimé que dix ans après sa mort.

Descartes composa son *Traité des passions* en 1646, pour l'usage particulier de la princesse Élisabeth. Il l'avait envoyé manuscrit à la reine de Suède sur la fin de 1647; il le fit imprimer, à la sollicitation de ses amis, en 1649. Son dessein, dit-il, dans la composition de cet ouvrage, était d'essayer si la physique pourrait lui servir à établir des fondements certains dans la morale. Aussi n'y traite-t-il guère les passions qu'en physicien. C'était encore un ouvrage nouveau et tout à fait original. On y voit presque à chaque pas l'âme et le corps agir et réagir l'un sur l'autre, et on croit pour ainsi dire toucher les liens qui les unissent.

C'est en 1633 que Galilée fut condamné par l'Inquisition pour avoir enseigné le mouvement de la terre. Il y avait déjà quatre ans que Descartes travaillait en Hollande. L'emprisonnement de Galilée fit une si forte impression sur lui qu'il fut sur le point de brûler tous ses papiers...

Il est très-sûr que Descartes prévit toutes les persécutions qui l'attendaient. Il avait souvent résolu de ne rien faire imprimer, et il ne céda jamais qu'aux plus pressantes sollicitations de ses amis. Souvent il regretta son loisir qui lui échappait pour un vain fantôme de gloire. Newton, après lui, eut le même sentiment, et au milieu des querelles philosophiques il se reprocha plus d'une fois d'avoir perdu son repos. Ainsi les hommes qui ont le plus éclairé le genre humain ont été forcés à s'en repentir. Au reste, Descartes ne fut jamais plus philosophe que lorsque ses ennemis l'étaient le moins... Descartes crut qu'il valait mieux miner insensiblement les barrières que les renverser avec éclat. Il voulut cacher la vérité comme on cache l'erreur. Il tâcha de persuader que ses principes étaient les mêmes que ceux d'Aristote. Sans cesse il recommandait la modération à ses disciples, mais il s'en fallait bien que ses disciples fussent aussi philosophe que lui. Ils étaient trop sensibles à la gloire de ne pas penser comme le reste des hommes. La persécution les animait encore, et ajoutait à l'enthousiasme. Descartes eût consenti à être ignoré pour être utile, mais ses disciples jouissaient avec orgueil des lumières de leur maître, et insultaient à l'ignorance qu'ils avaient à combattre. Ce n'était pas le moyen d'avoir raison.

Gisbert Voetius, fameux théologien protestant et ministre d'Utrecht, est né en 1589 et mort en 1676; il vécut quatre-vingt-sept ans, tandis que Descartes mourut à cinquante-quatre. Il commença ses hostilités en 1639, par des thèses sur l'athéisme. Descartes n'y était point nommé, mais on avait eu soin d'y insérer toutes ses opinions comme celles d'un athée. En 1640, secondes et troisièmes thèses, où était renouvelée la même calomnie. Régius, disciple de Descartes et professeur de médecine, soutenait la circulation du sang. Autre crime contre Descartes; on joignit cette accusation à celle d'athéisme; ordonnance des magistrats qui défendent d'introduire des nouveautés dangereuses. En 1641, Voetius se fait élire recteur de l'Université d'Utrecht. N'osant point encore attaquer le maître, il veut d'abord faire condamner le disciple comme hérétique. Quatrièmes thèses publiques contre Descartes. En 1642, décret des magistrats pour défendre d'enseigner la philosophie nouvelle. Cependant les libelles pleuvaient de toutes parts, et le philosophe était tranquille au milieu des orages, s'occupant en paix de ses méditations. En 1643, Voetius eut recours à des troupes auxiliaires. Il alla les chercher dans l'Université de Groningue, où un nommé *Schoockius* s'associa à ses fureurs. C'était un de ces méchants subalternes qui n'ont pas même l'audace du crime, et qui, trop lâches pour attaquer par eux-mêmes, sont assez vils pour nuire sous les ordres d'un autre. Il débuta par un gros livre contre Descartes, dont le but était de prouver que la nouvelle philosophie menait droit au *scepticisme*, à l'*athéisme* et à la *frénésie.* Descartes crut enfin qu'il était temps de répondre. Il avait déjà écrit une petite lettre sur Voetius, et celui-ci n'avait pas manqué de la faire condamner comme injurieuse et attentatoire à la religion réformée, dans la personne d'un de ses principaux pasteurs. Dans sa réponse contre le nouveau livre, Descartes se proposait trois choses : d'abord de se justifier lui-même, car jusqu'alors il n'avait rien répondu à plus de douze libelles; ensuite de justifier ses amis et ses disciples, enfin de démasquer un homme aussi odieux que Voetius, qui, par une ignorance hardie et sous le masque de la religion, séduisait la populace et aveuglait les magistrats. Mais les esprits étaient trop échauffés; il ne réussit point. Sentence contre Descartes, où ses Lettres sur Voetius sont déclarées libelles diffamatoires. Ce fut alors que les magistrats travaillèrent à lui faire son procès secrètement, et sans qu'il en fût averti. Leur intention était de le condamner comme athée et comme calomniateur; comme athée, parce qu'il avait donné de nouvelles preuves de l'existence de Dieu; comme calomniateur, parce qu'il avait repoussé les calomnies de ses ennemis. Descartes apprit, par une espèce de hasard, qu'on lui faisait son procès. Il s'adressa à l'ambassadeur de France, qui heureusement, par l'autorité du prince d'Orange, fit arrêter les procédures, déjà très-avancées. Il sut alors toutes les noirceurs de ses ennemis; il sut toutes les intrigues de Voetius; ce scélérat, pour faire circuler le poison, avait répandu dans toutes les compagnies d'Utrecht des hommes chargés de le décrier. Il voulait qu'on ne prononçât son nom qu'avec horreur. On le peignait aux catholiques comme athée, aux protestants comme ami des jésuites. Il y avait dans tous les esprits une si grande fermentation que personne n'osait plus se déclarer son ami.

Depuis que Descartes se fut établi en Hollande, il fit trois voyages en France, en 1644, en 1647 et en 1648. Dans le premier il vit très-peu de monde, et n'apprit qu'à se dégoûter de Paris. Ce qu'il y fit de mieux fut la connaissance de M. de Chanut, depuis ambassadeur en Suède. Comme leurs âmes se convenaient, leur amitié fut bientôt très-vive. M. de Chanut mêlait à l'admiration pour un grand homme un sentiment plus tendre et plus fait pour rendre heureux. Il sollicita auprès du cardinal Mazarin, alors ministre, une pension pour Descartes. On ne sait pourquoi la pension lui fut refusée. En 1648, les historiens prétendent qu'il fut appelé en France par les ordres du roi. L'intention de la cour, disait-on, était de lui faire un établissement honorable et digne de son mérite. On lui fit même expédier d'avance le brevet d'une pension, et il en reçut les lettres en parchemin. Sur cette espérance il arrive à Paris; il se présente à la cour. Tout était en feu; c'était le commencement de la guerre de la Fronde. Il trouva qu'on avait fait payer à un de ses parents l'expédition du brevet, et qu'il en devait l'argent. Il le paya en effet; ce qui lui fit dire plaisamment que jamais il n'avait acheté parchemin plus cher. Voilà tout ce qu'il retira de son voyage. Ceux qui l'avaient appelé furent curieux de le voir, non pour l'entendre et profiter de ses lumières, mais pour connaître sa figure. « Je m'aperçus, dit-il dans une de ses lettres, qu'on voulait m'avoir en France, à peu près comme les grands seigneurs veulent avoir dans leur ménagerie un éléphant, ou un lion, ou quelques animaux rares. Ce que je pus penser de mieux sur leur compte, ce fut de les regarder comme des gens qui auraient été bien aise de m'avoir à dîner chez eux, mais en arrivant je trouvai leur cuisine en désordre et leur marmite renversée. » Au reste, il ne faut point omettre ici le juste éloge dû au chancelier Séguier, qui distingua Descartes comme il le devait, et le traita avec le respect dû à un homme qui honorait son siècle et sa nation.

Il s'en fallait de beaucoup que toute la famille de Descartes lui rendît justice, et sentît l'honneur que Descartes lui faisait. Il est vrai que son père l'aimait tendrement et l'appelait toujours son cher philosophe; mais le frère aîné de Descartes avait pour lui très-peu de considération. *Ses parents*, dit l'historien de sa vie, *semblaient le compter pour peu de chose dans sa famille, et ne le regardant plus que sous le titre odieux de philosophe, tâchaient de l'effacer de leur mémoire comme s'il eût été la honte de sa race.* On lui donna une marque bien cruelle de cette indifférence à la mort de son père. Ce vieillard respectable, doyen du parlement de Bretagne, mourut en 1640, âgé de soixante-dix-huit ans; on n'instruisit Descartes ni de sa maladie ni de sa mort. Il y avait déjà près de quinze jours que ce bon vieillard était enterré quand Descartes lui écrivit la lettre du monde la plus tendre. Il se justifiait d'habiter un pays étranger, loin d'un père qu'il aimait. Il lui marquait le désir qu'il avait de faire un voyage en France pour le revoir, pour l'embrasser, pour recevoir encore une fois sa bénédiction. Quand la lettre de Descartes arriva, il y avait déjà un mois que son père était mort. On se souvint alors qu'il y avait dans les pays étrangers une autre personne de la famille, et on lui écrivit par bienséance. Descartes ne se consola point de n'avoir pas reçu les dernières paroles et les derniers embrassements de son père. Il n'eut pas plus à se louer de son frère dans les arrangements qu'il fit avec lui pour ses affaires de famille et les règlements de succession. Ce frère était un homme intéressé et avide, et qui savait bien que les philosophes n'aiment point à plaider; en conséquence, il tira tout le parti qu'il put de cette douceur philosophique. Il faut convenir que les neveux de Descartes rendirent à la mémoire de leur oncle tout l'honneur qu'il méritait, mais le nom de Descartes était alors le premier nom de la France.

Élisabeth de Bohême, princesse palatine, fille de ce fameux électeur palatin qui disputa à Ferdinand II les royaumes de Hongrie et de Bohême, est née en 1618. On sait qu'elle fut la première disciple de Descartes. Elle eut encore un titre plus cher; elle fut son amie, car l'amitié fait quelquefois ce que la philosophie même ne fait pas, elle comble l'intervalle qui est entre les rangs. Élisabeth avait été recherchée par Ladislas IV, roi de Pologne, mais elle préféra le plaisir de cultiver son âme dans la retraite à l'honneur d'occuper un trône. Sa mère, dans son enfance, lui avait appris six langues; elle possédait parfaitement les belles-lettres. Son génie la porta aux sciences profondes. Elle étudia la philosophie et les mathématiques, mais dès que les premiers ouvrages de Descartes lui tombèrent entre les mains, elle crut n'avoir rien appris jusqu'alors. Elle le fit prier de la venir voir, pour qu'elle pût l'entendre lui-même. Descartes lui trouva un esprit aussi facile que profond; en peu de temps elle fut au niveau de sa géométrie et de sa métaphysique. Bientôt après, Descartes lui dédia ses *Principes;* il la félicite d'avoir su réunir tant de connaissances dans un âge où la plupart des femmes ne savent que plaire. Cette dédicace n'est point un monument de flatterie; l'homme qui loue y paraît toujours un philosophe qui pense. « Comment, dit-il, à la tête d'un ouvrage où je jette les fondements de la vérité, oserais-je la trahir? » Il continua jusqu'à la fin de sa vie un commerce de lettres avec elle. Souvent cette princesse fut malheureuse; Descartes la consolait alors. Malheureux et tourmenté lui-même, il trouvait dans son propre cœur cette éloquence douce qui va chercher l'âme des autres et adoucit le sentiment de leurs peines. Après avoir été longtemps errante et presque sans asile, Élisabeth se retira enfin dans une abbaye de la Westphalie, où elle fonda une espèce d'académie de philosophes à laquelle elle présidait. Le nom de Descartes n'y était jamais prononcé qu'avec respect; sa mémoire lui était trop chère pour l'oublier. Elle lui survécut près de trente ans et mourut en 1680.

C'est une chose remarquable que Descartes ait eu pour disciples les deux femmes les plus célèbres de son temps... Je ne m'étendrai point sur l'histoire de Christine, tout le monde la connaît. Ce fut M. de Chanut qui, le premier, engagea cette reine à lire les ouvrages de Descartes. En 1647, elle lui fit écrire pour savoir de lui en quoi consistait *le souverain bien.* La plupart des princes, ou ne font pas ces questions-là, ou les font à des courtisans plutôt qu'à des philosophes, et alors la réponse est facile à deviner. Celle de Descartes fut un peu différente; il faisait consister le souverain bien dans la volonté toujours ferme d'être vertueux, et dans le charme de la conscience qui jouit de sa vertu. C'était une belle leçon de morale pour une reine; Christine en fut si contente qu'elle lui écrivit de sa main pour le remercier. Peu de temps après, Descartes lui envoya son *Traité des passions*.

En 1649, la reine lui fit faire les plus vives instances pour l'engager à venir à Stockholm, et déjà elle avait donné ordre à un de ses amiraux pour l'aller prendre et le conduire en Suède. Le philosophe, avant de quitter sa retraite, hésita longtemps; il est probable qu'il fut décidé par toutes les persécutions qu'il essuyait en Hollande. Il partit enfin et arriva au commencement d'octobre à Stockholm. La reine le reçut avec une distinction qu'on dut remarquer dans une Cour. Elle commença par l'exempter de tous les assujettissements des courtisans; elle sentait bien qu'ils n'étaient pas faits pour Descartes. Elle convint avec lui d'une heure où elle pourrait l'entretenir tous les jours et recevoir ses leçons. On sera assez étonné quand on saura que ce rendez-vous d'un philosophe et d'une reine était à cinq heures du matin, dans un hiver très-cruel. Christine, passionnée pour les sciences, s'était fait un plan de commencer la journée par ses études, afin de pouvoir donner le reste au gouvernement de ses États. Elle n'accordait au repos que le temps qu'elle ne pouvait lui refuser, et n'avait d'autre délassement que la conversation de ceux qui pouvaient l'instruire. Elle fut si satisfaite de la philosophie de Descartes, qu'elle résolut de le fixer dans ses États par toutes sortes de moyens. Son projet était de lui donner, à titre de seigneurie, des terres considérables dans les provinces les plus méridionales de la Suède, pour lui et pour ses héritiers à perpétuité. Elle espérait ainsi l'enchaîner par ses bienfaits. Malgré les bontés de la reine, il paraît que Descartes eut toujours un sentiment de préférence pour la princesse palatine, soit que, celle-ci ayant été sa première disciple, il dût être plus flatté de cet hommage, soit que les malheurs d'une jeune princesse la rendissent plus intéressante aux yeux d'un philosophe sensible. Ce qu'il y a de sûr, c'est qu'il employa tout son crédit auprès de Christine pour servir Élisabeth; mais l'intérêt même qu'il parut y prendre l'empêcha probablement de réussir; car la reine de Suède, assez grande pour aspirer à l'amitié de Descartes, ne l'était pas assez pour consentir à partager ce sentiment avec une autre.

La vertu est peut-être plus rare que les talents, et le philosophe spéculatif n'est pas toujours philosophe pratique. Descartes fut l'un et l'autre. Dès sa jeunesse il avait raisonné sa morale. En renversant ses opinions par le doute, il vit qu'il fallait garder des principes pour se conduire. Voici quels étaient les siens : 1° d'obéir en tout temps aux lois et aux coutumes de son pays; 2° de n'enchaîner jamais sa liberté pour l'avenir; 3° de se décider toujours pour les opinions modérées, parce que, dans le moral, tout ce qui est extrême est presque toujours vicieux; 4° de travailler à se vaincre soi-même, plutôt que la fortune, parce que l'on change ses désirs plutôt que l'ordre du monde, et que rien n'est en notre pouvoir que nos pensées. Ce fut là, pour ainsi dire, la base de sa conduite. On voit que cet homme singulier s'était fait une méthode pour agir comme il s'en fit une pour penser. Il fut de bonne heure indifférent pour la fortune, qui de son côté ne fit rien pour lui. Son bien de patrimoine n'allait pas au-delà de six ou sept mille livres; c'était une pauvre pour un homme accoutumé dans son enfance à beaucoup de besoins, et qui voulait étudier la nature; car il y a une foule de connaissances qu'on n'a qu'à prix d'argent. Sa médiocrité ne lui coûta point un désir. Il avait sur les richesses un sentiment bien honnête, et que tous les cœurs ne sentiront pas; il estimait plus mille francs de patrimoine que dix mille livres qui lui seraient venues d'ailleurs. Jamais il ne voulut accepter de secours d'aucun particulier. Le comte d'Avaux lui envoya une somme considérable en Hollande; il la refusa. Plusieurs personnes de marque lui firent les mêmes offres; il les remercia et se chargea de la reconnaissance sans se charger du bienfait. *C'est au public*, disait-il, *à payer ce que je fais pour le public*. Il se faisait riche en diminuant sa dépense. Son habillement était très-philosophique, et sa table très-frugale. Du moment qu'il fut retiré en Hollande, il fut toujours vêtu d'un simple drap noir. A table il préférait, comme le bon Plutarque, les légumes et les fruits à la chair des animaux. Ses après-dînées étaient partagées entre la conversation de ses amis et la culture de son jardin. Occupé le matin du système du monde, il allait le soir cultiver ses fleurs. Sa santé était faible; mais il en prenait soin sans en être esclave. On sait combien les passions influent sur elle; Descartes en était vivement persuadé, et il s'appliquait sans cesse à les régler. C'est ainsi que M. de Fontenelle est parvenu à vivre près d'un siècle. Il faut avouer que ce régime ne réussit pas si bien à Descartes; *mais*, écrivait-il un jour, *au lieu de trouver le moyen de conserver la vie, j'en ai trouvé un autre bien plus sûr : c'est celui de ne pas craindre la mort*. Il cherchait la solitude, autant par goût que par système. Il avait pris pour devise ce vers d'Ovide : *Bene qui latuit, bene vixit :* Vivre caché, c'est vivre heureux; et ces autres de Sénèque : *Illi mors gravis incubat, qui notus nimis omnibus, ignotus moritur sibi :* malheureux en mourant, qui, trop connu des autres, meurt sans se connaître lui-même. Il devait donc avoir une espèce d'indifférence pour la gloire, non pour la mériter, mais pour en jouir... Descartes craignait la réputation et s'y dérobait. Il la regardait surtout comme un obstacle à sa liberté et à son loisir, les deux plus grands biens d'un philosophe, disait-il. On se doute bien qu'il n'était pas grand parleur. Il n'eût pas brillé dans ces sociétés où l'on dit d'un ton facile des choses légères, et où l'on parcourt vingt objets sans s'arrêter sur aucun... L'habitude de méditer et de vivre seul l'avait rendu taciturne; mais ce qu'on ne croirait peut-être pas, c'est qu'elle ne lui avait rien ôté de son enjouement naturel. Il avait toujours de la gaieté, quoiqu'il n'eût pas toujours de la joie. La philosophie n'exempte pas des fautes, mais elle apprend à les connaître et à s'en corriger. Descartes avouait ses erreurs sans s'apercevoir même qu'il en fût plus grand. C'est avec la même franchise qu'il sentait son mérite et qu'il en convenait. On ne manquait point d'appeler cela de la vanité ; mais s'il en avait eu, il aurait pris plus de soin de la déguiser. Il n'avait point assez d'orgueil pour tâcher d'être modeste. Ce sentiment, tel qu'il fût, n'était point à charge aux autres. Il avait dans le commerce une politesse douce, et qui était encore plus dans les sentiments que dans les manières. Ce n'est point toujours la politesse du monde, mais c'est sûrement celle du philosophe. Il évitait les louanges comme un homme qui leur est supérieur; il les interdisait à l'amitié, il ne les pardonnait pas à la flatterie. Il n'eut jamais avec ses ennemis d'autre tort que celui de les humilier par sa modération, et il eut ce tort très-souvent. La calomnie le blessait plus comme un outrage fait à la vérité que comme une injure qui lui fût personnelle. *Quand on me fait une offense*, disait-il, *je tâche d'élever mon âme si haut, que l'offense ne parvienne pas jusqu'à moi.* L'indignation était pour lui un sentiment pénible, et s'il eût fallu, il eût plutôt ouvert son âme au mépris. Au reste, ces deux sentiments lui étaient comme étrangers, et ce qui se trouvait naturellement dans son âme, c'était la douceur et la bonté. Cette âme forte et profonde était très-sensible. Nous avons déjà vu son tendre attachement pour sa nourrice. Il traitait ses domestiques comme des amis malheureux qu'il était chargé de consoler. Sa maison était pour eux une école de mœurs, et elle devint pour plusieurs une école de mathématiques et de sciences. On rapporte qu'il les instruisait avec la bonté d'un père, et quand ils n'avaient plus besoin de son secours, il les rendait à la société, où ils allaient jouir du rang qu'ils s'étaient fait par leur mérite. Un jour l'un d'eux voulut le remercier : *Que faites-vous*, lui dit-il, *vous êtes mon égal, et j'acquitte une dette.* Plusieurs qu'il avait ainsi formés ont rempli avec distinction des places honorables. J'ai déjà rapporté quelques traits qui font connaître sa vive tendresse pour son père. Je ne prétends pas le louer par là, mais il est doux de s'arrêter sur les sentiments de la nature. Avec ce naturel bon et tendre, Descartes dut avoir des amis; il en eut en effet un très-grand nombre; il en eut en France, en Hollande, en Angleterre, en Allemagne et jusqu'à Rome; il en eut dans tous les États et dans tous les rangs. Il ne pouvait point se faire que, de tous ces amis, il n'y en eût plusieurs qui ne lui fussent attachés par vanité. Ceux-là, il les payait avec sa gloire; mais il réservait aux autres cette amitié simple et pure, ces doux épanchements de l'âme, ce commerce intime qui fait les délices d'une vie obscure, et que rien ne remplace pour les âmes sensibles. La plupart des hommes veulent qu'on soit reconnaissant de leurs bienfaits. « Pour moi, disait Descartes, je crois devoir du retour à ceux qui m'offrent l'occasion de les servir. » Ce beau sentiment, qu'on a tant répété depuis, et qui est presque devenu une formule, se trouve dans plusieurs de ses lettres. A l'égard de Dieu et de la religion, voici comme il pensait. Jamais philosophe ne fut plus respectueux pour la Divinité. Il prétendait que les vérités mêmes qu'on appelle éternelles et mathématiques ne sont telles que parce que Dieu l'a voulu. « Ce sont des lois, disait-il, que Dieu a établies dans la nature, comme un prince fait des lois dans son royaume. » Il trouvait ridicule que l'homme osât prononcer sur ce que Dieu peut et ce qu'il ne peut pas.

Descartes fut attaqué le 2 février 1650 de la maladie dont il mourut. Il n'y avait pas plus de quatre mois qu'il était à Stockholm. Il y a grande apparence que sa maladie vint de la rigueur du froid, et du changement qu'il fit à son régime pour se trouver tous les jours au palais à cinq heures du matin. Ainsi il fut victime de sa complaisance pour la reine, mais il n'en eut point du tout pour les médecins suédois qui voulaient le saigner. « Messieurs, leur criait-il dans l'ardeur de la fièvre, épargnez le sang français. » Il se laissa saigner au bout de huit jours, mais il n'était plus temps; l'inflammation était trop forte. Il eut du moins, pendant sa maladie, la consolation de voir le tendre intérêt qu'on prenait à sa santé.

La reine envoyait savoir deux fois par jour de ses nouvelles. M. et Mme de Chanut lui prodiguaient les soins les plus tendres et les plus officieux. Mme de Chanut ne le quitta point depuis sa maladie. Elle était présente à tout. Elle le servait elle-même pendant le jour, elle le soignait durant les nuits. M. de Chanut, qui venait d'être malade, et encore à peine convalescent, se traînait souvent dans sa chambre, pour voir, pour consoler et pour soutenir son ami... Descartes mourant serrait par reconnaissance les mains qui le servaient; mais ses forces s'épuisaient par degrés, et ne pouvaient plus suffire au sentiment. Le soir du neuvième jour, il eut une défaillance. Revenu un moment après, il sentit qu'il fallait mourir. On courut chez M. de Chanut; il vint pour recueillir le dernier soupir et les dernières paroles d'un ami, mais il ne parlait plus. On le vit seulement lever les yeux au ciel, comme un homme qui implorait Dieu pour la dernière fois. En effet, il mourut la même nuit, le 11 février, à quatre heures du matin, âgé de près de cinquante-quatre ans. M. de Chanut, accablé de douleur, envoya aussitôt son secrétaire au palais, pour avertir la reine à son lever, que Descartes était mort. Christine en l'apprenant versa des larmes. Elle voulut le faire enterrer auprès des rois et lui élever un mausolée. Des vues de religion s'opposèrent à ce dessein. M. de Chanut demanda et obtint qu'il fût enterré avec simplicité dans un cimetière, parmi les catholiques. Un prêtre, quelques flambeaux, et quatre personnes de marque qui étaient aux quatre coins du cercueil, voilà quelle fut la pompe funèbre de Descartes. M. de Chanut, pour honorer la mémoire de son ami et d'un grand homme, fit élever sur son tombeau une pyramide carrée avec des inscriptions. La Hollande, où il avait été persécuté de son vivant, fit frapper en son honneur une médaille dès qu'il fut mort. Seize ans après, c'est-à-dire en 1666, son corps fut transporté en France. On coucha ses ossements sur les cendres qui restaient, et on les enferma dans un cercueil de cuivre. C'est ainsi qu'ils arrivèrent à Paris, où on les déposa dans l'église de Sainte-Geneviève. Le 24 juin 1667, on lui fit un service solennel avec la plus grande magnificence. On se contenta de lui dresser un monument de marbre très-simple, contre la muraille, au-dessus de son tombeau, avec une épitaphe au bas de son buste. Il y a deux inscriptions, l'une latine en style lapidaire, et l'autre en vers français.

THOMAS.

DISCOURS

DE LA MÉTHODE

POUR BIEN CONDUIRE SA RAISON

ET CHERCHER LA VÉRITÉ DANS LES SCIENCES.

LETTRE AU R. P. MERSENNE

SUR LA PUBLICATION DU *DISCOURS SUR LA MÉTHODE.*

Mars 1636.

Mon Révérend Père,

Il y a environ cinq semaines que j'ai reçu vos dernières du dix-huit janvier, et je n'avais reçu les précédentes que quatre ou cinq jours auparavant. Ce qui m'a fait différer de vous faire réponse a été que j'espérais de vous mander bientôt que j'étais occupé à faire imprimer, car je suis venu à ce dessein en cette ville; mais les N. (1), qui témoignaient auparavant avoir fort envie d'être mes libraires, s'imaginant, je crois, que je ne leur échapperais pas lorsqu'ils m'ont vu ici, ont eu envie de se faire prier, ce qui est cause que j'ai résolu de me passer d'eux; et quoique je puisse trouver ici assez d'autres libraires, toutefois je ne résoudrai rien avec aucun que je n'aie reçu de vos nouvelles, pourvu que je ne tarde point trop à en recevoir; et si vous jugez que mes écrits puissent être imprimés à Paris plus commodément qu'ici et qu'il vous plût d'en prendre le soin, comme vous m'avez obligé autrefois de m'offrir, je vous les pourrais envoyer incontinent après la vôtre reçue. Seulement y a-t-il en cela de la difficulté, que ma copie n'est pas mieux écrite que cette lettre, que l'orthographe ni les virgules n'y sont pas mieux observées, et que les figures n'y sont tracées que de ma main, c'est-à-dire très-mal; en sorte que si vous n'en tirez l'intelligence du texte pour les interpréter après au graveur, il lui serait impossible de les comprendre. Outre cela, je serais bien aise que le tout fût imprimé en fort beau caractère et de fort beau papier, et que le libraire me donnât au moins deux cents exemplaires, à cause que j'ai envie d'en distribuer à quantité de personnes : et afin que vous sachiez ce que j'ai envie de faire imprimer, il y aura quatre traités, tous français, et le titre en général sera : *Le projet d'une science universelle qui puisse élever notre nature à son plus haut degré de perfection; plus, la Dioptrique, les*

(1) Les « Elzévirs, » éditeurs fameux.

Météores et la Géométrie, où les plus curieuses matières que l'auteur ait pu choisir, pour rendre preuve de la science universelle qu'il propose, sont expliquées en telle sorte que ceux même qui n'ont point étudié les peuvent entendre. En ce projet, je découvre une partie de ma méthode; je tâche à démontrer l'existence de Dieu et de l'âme séparée du corps, et j'y ajoute plusieurs autres choses qui ne seront pas, je crois, désagréables au lecteur. En la Dioptrique, outre la matière des réfractions et l'invention des lunettes, j'y parle aussi fort particulièrement de l'œil, de la lumière, de la vision et de tout ce qui appartient à la catoptrique et à l'optique. Aux Météores, je m'arrête principalement sur la nature du sel, les causes des vents et du tonnerre, les figures de la neige, les couleurs de l'arc-en-ciel, où je tâche aussi à démontrer généralement quelle est la nature de chaque couleur, et les couronnes ou *halones*, et les soleils, ou *parhelia*, semblables à ceux qui parurent à Rome il y a six ou sept ans. Enfin, en la Géométrie, je tâche à donner une façon générale pour résoudre tous les problèmes qui ne l'ont encore jamais été; et tout ceci ne fera pas, je crois, un volume plus grand que de cinquante ou soixante feuilles. Au reste, je n'y veux point mettre mon nom, suivant mon ancienne résolution, et je vous prie de n'en rien dire à personne, si ce n'est que vous jugiez à propos d'en parler à quelque libraire, afin de savoir s'il aura envie de me servir, sans toutefois achever, s'il vous plaît, de conclure avec lui qu'après ma réponse; et sur ce que vous me ferez la faveur de me mander, je me résoudrai. Je serai bien aise aussi d'employer tout autre, plutôt que ceux qui ont correspondance avec N. (1), qui sans doute les en aura avertis, car il sait que je vous en écris... (*Lettre* XVII.)

Extrait d'une autre lettre au P. Mersenne.

Je ne mets pas « Traité de la Méthode, » mais « Discours de la Méthode. » Ce qui est le même que *Préface* ou Avis touchant la Méthode, pour montrer que je n'ai pas dessein de l'enseigner, mais seulement d'*en parler;* car, comme on peut voir de ce que j'en dis, elle consiste *plus en pratique* qu'en théorie; et je nomme les traités suivants des *Essais de cette Méthode, pour ce que je prétends que les choses qu'ils contiennent n'ont pu être trouvées sans elle, et qu'on peut connaître par eux ce qu'elle vaut. Comme aussi j'ai inséré quelque chose de métaphysique, de physique et de médecine dans le premier discours, pour montrer qu'elle s'étend à toutes sortes de matières.* »

(*Lettre* XLVIII.)

(1) « Elzévir. »

DISCOURS DE LA MÉTHODE

POUR BIEN CONDUIRE SA RAISON ET CHERCHER LA VÉRITÉ DANS LES SCIENCES (1).

Si ce discours semble trop long pour être lu en une fois, on le pourra distinguer en six parties. Et, en la première, on trouvera diverses considérations touchant les sciences; en la seconde, les principales règles de la méthode que l'auteur a cherchée; en la troisième, quelques-unes de celles de la morale qu'il a tirée de cette méthode; en la quatrième, les raisons par lesquelles il prouve l'existence de Dieu et de l'âme humaine, qui sont les fondements de sa métaphysique; en la cinquième, l'ordre des questions de physique qu'il a cherchées, et particulièrement l'explication du mouvement du cœur et de quelques autres difficultés qui appartiennent à la médecine; puis aussi la différence qui est entre notre âme et celle des bêtes; et en la der-

(1) Le *Discours de la Méthode* écrit en français par Descartes, fut publié pour la première fois à Lyon, 1637, in-4°. L'abbé de Courcelles le traduisit en latin; sa traduction, revue avec soin, par Descartes parut à Amsterdam en 1644.

nière, quelles choses il croit être requises pour aller plus avant en la recherche de la nature qu'il n'a été, et quelles raisons l'ont fait écrire.

PREMIÈRE PARTIE.

Considérations touchant les sciences.

Le bon sens est la chose du monde la mieux partagée, car chacun pense en être si bien pourvu, que ceux même qui sont les plus difficiles à contenter en toute autre chose n'ont point coutume d'en désirer plus qu'ils en ont. En quoi il n'est pas vraisemblable que tous se trompent; mais plutôt cela témoigne que la puissance de bien juger et distinguer le vrai d'avec le faux, qui est proprement ce qu'on nomme le bon sens ou la raison, est naturellement égale en tous les hommes; et ainsi que la diversité de nos opinions ne vient pas de ce que les uns sont plus raisonnables que les autres, mais seulement de ce que nous conduisons nos pensées par diverses voies, et ne considérons pas les mêmes choses. Car ce n'est pas assez d'avoir l'esprit bon, mais le principal est de l'appliquer bien. Les plus grandes âmes sont capables des plus grands vices aussi bien que des plus grandes vertus; et ceux qui ne marchent que fort lentement peuvent avancer beaucoup davantage, s'ils suivent toujours le droit chemin, que ne font ceux qui courent et qui s'en éloignent.

Pour moi, je n'ai jamais présumé que mon esprit fût en rien plus parfait que ceux du commun : même j'ai souvent souhaité d'avoir la pensée aussi prompte, ou l'imagination aussi nette et distincte, ou la mémoire aussi ample ou aussi présente, que quelques autres. Et je ne sache point de qualités que celles-ci qui servent à la perfection de l'esprit : car pour la raison, ou le sens, d'autant qu'elle est la seule chose qui nous rend hommes et nous distingue des bêtes, je veux croire qu'elle est tout entière en un chacun, et suivre en ceci l'opinion commune des philosophes qui disent qu'il n'y a du plus ou du moins qu'entre les *accidents*, et non point entre les *formes* ou natures des *individus* d'une même *espèce*.

Mais je ne craindrai pas de dire que je pense avoir eu beaucoup d'heur de m'être rencontré dès ma jeunesse en certains chemins qui m'ont conduit à des considérations et des maximes dont j'ai formé une méthode par laquelle il me semble que j'ai moyen d'augmenter par degrés ma connaissance, et de l'élever peu à peu au plus haut point auquel la médiocrité de mon esprit et la courte durée de ma vie lui pourront permettre d'atteindre. Car j'en ai déjà recueilli de tels fruits, qu'encore qu'au jugement que je fais de moi-même je tâche toujours de pencher vers le côté de la défiance plutôt que vers celui de la présomption, et que, regardant d'un œil de philosophe les diverses actions et entreprises de tous les hommes, il n'y en ait quasi aucune qui ne me semble vaine et inutile, je ne laisse pas de recevoir une extrême satisfaction du progrès que je pense avoir déjà fait en la recherche de la vérité, et de concevoir de telles espérances pour l'avenir, que si, entre les occupations des hommes, purement hommes, il y en a quelqu'une qui soit solidement bonne et importante, j'ose croire que c'est celle que j'ai choisie.

Toutefois il se peut faire que je me trompe, et ce n'est peut-être qu'un peu de cuivre et de verre que je prends pour de l'or et des diamants. Je sais combien nous sommes sujets à nous méprendre en ce qui nous touche, et combien aussi les jugements de nos amis nous doivent être suspects lorsqu'ils sont en notre faveur. Mais je serais bien aise de faire voir en ce discours quels sont les chemins que j'ai suivis, et d'y représenter ma vie comme en un tableau, afin que chacun en puisse juger, et qu'apprenant du bruit commun les opinions qu'on en aura, ce soit un nouveau moyen de m'instruire que j'ajouterai à ceux dont j'ai coutume de me servir.

Ainsi mon dessein n'est pas d'enseigner ici la méthode que chacun doit suivre pour bien conduire sa raison, mais seulement de faire voir en quelle sorte j'ai tâché de conduire la mienne. Ceux qui se mêlent de donner des préceptes se doivent estimer plus habiles que ceux auxquels ils les donnent;

et s'ils manquent à la moindre chose, ils en sont blâmables. Mais ne proposant cet écrit que comme une histoire, ou, si vous l'aimez mieux, que comme une fable, en laquelle, parmi quelques exemples qu'on peut imiter, on en trouvera peut-être aussi plusieurs autres qu'on aura raison de ne pas suivre, j'espère qu'il sera utile à quelques-uns sans être nuisible à personne, et que tous me sauront gré de ma franchise.

J'ai été nourri aux lettres dès mon enfance; et, pour ce qu'on me persuadait que par leur moyen on pouvait acquérir une connaissance claire et assurée de tout ce qui est utile à la vie, j'avais un extrême désir de les apprendre. Mais sitôt que j'eus achevé tout ce cours d'études au bout duquel on a coutume d'être reçu au rang des doctes, je changeai entièrement d'opinion. Car je me trouvais embarrassé de tant de doutes et d'erreurs qu'il me semblait n'avoir fait autre profit, en tâchant de m'instruire, sinon que j'avais découvert de plus en plus mon ignorance. Et néanmoins j'étais en l'une des plus célèbres écoles de l'Europe, où je pensais qu'il devait y avoir de savants hommes, s'il y en avait en aucun endroit de la terre. J'y avais appris tout ce que les autres y apprenaient; et même, ne m'étant pas contenté des sciences qu'on nous enseignait, j'avais parcouru tous les livres traitant de celles qu'on estime les plus curieuses et les plus rares qui avaient pu tomber entre mes mains. Avec cela je savais les jugements que les autres faisaient de moi; et je ne voyais point qu'on m'estimât inférieur à mes condisciples, bien qu'il y en eût déjà entre eux quelques-uns qu'on destinait à remplir les places de nos maîtres. Et enfin notre siècle me semblait aussi fleurissant et aussi fertile en bons esprits qu'ait été aucun des précédents. Ce qui me faisait prendre la liberté de juger par moi de tous les autres, et de penser qu'il n'y avait aucune doctrine dans le monde qui fût telle qu'on m'avait auparavant fait espérer.

Je ne laissais pas toutefois d'estimer les exercices auxquels on s'occupe dans les écoles. Je savais que les langues que l'on y apprend sont nécessaires pour l'intelligence des livres anciens; que la gentillesse des fables réveille l'esprit; que les actions mémorables des histoires le relèvent; et qu'étant lues avec discrétion elles aident à former le jugement; que la lecture de tous les bons livres est comme une conversation avec les plus honnêtes gens des siècles passés, qui en ont été les auteurs, et même une conversation étudiée en laquelle ils ne nous découvrent que les meilleures de leurs pensées; que l'éloquence a des forces et des beautés incomparables; que la poésie a des délicatesses et des douceurs très-ravissantes; que les mathématiques ont des inventions très-subtiles, et qui peuvent beaucoup servir tant à contenter les curieux qu'à faciliter tous les arts et diminuer le travail des hommes; que les écrits qui traitent des mœurs contiennent plusieurs enseignements et plusieurs exhortations à la vertu qui sont fort utiles; que la théologie enseigne à gagner le ciel; que la philosophie donne moyen de parler vraisemblablement de toutes choses et se faire admirer des moins savants; que la jurisprudence, la médecine et les autres sciences apportent des honneurs et des richesses à ceux qui les cultivent; et enfin qu'il est bon de les avoir toutes examinées, même les plus superstitieuses et les plus fausses, afin de connaître leur juste valeur et se garder d'en être trompé.

Mais je croyais avoir déjà donné assez de temps aux langues, et même aussi à la lecture des livres anciens, et à leurs histoires, et à leurs fables. Car c'est quasi le même de converser avec ceux des autres siècles que de voyager. Il est bon de savoir quelque chose des mœurs de divers peuples, afin de juger des nôtres plus sainement, et que nous ne pensions pas que tout ce qui est contre nos modes soit ridicule et contre raison, ainsi qu'ont coutume de faire ceux qui n'ont rien vu. Mais lorsqu'on emploie trop de temps à voyager, on devient enfin étranger en son pays; et lorsqu'on est trop curieux des choses qui se pratiquaient aux siècles passés, on demeure ordinairement fort ignorant de celles qui se pratiquent en celui-ci. Outre que les fables font imaginer plusieurs événements comme possibles qui ne le sont point, et que même les histoires les plus fidèles, si elles ne changent ni n'augmentent la valeur des choses pour les rendre plus dignes d'être lues, au moins en omettent-elles presque toujours les plus basses et moins illustres circonstances, d'où vient que le reste ne paraît pas tel qu'il est, et que ceux qui règlent leurs mœurs par les exemples qu'ils en tirent sont sujets à tomber dans les extravagances des paladins de nos romans et à concevoir des desseins qui passent leurs forces.

J'estimais fort l'éloquence et j'étais amoureux de la poésie; mais je pensais que l'une et l'autre étaient des dons de l'esprit plutôt que des fruits de l'étude. Ceux qui ont le raisonnement le plus fort, et qui digèrent le mieux leurs pensées afin de les rendre claires et intelligibles, peuvent toujours le mieux persuader ce qu'ils proposent, encore qu'ils ne parlassent que bas-breton et qu'ils n'eussent jamais appris de rhétorique; et ceux qui ont les inventions les plus agréables, et qui les savent exprimer avec le plus d'ornement et de douceur, ne laisseraient pas d'être les meilleurs poètes, encore que l'art poétique leur fût inconnu.

Je me plaisais surtout aux mathématiques, à cause de la certitude et de l'évidence de leurs raisons; mais je ne remarquais point encore leur vrai usage, et, pensant qu'elles ne servaient qu'aux arts mécaniques, je m'étonnais de ce que, leurs fondements étant si fermes et si solides, on n'avait rien bâti dessus de plus relevé. Comme au contraire je comparais les écrits des anciens païens, qui traitent des mœurs, à des palais fort superbes et fort magnifiques qui n'étaient bâtis que sur du sable et sur de la boue : ils élèvent fort haut les vertus, et les font paraître estimables par-dessus toutes les choses qui sont au monde; mais ils n'enseignent pas assez à les connaître, et souvent ce qu'ils appellent d'un si beau nom n'est qu'une insensibilité, ou un orgueil, ou un désespoir, ou un parricide.

Je révérais notre théologie, et prétendais autant qu'aucun autre à gagner le ciel; mais ayant appris, comme chose très-assurée, que le chemin n'en est pas moins ouvert aux plus ignorants qu'aux plus doctes, et que les vérités révélées qui y conduisent sont au-dessus de notre intelligence, je n'eusse osé les soumettre à la faiblesse de mes raisonnements, et je pensais que pour entreprendre de les examiner et y réussir il était besoin d'avoir quelque extraordinaire assistance du ciel et d'être plus qu'homme.

Je ne dirai rien de la philosophie, sinon que, voyant qu'elle a été cultivée par les plus excellents esprits qui aient vécu depuis plusieurs siècles, et que néanmoins il ne s'y trouve encore aucune chose dont on ne dispute, et par conséquent qui ne soit douteuse, je n'avais pas assez de présomption pour espérer d'y rencontrer mieux que les autres; et que, considérant combien il peut avoir de diverses opinions touchant une même matière, qui soient soutenues par des gens doctes, sans qu'il y en puisse avoir jamais plus d'une seule qui soit vraie, je réputais presque pour faux tout ce qui n'était que vraisemblable.

Puis pour les autres sciences, d'autant qu'elles empruntent leurs principes de la philosophie, je jugeais qu'on ne pouvait avoir rien bâti qui fût solide sur des fondements si peu fermes; et ni l'honneur ni le gain qu'elles promettent n'étaient suffisants pour me convier à les apprendre; car je ne me sentais point, grâce à Dieu, de condition qui m'obligeât à faire un métier de la science pour le soulagement de ma fortune; et, quoique je ne fisse pas profession de mépriser la gloire en cynique, je faisais néanmoins fort peu d'état de celle que je n'espérais point pouvoir acquérir qu'à faux titres. Et enfin, pour les mauvaises doctrines, je pensais déjà connaître assez ce qu'elles valaient pour n'être plus sujet à être trompé ni par les promesses d'un alchimiste, ni par les prédictions d'un astrologue, ni par les impostures d'un magicien, ni par les artifices ou la vanterie d'aucun de ceux qui font profession de savoir plus qu'ils ne savent.

C'est pourquoi, sitôt que l'âge me permit de sortir de la sujétion de mes précepteurs, je quittai entièrement l'étude des lettres; et me résolvant de ne chercher plus d'autre science que celle qui se pourrait trouver en moi-même, ou bien dans le grand livre du monde, j'employai le reste de ma jeunesse à voyager, à voir des cours et des armées, à fréquenter des gens de diverses humeurs et conditions, à recueillir diverses expériences, à m'éprouver moi-même dans les rencontres que la fortune me proposait, et partout à faire telle réflexion sur les choses qui se présentaient que j'en pusse tirer quelque profit. Car il me semblait que je pourrais rencontrer beaucoup plus de vérité dans les raisonnements que chacun fait touchant les affaires qui lui importent, et dont l'événement le doit punir bientôt après s'il a mal jugé, que dans ceux que fait un homme de lettres dans son cabinet touchant des spéculations qui ne produisent aucun effet, et qui ne lui sont d'autre conséquence sinon que peut-être il en tirera d'autant plus de vanité qu'elles seront plus éloignées du sens commun, à cause qu'il aura dû employer d'autant plus d'esprit ni d'artifice à tâcher de les rendre vraisemblables. Et j'avais toujours un extrême désir d'apprendre à distinguer le vrai d'avec le faux, pour voir clair en mes actions et marcher en assurance en cette vie.

Il est vrai que pendant que je ne faisais que considérer les mœurs des autres hommes, je n'y trouvais guère de quoi m'assurer, et que j'y remarquai quasi autant de diversité que j'avais fait auparavant entre les opinions des philosophes. En sorte que le plus grand profit que j'en retirais était que, voyant plusieurs choses qui, bien qu'elles nous semblent fort extravagantes et ridicules, ne laissent pas d'être communément reçues et approuvées par d'autres grands peuples, j'apprenais à ne rien croire trop fermement de ce qui ne m'avait été persuadé que par l'exemple et par la coutume; et ainsi je me délivrais peu à peu de beaucoup d'erreurs qui peuvent offusquer notre lumière naturelle et nous rendre moins capables d'entendre raison. Mais après que j'eus employé quelques années à étudier ainsi dans le livre du monde et à tâcher d'acquérir quelque expérience, je pris un jour résolution d'étudier aussi en moi-même, et d'employer toutes les forces de mon esprit à choisir les chemins que je devais suivre; ce qui me réussit beaucoup mieux, ce me semble, que si je me fusse jamais éloigné ni de mon pays ni de mes livres.

DEUXIÈME PARTIE.

Principales règles de la méthode.

J'ÉTAIS alors en Allemagne, où l'occasion des guerres qui n'y sont pas encore finies m'avait appelé; et, comme je retournais du couronnement de l'empereur vers l'armée, le commencement de l'hiver m'arrêta en un quartier où, ne trouvant aucune conversation qui me divertît, et n'ayant d'ailleurs, par bonheur, aucuns soins ni passions qui me troublassent, je demeurais tout le jour enfermé seul dans un poêle, où j'avais tout le loisir de m'entretenir de mes pensées : entre lesquelles l'une des premières fut que je m'avisai de considérer que souvent il n'y a pas tant de perfection dans les ouvrages composés de plusieurs pièces, et faits de la main de divers maîtres, qu'en ceux auxquels un seul a travaillé. Ainsi voit-on que les bâtiments qu'un seul architecte a entrepris et achevés ont coutume d'être plus beaux et mieux ordonnés que ceux que plusieurs ont tâché de raccommoder en faisant servir de vieilles murailles qui avaient été bâties à d'autres fins. Ainsi ces anciennes cités qui, n'ayant été au commencement que des bourgades, sont devenues par succession de temps de grandes villes, sont ordinairement si mal compassées, au prix de ces places régulières qu'un ingénieur trace à sa fantaisie dans une plaine, qu'encore que, considérant leurs édifices chacun à part, on y trouve souvent autant ou plus d'art qu'en ceux des autres, toutefois, à voir comme ils sont arrangés, ici un grand, là un petit, et comme ils rendent les rues courbées et inégales, on dirait plutôt que c'est la fortune que la volonté de quelques hommes usant de raison qui les a ainsi disposés. Et si on considère qu'il y a eu néanmoins de tout temps quelques officiers qui ont eu charge de prendre garde aux bâtiments des particuliers pour les faire servir à l'ornement du public, on connaîtra bien qu'il est malaisé, en ne travaillant que sur les ouvrages d'autrui, de faire des choses fort accomplies. Ainsi je m'imaginai que les peuples qui, ayant été autrefois demi-sauvages, et ne s'étant civilisés que peu à peu, n'ont fait leurs lois qu'à mesure que l'incommodité des crimes et des querelles les y a contraints, ne sauraient être si bien policés que ceux qui, dès le commencement qu'ils se sont assemblés, ont observé les constitutions de quelque prudent législateur. Comme il est bien certain que l'état de la vraie religion, dont Dieu seul a fait les ordonnances, doit être incomparablement mieux réglé que tous les autres. Et, pour parler des choses humaines, je crois que si Sparte a été autrefois très-florissante, ce n'a pas été à cause de la bonté de chacune de ses lois en particulier, vu que plusieurs étaient fort étranges et même contraires aux bonnes mœurs; mais à cause que, n'ayant été inventées que par un seul, elles tendaient toutes à même fin. Et ainsi je pensai que, les sciences des livres, au moins celles dont les raisons ne sont que probables, et qui n'ont aucunes démonstrations, s'étant composées et grossies peu à peu des opinions de plusieurs diverses personnes, ne sont point si approchantes de la vérité que les simples raisonnements que peut faire naturellement un homme de bon sens touchant les choses qui se présentent. Et ainsi encore je pensai que pour ce que nous avons tous été enfants avant que d'être hommes, et qu'il nous a fallu longtemps être gouvernés par nos appétits et nos précepteurs, qui étaient souvent contraires les uns aux autres, et qui, ni les uns ni les autres, ne nous conseillaient peut-être pas toujours le meilleur, il est presque impossible que nos jugements soient si purs ni si solides qu'ils auraient été si nous avions eu l'usage entier de notre raison dès le point de notre naissance, et que nous n'eussions jamais été conduits que par elle.

Il est vrai que nous ne voyons point qu'on jette par terre toutes les maisons d'une ville pour le seul dessein de les refaire d'autre façon et d'en rendre les rues plus belles; mais on voit bien que plusieurs font abattre les leurs pour les rebâtir, et que même quelquefois ils y sont contraints quand elles sont en danger de tomber d'elles-mêmes et que les fondements n'en sont pas bien fermes. A l'exemple de quoi je me persuadai qu'il n'y aurait véritablement point d'apparence qu'un particulier fît dessein de réformer un État en y changeant tout dès les fondements et en le renversant pour le redresser; ni même aussi de réformer le corps des sciences ou l'ordre établi dans les écoles pour les enseigner; mais que, pour toutes les opinions que j'avais reçues jusques alors en ma créance, je ne pouvais mieux faire que d'entreprendre une bonne fois de les en ôter, afin d'y en remettre par après ou d'autres meilleures, ou bien les mêmes, lorsque je les aurais ajustées au niveau de la raison. Et je crus fermement que par ce moyen je réussirais à conduire ma vie beaucoup mieux que si je ne bâtissais que sur de vieux fondements, et que je ne m'appuyasse que sur les principes que je m'étais laissé persuader en ma jeunesse sans avoir jamais examiné s'ils étaient vrais. Car, bien que je remarquasse en ceci diverses difficultés, elles n'étaient point toutefois sans remède, ni comparables à celles qui se trouvent en la réformation des moindres choses qui touchent le public. Ces grands corps sont trop malaisés à relever étant abattus ou même à retenir étant ébranlés, et leurs chutes ne peuvent être que très-rudes. Puis, pour leurs imperfections, s'ils en ont, comme la seule diversité qui est entre eux suffit pour assurer que plusieurs en ont, l'usage les a sans doute fort adoucies, et même il en a évité ou corrigé insensiblement quantité auxquelles on ne pourrait si bien pourvoir par prudence; et enfin elles sont quasi toujours plus supportables que ne serait leur changement, en même façon que les grands chemins qui tournaient entre des montagnes deviennent peu à peu si unis et si commodes, à force d'être fréquentés, qu'il est beaucoup meilleur de les suivre que d'entreprendre d'aller plus droit en grimpant au-dessus des rochers et descendant jusques au bas des précipices.

C'est pourquoi je ne saurais aucunement approuver ces humeurs brouillonnes et inquiètes qui, n'étant appelées ni par leur naissance ni par leur fortune au maniement des affaires publiques, ne laissent pas d'y faire toujours, en idée, quelque nouvelle réformation; et si je pensais qu'il y eût la moindre chose en cet écrit par laquelle on me pût soupçonner de cette folie, je serais très-marri de souffrir qu'il fût publié. Jamais mon dessein ne s'est étendu plus avant que de tâcher à réformer mes propres pensées, et de bâtir dans un fonds qui est tout à moi. Que si, mon ouvrage m'ayant assez plu, je vous en fais voir ici le modèle, ce n'est pas pour cela que je veuille conseiller à personne de l'imiter. Ceux que Dieu a mieux partagés de ses grâces auront peut-être des desseins plus relevés; mais je crains bien que celui-ci ne soit déjà que trop hardi pour plusieurs. La seule résolution de se défaire de toutes les opinions qu'on a reçues auparavant en sa créance n'est pas un exemple que chacun doive suivre. Et le monde n'est quasi composé que de deux sortes d'esprits auxquels il ne convient aucunement, à savoir : de ceux qui, se croyant plus habiles qu'ils ne sont, ne se peuvent empêcher de précipiter leurs jugements ni avoir assez de patience pour conduire par ordre toutes leurs pensées : d'où vient que, s'ils avaient une fois pris la liberté de douter des principes qu'ils ont reçus et de s'écarter du chemin commun, jamais ils ne pourraient tenir le sentier qu'il faut prendre pour aller plus droit, et demeureraient égarés toute leur vie; puis de ceux qui, ayant assez de raison ou de modestie pour juger qu'il sont moins capables de distinguer le vrai d'avec le faux que quelques autres par lesquels ils peuvent être instruits, doivent bien plutôt se contenter de suivre les opinions de ces autres qu'en chercher eux-mêmes de meilleures.

Et pour moi, j'aurais été sans doute du nombre de ces derniers si je n'avais jamais eu qu'un seul maître ou que je n'eusse point su les différences qui ont été de tout temps entre les opinions des plus doctes; mais, ayant appris, dès le collége, qu'on ne saurait rien imaginer de si étrange et si peu croyable, qu'il n'ait été dit par quelqu'un des philosophes; et depuis, en voyageant, ayant reconnu que tous ceux qui ont des sentiments fort contraires aux nôtres ne sont pas pour cela barbares ni sauvages, mais que plusieurs usent autant ou plus que nous de raison; et, ayant considéré combien un même homme, avec son même esprit, étant nourri dès son enfance entre des Français ou des Allemands devient différent de ce qu'il serait s'il avait toujours vécu entre des Chinois ou des cannibales; et comment, jusques aux modes de nos habits, la même chose qu'il nous a plu il y a dix ans, et qui nous plaira peut-être encore avant dix ans, nous semble maintenant extravagante et ridicule; en sorte que c'est bien plus la coutume et l'exemple qui nous persuade, qu'aucune connaissance certaine; et que néanmoins la pluralité des voix n'est pas une preuve qui vaille rien pour les vérités un peu malaisées à découvrir, à cause qu'il est bien plus vraisemblable qu'un homme seul les ait rencontrées que tout un peuple, je ne pouvais choisir personne dont les opinions me semblassent devoir être préférées à celles des autres, et je me trouvais comme contraint d'entreprendre moi-même de me conduire.

Mais, comme un homme qui marche seul et dans les ténèbres, je me résolus d'aller si lentement et d'user de tant de circonspections en toutes choses, que, si je n'avançais que fort peu, je me garderais bien au moins de tomber : même je ne voulus point commencer à rejeter tout à fait aucune des opinions qui s'étaient pu glisser autrefois en ma créance sans y avoir été introduites par la raison, que je n'eusse auparavant employé assez de temps à faire le projet de l'ouvrage que j'entreprenais, et à chercher la vraie méthode pour parvenir à la connaissance de toutes les choses dont mon esprit serait capable.

J'avais un peu étudié, étant plus jeune, entre les parties de la philosophie, à la logique, et, entre les mathématiques, à l'analyse des géomètres et à l'algèbre, trois arts ou sciences qui semblaient devoir contribuer quelque chose à mon dessein. Mais, en les examinant, je pris garde que, pour la logique, ses syllogismes et la plupart de ses autres instructions servent plutôt à expliquer à autrui les choses qu'on sait, ou même, comme l'art de Lulle, à parler sans jugement de celles qu'on ignore, qu'à les apprendre; et bien qu'elle contienne, en effet, beaucoup de préceptes très-vrais et très-bons, il y en a toutefois tant d'autres mêlés parmi qui sont ou nuisibles ou superflus, qu'il est presque aussi malaisé de les en séparer que de tirer une Diane ou une Minerve hors d'un bloc de marbre qui n'est point encore ébauché. Puis, pour l'analyse des anciens et l'algèbre des modernes, outre qu'elles ne s'étendent qu'à des matières fort abstraites et qui ne semblent d'aucun usage, la première est toujours si astreinte à la considération des figures, qu'elle ne peut exercer l'entendement sans fatiguer beaucoup l'imagination; et on s'est tellement assujetti en la dernière à certaines règles et à certains chiffres, qu'on en a fait un art confus et obscur qui embarrasse l'esprit, au lieu d'une science qui le cultive. Ce qui fut cause que je pensai qu'il fallait chercher quelque autre méthode qui, comprenant les avantages de ces trois, fût exempte de leurs défauts. Et, comme la multitude des lois fournit souvent des excuses aux vices, en sorte qu'un État est bien mieux réglé lorsque, n'en ayant que fort peu, elles y sont fort étroitement observées; ainsi, au lieu de ce grand nombre de préceptes dont la logique est composée, je crus que j'aurais assez des quatre suivants, pourvu que je prisse une ferme et constante résolution de ne manquer pas une seule fois à les observer.

Le premier était de ne recevoir jamais aucune chose pour vraie que je ne la connusse évidemment être telle; c'est-à-dire d'éviter soigneusement la précipitation et la prévention, et de ne comprendre rien de plus en mes jugements que ce qui se présenterait si clairement et si distinctement à mon esprit que je n'eusse aucune occasion de le mettre en doute.

Le second, de diviser chacune des difficultés que j'examinais en autant de parcelles qu'il se pourrait et qu'il serait requis pour les mieux résoudre.

Le troisième, de conduire par ordre mes pensées, en commençant par les objets les plus simples et les plus aisés à connaître, pour monter peu à peu comme par degrés jusques à la connaissance des plus composés, et supposant même de l'ordre entre ceux qui ne se précèdent point naturellement les uns les autres.

Et le dernier, de faire partout des dénombrements si entiers et des revues si générales, que je fusse assuré de ne rien omettre.

Ces longues chaînes de raisons, toutes simples et faciles,

dont les géomètres ont coutume de se servir pour parvenir à leurs plus difficiles démonstrations, m'avaient donné occasion de m'imaginer que toutes les choses qui peuvent tomber sous la connaissance des hommes s'entre-suivent en même façon, et que, pourvu seulement qu'on s'abstienne d'en recevoir aucune pour vraie qui ne le soit, et qu'on garde toujours l'ordre qu'il faut pour les déduire les unes des autres, il n'y en peut avoir de si éloignées auxquelles enfin on ne parvienne, ni de si cachées qu'on ne découvre. Et je ne fus pas beaucoup en peine de chercher par lesquelles il était besoin de commencer, car je savais déjà que c'était par les plus simples et les plus aisées à connaître; et, considérant qu'entre tous ceux qui ont ci-devant recherché la vérité dans les sciences, il n'y a eu que les seuls mathématiciens qui ont pu trouver quelques démonstrations, c'est-à-dire quelques raisons certaines et évidentes, je ne doutais point que ce ne fût par les mêmes qu'ils ont examinées; bien que je n'en espérasse aucune autre utilité, sinon qu'elles accoutumeraient mon esprit à se repaître de vérités et ne se contenter point de fausses raisons. Mais je n'eus pas dessein pour cela de tâcher d'apprendre toutes ces sciences particulières qu'on nomme communément mathématiques; et, voyant qu'encore que leurs objets soient différents, elles ne laissent pas de s'accorder toutes, en ce qu'elles n'y considèrent autre chose que les divers rapports ou proportions qui s'y trouvent, je pensai qu'il valait mieux que j'examinasse seulement ces proportions en général et sans les supposer que dans les sujets qui serviraient à m'en rendre la connaissance plus aisée, même aussi sans les y astreindre aucunement, afin de les pouvoir d'autant mieux appliquer après à tous les autres auxquels elles conviendraient. Puis, ayant pris garde que, pour les connaître, j'aurais quelquefois besoin de les considérer chacune en particulier, et quelquefois seulement de les retenir ou de les comprendre plusieurs ensemble, je pensai que, pour les considérer mieux en particulier, je les devais supposer en des lignes, à cause que je ne trouvais rien de plus simple ni que je pusse plus distinctement représenter à mon imagination et à mes sens; mais que, pour les retenir ou les comprendre plusieurs ensemble, il fallait que je les expliquasse par quelques chiffres, les plus courts qu'il serait possible; et que, par ce moyen, j'emprunterais tout le meilleur de l'analyse géométrique et de l'algèbre, et corrigerais tous les défauts de l'une par l'autre.

Comme, en effet, j'ose dire que l'exacte observation de ce peu de préceptes que j'avais choisis me donna telle facilité à démêler toutes les questions auxquelles ces deux sciences s'étendent, qu'en deux ou trois mois que j'employai à les examiner, ayant commencé par les plus simples et les plus générales, et chaque vérité que je trouvais étant une règle qui me servait après à en trouver d'autres, non-seulement je vins à bout de plusieurs que j'avais jugées autrefois très-difficiles, mais il me sembla aussi vers la fin que je pouvais déterminer, en celles même que j'ignorais, par quels moyens et jusqu'où il était possible de les résoudre. En quoi je ne vous paraîtrai peut-être pas être fort vain si vous considérez que, n'y ayant qu'une vérité de chaque chose, quiconque la trouve en sait autant qu'on peut savoir; et que, par exemple, un enfant instruit en l'arithmétique, ayant fait une addition suivant ses règles, se peut assurer d'avoir trouvé, touchant la somme qu'il examinait, tout ce que l'esprit humain saurait trouver; car enfin la méthode qui enseigne à suivre le vrai ordre et à dénombrer exactement toutes les circonstances de ce qu'on cherche contient tout ce qui donne de la certitude aux règles d'arithmétique.

Mais ce qui me contentait le plus de cette méthode était que, par elle, j'étais assuré d'user en tout de ma raison, sinon parfaitement, au moins le mieux qu'il fût en mon pouvoir : outre que je sentais, en la pratiquant, que mon esprit s'accoutumait peu à peu à concevoir plus nettement et plus distinctement ses objets; et que, ne l'ayant point assujettie à aucune matière particulière, je me promettais de l'appliquer aussi utilement aux difficultés des autres sciences que j'avais fait à celles de l'algèbre. Non que pour cela j'osasse entreprendre d'abord d'examiner toutes celles qui se présenteraient, car cela même eût été contraire à l'ordre qu'elle prescrit; mais, ayant pris garde que leurs principes devaient tous être empruntés de la philosophie, en laquelle je n'en trouvais point encore de certains, je pensai qu'il fallait avant tout que je tâchasse d'y en établir, et que, cela étant la chose du monde la plus importante, et où la précipitation et la prévention étaient le plus à craindre, je ne devais point entreprendre d'en venir à bout que je n'eusse atteint un âge bien plus mûr que celui de vingt-trois ans que j'avais alors, et que je n'eusse auparavant employé beaucoup de temps à m'y préparer, tant en déracinant de mon esprit toutes les mauvaises opinions que j'y avais reçues avant ce temps-là, qu'en faisant amas de plusieurs expériences, pour être après la matière de mes raisonnements, et, en m'exerçant toujours en la méthode que je m'étais prescrite, afin de m'y affermir de plus en plus.

TROISIÈME PARTIE.

Quelques règles de la morale tirée de cette méthode.

Et enfin, comme ce n'est pas assez, avant de commencer à rebâtir le logis où on demeure, que de l'abattre et de faire provision de matériaux et d'architectes, ou s'exercer soi-même à l'architecture, et outre cela d'en avoir soigneusement tracé le dessin, mais qu'il faut aussi s'être pourvu de quelque autre où on puisse être logé commodément pendant le temps qu'on y travaillera; ainsi, afin que je ne demeurasse point irrésolu en mes actions, pendant que la raison m'obligerait de l'être en mes jugements, et que je ne laissasse pas de vivre dès lors le plus heureusement que je pourrais, je me formai une morale par provision, qui ne consistait qu'en trois ou quatre maximes dont je veux bien vous faire part.

La première était d'obéir aux lois et aux coutumes de mon pays, retenant constamment la religion en laquelle Dieu m'a fait la grâce d'être instruit dès mon enfance, et me gouvernant en toute autre chose suivant les opinions les plus modérées et les plus éloignées de l'excès qui fussent communément reçues en pratique par les mieux sensés de ceux avec lesquels j'aurais à vivre. Car, commençant dès lors à ne compter pour rien les miennes propres, à cause que je les voulais toutes remettre à l'examen, j'étais assuré de ne pouvoir mieux que de suivre celles des mieux sensés. Et encore qu'il y en ait peut-être d'aussi bien sensés parmi les Perses ou les Chinois que parmi nous, il me semblait que le plus utile était de me régler selon ceux avec lesquels j'aurais à vivre; et que, pour savoir quelles étaient véritablement leurs opinions, je devais plutôt prendre garde à ce qu'ils pratiquaient qu'à ce qu'ils disaient, non-seulement à cause qu'en la corruption de nos mœurs il y a peu de gens qui veuillent dire tout ce qu'ils croient, mais aussi à cause que plusieurs l'ignorent eux-mêmes; car l'action de la pensée par laquelle on croit une chose étant différente de celle par laquelle on connaît qu'on la croit, elles sont souvent l'une sans l'autre. Et, entre plusieurs opinions également reçues, je ne choisissais que les plus modérées, tant à cause que ce sont toujours les plus commodes pour la pratique, et vraisemblablement les meilleures, tout excès ayant coutume d'être mauvais; comme aussi afin de me détourner moins du vrai chemin, en cas que je faillisse, que si, ayant choisi l'un des extrêmes, c'eût été l'autre qu'il eût fallu suivre. Et particulièrement je mettais entre les excès toutes les promesses par lesquelles on retranche quelque chose de sa liberté; non que je désapprouvasse les lois qui, pour remédier à l'inconstance des esprits faibles, permettent, lorsqu'on a quelque bon dessein, ou même pour la sûreté du commerce, quelque dessein qui n'est qu'indifférent, qu'on fasse des vœux ou des contrats qui obligent à y persévérer; mais à cause que je ne voyais au monde aucune chose qui demeurât toujours en même état, et que, pour mon particulier, je me promettais de perfectionner de plus en plus mes jugements, et non point de les rendre pires, j'eusse pensé commettre une grande faute contre le bon sens, si, pour ce que j'approuvais alors quelque chose, je me fus obligé de la prendre pour bonne encore après, lorsqu'elle aurait peut-être cessé de l'être, ou que j'aurais cessé de l'estimer telle.

Ma seconde maxime était d'être le plus ferme et le plus résolu en mes actions que je pourrais, et de ne suivre pas moins constamment les opinions les plus douteuses lorsque je m'y serais une fois déterminé que si elles eussent été très-assurées : imitant en ceci les voyageurs qui, se trouvant égarés en quelque forêt, ne doivent pas errer en tournoyant tantôt d'un côté, tantôt d'un autre, ni encore moins s'arrêter en une place, mais marcher toujours le plus droit qu'ils peuvent vers un même côté, et ne le changer point pour de faibles raisons, encore que ce n'ait peut-être été au commencement que le hasard seul qui les ait déterminés à le choisir; car, par ce moyen, s'ils ne vont justement où ils désirent, ils arriveront au moins à la fin quelque part où vraisemblablement ils seront mieux que dans le milieu d'une forêt. Et ainsi les actions de la vie ne souffrant souvent aucun délai, c'est une vérité très-certaine que, lorsqu'il n'est pas en notre pouvoir de discerner les plus vraies opinions, nous devons suivre les plus probables; et même qu'encore que nous ne remarquions point davantage de probabilité aux unes qu'aux autres, nous devons néanmoins nous déterminer à quelques-unes, et les considérer après, non plus comme douteuses en tant qu'elles se rapportent à la pratique, mais comme très-vraies et très-certaines, à cause que la raison qui nous y fait déterminer se trouve telle. Et ceci fut capable dès lors de me délivrer de tous les repentirs et les remords qui ont coutume d'agiter les consciences de ces esprits faibles et chancelants qui se laissent aller inconstamment à pratiquer comme bonnes les choses qu'ils jugent après être mauvaises.

Ma troisième maxime était de tâcher toujours plutôt à me vaincre que la fortune, et à changer mes désirs que l'ordre du monde, et généralement de m'accoutumer à croire qu'il n'y a rien qui soit entièrement en notre pouvoir que nos pensées, en sorte qu'après que nous avons fait notre mieux touchant les choses qui nous sont extérieures, tout ce qui manque de nous réussir est au regard de nous absolument impossible. Et ceci seul me semblait être suffisant pour m'empêcher de rien désirer à l'avenir que je n'acquisse, et ainsi pour me rendre content : car notre volonté ne se portant naturellement à désirer que les choses que notre entendement représente en quelque façon comme possibles, il est certain que si nous considérons tous les biens qui sont hors de nous comme également éloignés de notre pouvoir, nous n'aurons pas plus de regret de manquer de ceux qui semblent être dus à notre naissance lorsque nous en serons privés sans notre faute, que nous avons de ne posséder pas les royaumes de la Chine ou de Mexique; et que faisant, comme on dit, de nécessité vertu, nous ne désirerons pas davantage d'être sains étant malades, ou d'être libres étant en prison, que nous faisons maintenant d'avoir des corps d'une matière aussi peu corruptible que les diamants, ou des ailes pour voler comme les oiseaux. Mais j'avoue qu'il est besoin d'un long exercice et d'une méditation souvent réitérée pour s'accoutumer à regarder de ce biais toutes les choses : et je crois que c'est principalement en ceci que consistait le secret de ces philosophes qui ont pu autrefois se soustraire à l'empire de la fortune, et, malgré les douleurs et la pauvreté, disputer de la félicité avec leurs dieux. Car, s'occupant sans cesse à considérer les bornes qui leur étaient prescrites par la nature, ils se persuadaient si parfaitement que rien n'était en leur pouvoir que leurs pensées, que cela seul était suffisant pour les empêcher d'avoir aucune affection pour d'autres choses; et ils disposaient d'elles si absolument qu'ils avaient en cela quelque raison de s'estimer plus riches et plus puissants, et plus libres et plus heureux qu'aucun des autres hommes, qui, n'ayant point cette philosophie, tant favorisés de la nature et de la fortune qu'ils puissent être, ne disposent jamais ainsi de tout ce qu'ils veulent.

Enfin, pour conclusion de cette morale, je m'avisai de faire une revue sur les diverses occupations qu'ont les hommes en cette vie, pour tâcher à faire choix de la meilleure; et, sans que je veuille rien dire de celle des autres, je pensais que je ne pouvais mieux que de continuer en celle-là même où je me trouvais, c'est-à-dire que d'employer toute ma vie à cultiver ma raison, et m'avancer autant que je pourrais en la connaissance de la vérité, suivant la méthode que je m'étais prescrite. J'avais éprouvé de si extrêmes contentements depuis que j'avais commencé à me servir de cette méthode, que je ne croyais pas qu'on en pût recevoir de plus doux ni de plus innocents en cette vie; et découvrant tous les jours, par son moyen, quelques vérités qui me semblaient assez importantes et communément ignorées des autres hommes, la satisfaction que j'en avais remplissait tellement mon esprit, que tout le reste ne me touchait point. Outre que les trois maximes précédentes n'étaient fondées que sur le dessein que j'avais de continuer à m'instruire : car Dieu nous ayant donné à chacun quelque lumière pour discerner le vrai d'avec le faux, je n'eusse pas cru me devoir contenter des opinions d'autrui un seul moment, si je ne me fusse proposé d'employer mon propre jugement à les examiner lorsqu'il serait temps; et je n'eusse su m'exempter de scrupule en les suivant, si je n'eusse espéré de ne perdre pour cela aucune occasion d'en trouver de meilleures en cas qu'il y en eût; et enfin je n'eusse su borner mes désirs ni être content, si je n'eusse suivi un chemin par lequel, pensant être assuré de l'acquisition de toutes les connaissances dont je serais capable, je le pensais être par même moyen de celle de tous les vrais biens qui seraient jamais en mon pouvoir; d'autant que, notre volonté ne se portant à suivre ni à fuir aucune chose que selon que notre entendement la lui représente bonne ou mauvaise, il suffit de bien juger pour bien faire, et de juger le mieux qu'on puisse pour faire aussi tout son mieux, c'est-à-dire pour acquérir toutes les vertus, et ensemble tous les autres biens qu'on puisse acquérir; et lorsqu'on est certain que cela est, on ne saurait manquer d'être content.

Après m'être ainsi assuré de ces maximes, et les avoir mises à part avec les vérités de la foi, qui ont toujours été les premières en ma créance, je jugeai que pour tout le reste de mes opinions je pouvais librement entreprendre de m'en défaire. Et d'autant que j'espérais en pouvoir mieux venir à bout en conversant avec les hommes qu'en demeurant plus longtemps renfermé dans le poêle où j'avais eu toutes ces pensées, l'hiver n'était pas encore bien achevé que je me remis à voyager. Et en toutes les neuf années suivantes je ne fis autre chose que rouler çà et là dans le monde, tâchant d'y être spectateur plutôt qu'acteur en toutes les comédies qui s'y jouent; et, faisant particulièrement réflexion en chaque matière sur ce qui la pouvait rendre suspecte et nous donner occasion de nous méprendre, je déracinais cependant de mon esprit toutes les erreurs qui s'y étaient pu glisser auparavant. Non que j'imitasse pour cela les sceptiques, qui ne doutent que pour douter et affectent d'être toujours irrésolus; car, au contraire, tout mon dessein ne tendait qu'à m'assurer et à rejeter la terre mouvante et le sable pour trouver le roc ou l'argile. Ce qui me réussissait ce me semble assez bien, d'autant que, tâchant à découvrir la fausseté ou l'incertitude des propositions que j'examinais, non par de faibles conjectures, mais par des raisonnements clairs et assurés, je n'en rencontrais point de si douteuse que je n'en tirasse toujours quelque conclusion assez certaine, quand ce n'eût été que cela même qu'elle ne contenait rien de certain. Et, comme en abattant un vieux logis on en réserve ordinairement les démolitions pour servir à en bâtir un nouveau; ainsi, en détruisant toutes celles de mes opinions que je jugeais être mal fondées, je faisais diverses observations et acquérais plusieurs expériences qui m'ont servi depuis à en établir de plus certaines. Et de plus, je continuais à m'exercer en la méthode que je m'étais prescrite; car, outre que j'avais soin de conduire généralement toutes mes pensées selon les règles, je me réservais de temps en temps quelques heures que j'employais particulièrement à la pratique en des difficultés mathématiques, ou même aussi en quelques autres que je pouvais rendre quasi semblables à celles des mathématiques, en les détachant de tous les principes des autres sciences que je ne trouvais pas assez fermes, comme vous verrez que j'ai fait en plusieurs qui sont expliqués en ce volume (1). Et ainsi, sans vivre d'autre façon en apparence que ceux qui, n'ayant aucun emploi qu'à passer une vie douce et innocente, s'étudient à séparer les plaisirs des vices, et qui, pour jouir de leur loisir sans s'ennuyer, usent de tous les divertissements qui sont honnêtes, je ne laissais pas de poursuivre en mon

(1) La *Dioptrique*, les *Météores* et la *Géométrie* parurent d'abord dans le même volume que ce Discours.

dessein et de profiter en la connaissance de la vérité, peut-être plus que si je n'eusse fait que lire des livres ou fréquenter des gens de lettres.

Toutefois ces neuf années s'écoulèrent avant que j'eusse pris aucun parti touchant les difficultés qui ont coutume d'être disputées entre les doctes, ni commencé à chercher les fondements d'aucune philosophie plus certaine que la vulgaire. Et l'exemple de plusieurs excellents esprits qui, en ayant eu ci-devant le dessein, me semblaient n'y avoir pas réussi, m'y faisait imaginer tant de difficultés, que je n'eusse peut-être pas encore si tôt osé l'entreprendre, si je n'eusse vu que quelques-uns faisaient déjà courre le bruit que j'en étais venu à bout. Je ne saurais pas dire sur quoi ils fondaient cette opinion; et, si j'y ai contribué quelque chose par mes discours, ce doit avoir été en confessant plus ingénûment ce que j'ignorais que n'ont coutume de faire ceux qui ont un peu étudié, et peut-être aussi en faisant voir les raisons que j'avais de douter de beaucoup de choses que les autres estiment certaines, plutôt qu'en me vantant d'aucune doctrine. Mais, ayant le cœur assez bon pour ne vouloir point qu'on me prît pour autre chose que je n'étais, je pensai qu'il fallait que je tâchasse par tous moyens à me rendre digne de la réputation qu'on me donnait, et il y a justement huit ans que ce désir me fit résoudre à m'éloigner de tous les lieux où je pouvais avoir des connaissances, et à me retirer ici en un pays où la longue durée de la guerre a fait établir de tels ordres que les armées qu'on y entretient ne semblent servir qu'à faire qu'on y jouisse des fruits de la paix avec d'autant plus de sûreté, et où, parmi la foule d'un grand peuple fort actif et plus soigneux de ses propres affaires que curieux de celles d'autrui, sans manquer d'aucune des commodités qui sont dans les villes les plus fréquentées, j'ai pu vivre aussi solitaire et retiré que dans les déserts les plus écartés.

QUATRIÈME PARTIE.

Raisons qui prouvent l'existence de Dieu et de l'âme humaine ou fondement de la métaphysique.

Je ne sais si je dois vous entretenir des premières méditations que j'y ai faites; car elles sont si métaphysiques et peu communes, qu'elles ne seront peut-être pas au goût de tout le monde; et, toutefois, afin qu'on puisse juger si les fondements que j'ai pris sont assez fermes, je me trouve en quelque façon contraint d'en parler. J'avais déjà longtemps remarqué que pour les mœurs il est besoin quelquefois de suivre des opinions qu'on sait être fort incertaines, tout de même que si elles étaient indubitables, ainsi qu'il a été dit ci-dessus; mais pour ce qu'alors je désirais vaquer seulement à la recherche de la vérité, je pensai qu'il fallait que je fisse tout le contraire, et que je rejetasse comme absolument faux tout ce en quoi je pourrais imaginer le moindre doute, afin de voir s'il ne me resterait point après cela quelque chose en ma créance qui fût entièrement indubitable. Ainsi, à cause que nos sens nous trompent quelquefois, je voulus supposer qu'il n'y avait aucune chose qui fût telle qu'ils nous la font imaginer; et, parce qu'il y a des hommes qui se méprennent en raisonnant même touchant les plus simples matières de géométrie, et y font des paralogismes, jugeant que j'étais sujet à faillir autant qu'aucun autre, je rejetai comme fausses toutes les raisons que j'avais prises auparavant pour démonstrations; et enfin, considérant que toutes les mêmes pensées que nous avons étant éveillés nous peuvent aussi venir quand nous dormons sans qu'il y en ait aucune pour lors qui soit vraie, je me résolus de feindre que toutes les choses qui m'étaient jamais entrées en esprit n'étaient non plus vraies que les illusions de mes songes. Mais aussitôt après je pris garde que, pendant que je voulais ainsi penser que tout était faux, il fallait nécessairement que moi qui le pensais fusse quelque chose; et remarquant que cette vérité : *je pense, donc je suis*, était si ferme et si assurée que toutes les plus extravagantes suppositions des sceptiques n'étaient pas capables de l'ébranler, je jugeai que je pouvais la recevoir sans scrupule pour le premier principe de la philosophie que je cherchais.

Puis, examinant avec attention ce que j'étais, et voyant que je pouvais feindre que je n'avais aucun corps et qu'il n'y avait aucun monde ni aucun lieu où je fusse, mais que je ne pouvais pas feindre pour cela que je n'étais point, et qu'au contraire, de cela même que je pensais à douter de la vérité des autres choses, il suivait très-évidemment et très-certainement que j'étais; au lieu que, si j'eusse seulement cessé de penser, encore que tout le reste de ce que j'avais imaginé eût été vrai, je n'avais aucune raison de croire que j'eusse été, je connus de là que j'étais une substance dont toute l'essence ou la nature n'est que de penser, et qui, pour être, n'a besoin d'aucun lieu ni ne dépend d'aucune chose matérielle; en sorte que ce moi, c'est-à-dire l'âme, par laquelle je suis ce que je suis, est entièrement distincte du corps, et même qu'elle est plus aisée à connaître que lui, et qu'encore qu'elle ne fût point, elle ne lairrait pas d'être tout ce qu'elle est.

Après cela je considérai en général ce qui est requis à une proposition pour être vraie et certaine; car puisque je venais d'en trouver une que je savais être telle, je pensai que je devais aussi savoir en quoi consiste cette certitude. Et ayant remarqué qu'il n'y a rien du tout en ceci, *je pense, donc je suis*, qui m'assure que je dis la vérité, sinon que je vois très-clairement que, pour penser, il faut être, je jugeai que je pouvais prendre pour règle générale que les choses que nous concevons fort clairement et fort distinctement sont toutes vraies, mais qu'il y a seulement quelque difficulté à bien remarquer qu'elles sont celles que nous concevons distinctement.

En suite de quoi, faisant réflexion sur ce que je doutais, et que, par conséquent, mon être n'était pas tout parfait, car je voyais clairement que c'était une plus grande perfection de connaître que de douter, je m'avisais de chercher d'où j'avais appris à penser à quelque chose de plus parfait que je n'étais, et je connus évidemment que ce devait être de quelque nature qui fût en effet plus parfaite. Pour ce qui est des pensées que j'avais de plusieurs autres choses hors de moi, comme du ciel, de la terre, de la lumière, de la chaleur, et de mille autres, je n'étais point tant en peine de savoir d'où elles venaient, à cause que, ne remarquant rien en elles qui me semblât les rendre supérieures à moi, je pouvais croire que, si elles étaient vraies, c'étaient des dépendances de ma nature, en tant qu'elle avait quelque perfection; et si elles ne l'étaient pas, que je les tenais du néant, c'est-à-dire qu'elles étaient en moi pour ce que j'avais du défaut. Mais ce ne pouvait être le même de l'idée d'un être plus parfait que le mien; car de la tenir du néant c'était chose manifestement impossible. Et pour ce qu'il n'y a pas moins de répugnance que le plus parfait soit une suite et une dépendance du moins parfait qu'il y en a que de rien procède quelque chose, je ne la pouvais tenir non plus de moi-même : de façon qu'il restait qu'elle eût été mise en moi par une nature qui fût véritablement plus parfaite que je n'étais, et même qui eût en soi toutes les perfections dont je pouvais avoir quelque idée, c'est-à-dire, pour m'expliquer en un mot, qui fût Dieu. A quoi j'ajoutai que, puisque je connaissais quelques perfections que je n'avais point, je n'étais pas le seul être qui existât (j'userai, s'il vous plaît, ici librement des mots de l'école), mais qu'il fallait de nécessité qu'il y en eût quelque autre plus parfait, duquel je dépendisse, et duquel j'eusse acquis tout ce que j'avais : car si j'eusse été seul et indépendant de tout autre, en sorte que j'eusse eu de moi-même tout ce peu que je participais de l'Être parfait, j'eusse pu avoir de moi, par même raison, tout le surplus que je connaissais me manquer, et ainsi être moi-même infini, éternel, immuable, tout connaissant, tout-puissant, et enfin avoir toutes les perfections que je pouvais remarquer être en Dieu. Car, suivant les raisonnements que je viens de faire, pour connaître la nature de Dieu autant que la mienne en était capable, je n'avais qu'à considérer, de toutes les choses dont je trouvais en moi quelque idée, si c'était perfection ou non de les posséder, et j'étais assuré qu'aucune de celles qui marquaient quelque imperfection n'était en lui, mais que toutes les autres y étaient : comme je voyais que le doute, l'inconstance, la tristesse et choses semblables n'y pouvaient être, vu que j'eusse été moi-même bien aise d'en être exempt. Puis, outre cela, j'avais des idées de plusieurs choses sensibles et corporelles ; car, quoique je supposasse que je rêvais et que tout ce que je voyais ou imaginais était faux, je ne pouvais nier toutefois que les idées n'en fussent véritablement en ma pensée. Mais, pour ce que j'avais déjà connu en moi très-clairement que la nature intelligente et distincte de la corporelle, considérant que toute composition témoigne de la dépendance, et que la dépendance est manifestement un défaut, je jugeais de là que ce ne pouvait être une perfection en Dieu d'être composé de ces deux natures, et que par conséquent il ne l'était pas ; mais que s'il y avait quelques corps dans le monde, ou bien quelques intelligences ou autres natures qui ne fussent point toutes parfaites, leur être devrait dépendre de sa puissance, en telle sorte qu'elles ne pouvaient subsister sans lui un seul moment.

Je voulus chercher un instant d'autres vérités ; et m'étant proposé l'objet des géomètres, que je concevais comme un corps continu, ou un espace infiniment étendu en longueur, largeur et hauteur ou profondeur, divisible en diverses parties qui pouvaient avoir diverses figures et grandeurs et êtres mues ou transposées en toutes sortes, car les géomètres supposent tout cela en leur objet, je parcourus quelques-unes de leurs plus simples démonstrations, et, ayant pris garde que cette grande certitude que tout le monde leur attribue n'est fondée que sur ce qu'on les conçoit évidemment, suivant la règle que j'ai tantôt dite, je pris garde aussi qu'il n'y avait rien du tout en elles qui m'assurât de l'existence de leur objet : car, par exemple, je voyais bien que, supposant un triangle, il fallait que ses trois angles fussent égaux à deux droits, mais je ne voyais rien pour cela qui m'assurât qu'il y eût au monde aucun triangle ; au lieu que, revenant à examiner l'idée que j'avais d'un Être parfait, je trouvais que l'existence y était comprise en même façon qu'il est compris en celle d'un triangle que ses trois angles sont égaux à deux droits, ou en celle d'une sphère que toutes ses parties sont également distantes de son centre, ou même encore plus évidemment; et que, par conséquent, il est pour le moins aussi certain que Dieu, qui est cet être si parfait, est ou existe, qu'aucune démonstration de géométrie le saurait être.

Mais ce qui fait qu'il y en a plusieurs qui se persuadent qu'il y a de la difficulté à les connaître, et même aussi à connaître ce que c'est que leur âme, c'est qu'ils n'élèvent jamais leur esprit au-delà des choses sensibles, et qu'ils sont tellement accoutumés à ne rien considérer qu'en l'imaginant, qui est une façon de penser particulière pour les choses matérielles, que tout ce qui n'est pas imaginable leur semble n'être pas intelligible. Ce qui est assez manifeste de ce que même les philosophes tiennent pour maxime dans les écoles, qu'il n'y a rien dans l'entendement qui n'ait premièrement été dans le sens, où toutefois il est certain que les idées de Dieu et de l'âme n'ont jamais été; et il me semble que ceux qui veulent user de leur imagination pour les comprendre font tout de même que si pour ouïr les sons ou sentir les odeurs, ils se voulaient servir de leurs yeux : sinon qu'il y a encore cette différence, que le sens de la vue ne nous assure pas moins de la vérité de ces objets que font ceux de l'odorat ou de l'ouïe; au lieu que ni notre imagination ni nos sens ne nous sauraient jamais assurer d'aucune chose si notre entendement n'y intervient.

Enfin, s'il y a encore des hommes qui ne soient pas assez persuadés de l'existence de Dieu et de leur âme par les raisons que j'ai apportées, je veux bien qu'ils sachent que toutes les autres choses dont ils se pensent peut-être plus assurés, comme d'avoir un corps, et qu'il y a des astres et une terre, et choses semblables, sont moins certaines; car, encore qu'on ait une assurance morale de ces choses, qui est telle qu'il semble qu'à moins d'être extravagant on n'en peut douter, toutefois aussi, à moins que d'être déraisonnable, lorsqu'il est question d'une certitude métaphysique on ne peut nier que ce ne soit assez de sujet pour n'en être pas entièrement assuré que d'avoir pris garde qu'on peut en même façon s'imaginer, étant endormi, qu'on a un autre corps et qu'on voit d'autres astres et une autre terre sans qu'il en soit rien. Car d'où sait-on que les pensées qui viennent en songe sont plutôt fausses que les autres, vu que souvent elles ne sont pas moins vives et expresses? Et que les meilleurs esprits y étudient tant qu'il leur plaira, je ne crois pas qu'ils puissent donner aucune raison qui soit suffisante pour ôter ce doute, s'ils ne présupposent l'existence de Dieu. Car, premièrement, cela même que j'ai tantôt pris pour une règle, à savoir, que les choses que nous concevons très-clairement et très-distinctement sont toutes vraies, n'est assuré qu'à cause que Dieu est ou existe, et qu'il est un être parfait, et que tout ce qui est en nous vient de lui : d'où il suit que nos idées ou notions, étant des choses réelles et qui viennent de Dieu en tout ce en quoi elles sont claires et distinctes, ne peuvent en cela être que vraies. En sorte que si nous en avons assez souvent qui contiennent de la fausseté, ce ne peut être que celles qui ont quelque chose de confus et obscur, à cause qu'en cela elles participent du néant, c'est-à-dire qu'elles ne sont en nous ainsi confuses qu'à cause que nous ne sommes pas tout parfaits. Et il est évident qu'il n'y a pas moins de répugnance que la fausseté ou l'imperfection procède de Dieu en tant que telle, qu'il y en a que la vérité ou la perfection procède du néant. Mais si nous ne savions point que tout ce qui est en nous de réel et de vrai vient d'un être parfait et infini, pour claires et distinctes que fussent nos idées, nous n'aurions aucune raison qui nous assurât qu'elles eussent la perfection d'être vraies.

Or, après que la connaissance de Dieu et de l'âme nous a ainsi rendus certains de cette règle, il est bien aisé à connaître que les rêveries que nous imaginons, étant endormis, ne doivent aucunement nous faire douter de la vérité des pensées que nous avons étant éveillés. Car s'il arrivait même en dormant qu'on eût quelque idée fort distincte, comme, par exemple, qu'un géomètre inventât quelque nouvelle démonstration, son sommeil ne l'empêcherait pas d'être vraie; et pour l'erreur la plus ordinaire de nos songes, qui consiste en ce qu'ils nous représentent divers objets en même façon que font nos sens extérieurs, n'importe pas qu'elle nous donne occasion de nous défier de la vérité de telles idées, à cause qu'elles peuvent aussi nous tromper assez souvent sans que nous dormions : comme lorsque ceux qui ont la jaunisse voient tout de couleur jaune, ou que les astres ou autres corps fort éloignés nous paraissent beaucoup plus petits qu'ils ne sont. Car enfin, soit que nous veillons, soit que nous dormions, nous ne nous devons jamais laisser persuader qu'à l'évidence de notre raison. Et il est à remarquer que je dis de notre raison, et non point de notre imagination ni de nos sens : comme encore que nous voyons le soleil très-clairement, nous ne devons pas juger pour cela qu'il ne soit que de la grandeur que nous le voyons; et nous pouvons bien imaginer distinctement une tête de lion entée sur le corps d'une chèvre, sans qu'il faille conclure pour cela qu'il y ait au monde une chimère : car la raison ne nous dicte point que ce que nous voyons ou imaginons ainsi soit véritable, mais elle nous dicte bien que toutes nos idées ou notions doivent avoir quelque fondement de vérité; car il ne serait pas possible que Dieu, qui est tout parfait et tout véritable les eût mises en nous sans cela; et, pour ce que nos raisonnements ne sont jamais si évidents ni si entiers pendant le sommeil que pendant la veille, bien que quelquefois nos imaginations soient alors autant ou plus vives et expresses, elle nous dicte aussi que nos pensées ne pouvant être toutes vraies, à cause que nous ne sommes pas tout parfaits, ce qu'elles ont de vérité doit infailliblement se rencontrer en celles que nous avons étant éveillés plutôt qu'en nos songes.

CINQUIÈME PARTIE.

Ordre des questions de physique.

Je serais bien aise de poursuivre et de faire voir ici toute la chaîne des autres vérités que j'ai déduites de ces premières; mais, à cause que pour cet effet il serait besoin maintenant que je parlasse de plusieurs questions qui sont en controverse entre les doctes, avec lesquels je ne désire point me brouiller, je crois qu'il sera mieux que je m'en abstienne, et que je dise seulement en général quelles elles sont, afin de laisser juger aux plus sages s'il serait utile que le public en fût plus particulièrement informé. Je suis toujours demeuré ferme en la résolution que j'avais prise de ne supposer aucun autre principe que celui dont je viens de me servir pour démontrer l'existence de Dieu et de l'âme, et de ne recevoir aucune chose pour vraie qui ne me semblât plus claire et plus certaine que n'avaient fait auparavant les démonstrations des géomètres, et néanmoins j'ose dire que non-seulement j'ai trouvé moyen de me satisfaire en peu de temps touchant toutes les principales difficultés dont on a coutume de traiter en la philosophie, mais aussi que j'ai remarqué certaines lois que Dieu a tellement établies en la nature, et dont il a imprimé de telles notions en nos âmes, qu'après y avoir fait assez de réflexion nous ne saurions douter qu'elles ne soient exactement observées en tout ce qui est ou qui se fait dans le monde. Puis, en considérant la suite de ces lois, il me semble avoir découvert plusieurs vérités plus utiles et plus importantes que tout ce que j'avais appris auparavant ou même espéré d'apprendre.

Mais pour ce que j'ai tâché d'en expliquer les principales dans un traité que quelques considérations m'empêchent de publier (1), je ne le saurais mieux faire connaître qu'en disant ici sommairement ce qu'il contient. J'ai eu dessein d'y comprendre tout ce que je pensais savoir, avant que de l'écrire, touchant la nature des choses matérielles. Mais, tout de même que les peintres, ne pouvant également bien représenter dans un tableau plat toutes les diverses faces d'un corps solide, en choisissent une des principales, qu'ils mettent seule vers le jour, et, ombrageant les autres, ne les font paraître qu'autant qu'on les peut voir en la regardant; ainsi,

(1) *Le Traité du Monde ou de la Lumière*, dans lequel Descartes admettait le mouvement de la terre, et qui fut publié par Clerselier dix-sept ans après la mort de l'auteur.

craignant de ne pouvoir mettre en mon discours tout ce que j'avais en la pensée, j'entrepris seulement d'y exposer bien amplement ce que je concevais de la lumière, puis, à son occasion, d'y ajouter quelque chose du soleil et des étoiles fixes, à cause qu'elle en procède presque toute : des cieux, à cause qu'ils la transmettent; des planètes, des comètes et de la terre, à cause qu'elles la font réfléchir; et en particulier de tous les corps qui sont sur la terre, à cause qu'ils sont ou colorés, ou transparents ou lumineux; et enfin de l'homme, à cause qu'il en est le spectateur. Même, pour ombrager un peu toutes ces choses et pouvoir dire plus librement ce que j'en jugeais, sans être obligé de suivre ni de réfuter les opinions qui sont reçues entre les doctes, je me résolus de laisser tout ce monde ici à leurs disputes, et de parler seulement de ce qui arriverait dans un nouveau, si Dieu créait maintenant quelque part, dans les espaces imaginaires, assez de matière pour le composer, et qu'il agitât diversement et sans ordre les diverses parties de cette matière, en sorte qu'il en composât un chaos aussi confus que les poètes en puissent feindre, et que par après il ne fît autre chose que prêter son concours ordinaire à la nature, et la laisser agir suivant les lois qu'il a établies. Ainsi, premièrement, je décrivis cette matière, et tâchai de la représenter telle qu'il n'y a rien au monde, ce me semble, de plus clair ni plus intelligible, excepté ce qui a tantôt été dit de Dieu et de l'âme; car même je supposai expressément qu'il n'y avait en elle aucune de ces formes ou qualités dont on dispute dans les écoles, ni généralement aucune chose dont la connaissance ne fût si naturelle à nos âmes qu'on ne pût pas même feindre de l'ignorer. De plus, je fis voir quelles étaient les lois de la nature; et, sans appuyer mes raisons sur aucun autre principe que sur les perfections infinies de Dieu, je tâchai à démontrer toutes celles dont on eût pu avoir quelque doute, et à faire voir qu'elles sont telles qu'encore que Dieu aurait créé plusieurs mondes, il n'y en saurait avoir aucun où elles manquassent d'être observées. Après cela je montrai comment la plus grande part de la matière de ce chaos devait, en suite de ces lois, se disposer et s'arranger d'une certaine façon qui la rendait semblable à nos cieux; comment cependant quelques-unes de ses parties devaient composer une terre, et quelques-unes des planètes et des comètes, et quelques autres un soleil et des étoiles fixes. Et ici, m'étendant sur le sujet de la lumière, j'expliquai bien au long quelle était celle qui se devait trouver dans le soleil et les étoiles, et comment de là elle traversait en un instant les immenses espaces des cieux, et comment elle se réfléchissait des planètes et des comètes vers la terre. J'y ajoutai aussi plusieurs choses touchant la substance, la situation, les mouvements et toutes les diverses qualités de ces cieux et de ces astres; en sorte que je pensais en dire assez pour faire connaître qu'il ne se remarque rien en ceux de ce monde qui ne dût ou du moins qui ne pût paraître tout semblable en ceux du monde que je décrivais. De là je vins à parler particulièrement de la terre : comment, encore que j'eusse expressément supposé que Dieu n'avait mis aucune pesanteur en la matière dont elle était composée, toutes ses parties ne laissaient pas de tendre exactement vers son centre; comment y ayant de l'eau et de l'air sur sa superficie, la disposition des cieux et des astres, principalement de la lune, y devait causer un flux et reflux qui fût semblable en toutes ces circonstances à celui qui se remarque dans nos mers, et outre cela un certain cours tant de l'eau que de l'air, du levant vers le couchant, tel qu'on le remarque aussi entre les tropiques; comment les montagnes, les mers, les fontaines et les rivières pouvaient naturellement s'y former, et les métaux y venir dans les mines, et les plantes y croître dans les campagnes, et généralement tous les corps qu'on nomme mêlés ou composés s'y engendrer : et, entre autres choses, à cause qu'après les astres je ne connais rien au monde que le feu qui produise de la lumière, je m'étudiai à faire entendre bien clairement tout ce qui appartient à sa nature, comment il se fait, comment il se nourrit, comment il n'a quelquefois que de la chaleur sans lumière, et quelquefois que de la lumière sans chaleur; comment il peut introduire diverses couleurs en divers corps, et diverses autres qualités; comment il en fond quelques-uns et en durcit d'autres; comment il les peut consumer presque tous ou convertir en cendres et en fumée; et enfin comment de ces cendres, par la seule violence de son action, il forme du verre : car cette transmutation de cendres en verre me semblant être aussi admirable qu'aucune autre qui se fasse en la nature, je pris particulièrement plaisir à la décrire.

Toutefois je ne voulais pas inférer de toutes ces choses que ce monde ait été créé en la façon que je proposais, car il est bien plus vraisemblable que, dès le commencement, Dieu l'a rendu tel qu'il devait être. Mais il est certain, et c'est une opinion communément reçue entre les théologiens, que l'action par laquelle maintenant il le conserve est toute la même que celle par laquelle il l'a créé : de façon qu'encore qu'il ne lui aurait point donné au commencement d'autre forme que celle du chaos, pourvu qu'ayant établi les lois de la nature il lui prêtât son concours pour agir ainsi qu'elle a de coutume, on peut croire, sans faire tort au miracle de la création, que par cela seul toutes les choses qui sont purement matérielles auraient pu avec le temps s'y rendre telles que nous les voyons à présent; et leur nature est bien plus aisée à concevoir lorsqu'on les voit naître peu à peu en cette sorte que lorsqu'on ne les considère que toutes faites.

De la description des corps inanimés et des plantes je passai à celle des animaux, et particulièrement à celle des hommes (1). Mais pour ce que je n'en avais pas encore assez de connaissance pour en parler du même style que du reste, c'est-à-dire en démontrant les effets par les causes, et faisant voir de quelles semences et en quelle façon la nature les doit produire, je me contentai de supposer que Dieu formât le corps d'un homme entièrement semblable à l'un des nôtres, tant en la figure extérieure de ses membres qu'en la conformation intérieure de ses organes, sans le composer d'autre matière que de celle que j'avais décrite, et sans mettre en lui au commencement aucune âme raisonnable, ni aucune autre chose pour y servir d'âme végétante ou sensitive, sinon qu'il excitât en son cœur un de ces feux sans lumière que j'avais déjà expliqués, et que je ne concevais point d'autre nature

(1) Voyez les *Traités de l'Homme* et *de la Formation du fœtus*.

que celui qui échauffe le foin lorsqu'on l'a renfermé avant qu'il fût sec, ou qui fait bouillir les vins nouveaux lorsqu'on les laisse cuver sur la râpe : car, examinant les fonctions qui pouvaient en suite de cela être en ce corps, j'y trouvais exactement toutes celles qui peuvent être en nous sans que nous y pensions, ni par conséquent que notre âme, c'est-à-dire cette partie distincte du corps dont il a été dit ci-dessus que la nature n'est que de penser, y contribue, et qui sont toutes les mêmes en quoi on peut dire que les animaux sans raison nous ressemblent, sans que j'y en pusse pour cela trouver aucune de celles qui, étant dépendantes de la pensée, sont les seules qui nous appartiennent en tant qu'hommes : au lieu que je les y trouvais toutes par après, ayant supposé que Dieu créât une âme raisonnable, et qu'il la joignît à ce corps en certaine façon que je décrivais (1).

Mais afin qu'on puisse voir en quelle sorte j'y traitais cette matière, je veux mettre ici l'explication du mouvement du cœur et des artères, qui étant le premier et le plus général qu'on observe dans les animaux, on jugera facilement de lui ce qu'on doit penser de tous les autres; et, enfin qu'on ait moins de difficulté à entendre ce que j'en dirai, je voudrais que ceux qui ne sont point versés en l'anatomie prissent la peine, avant que de lire ceci, de faire couper devant eux le cœur de quelque grand animal qui ait des poumons, car il est en tout assez semblable à celui de l'homme, et qu'ils se fissent montrer les deux chambres ou concavités qui y sont : premièrement, celle qui est dans son côté droit, à laquelle répondent deux tuyaux fort larges, à savoir : la veine cave, qui est le principal réceptacle du sang, et comme le tronc de l'arbre dont toutes les autres veines du corps sont les branches; et la veine artérieuse, qui a été ainsi mal nommée, pour ce que c'est en effet une artère, laquelle, prenant son origine du cœur, se divise, après en être sortie, en plusieurs branches qui vont se répandre partout dans les poumons; puis celle qui est dans son côté gauche, à laquelle répondent en même façon deux tuyaux qui sont autant ou plus larges

(1) Voyez le *Traité de l'Homme*.

que les précédents, à savoir : l'artère veineuse, qui a été aussi mal nommée, à cause qu'elle n'est autre chose qu'une veine, laquelle vient des poumons, où elle est divisée en plusieurs branches entrelacées avec celles de la veine artérieuse; et celles de ce conduit qu'on nomme le sifflet, par où entre l'air de la respiration; et la grande artère qui, sortant du cœur, envoie ses branches par tout le corps. Je voudrais aussi qu'on leur montrât soigneusement les onze petites peaux qui, comme autant de petites portes, ouvrent et ferment les quatre ouvertures qui sont en ces deux concavités, à savoir : trois à l'entrée de la veine cave, où elles sont tellement disposées qu'elles ne peuvent aucunement empêcher que le sang qu'elle contient ne coule dans la concavité droite du cœur, et toutefois empêchent exactement qu'il n'en puisse sortir; trois à l'entrée de la veine artérieuse, qui, étant disposées tout au contraire, permettent bien au sang qui est dans cette concavité de passer dans les poumons, mais non pas à celui qui est dans les poumons d'y retourner; et ainsi deux autres à l'entrée de l'artère veineuse, qui laissent couler le sang des poumons vers la concavité gauche du cœur, mais s'opposent à son retour; et trois à l'entrée de la grande artère, qui lui permettent de sortir du cœur, mais l'empêchent d'y retourner : et il n'est pas besoin de chercher d'autre raison du nombre de ces peaux, sinon que l'ouverture de l'artère veineuse étant en ovale, à cause du lieu où elle se rencontre, peut être commodément fermée avec deux, au lieu que les autres étant rondes le peuvent mieux être avec trois. De plus, je voudrais qu'on leur fît considérer que la grande artère et la veine artérieuse sont d'une composition beaucoup plus dure et plus ferme que ne sont l'artère veineuse et la veine cave, et que ces deux dernières s'élargissent avant que d'entrer dans le cœur, et y font comme deux bourses, nommées les oreilles du cœur, qui sont composées d'une chair semblable à la sienne; et qu'il y a toujours plus de chaleur dans le cœur qu'en un autre endroit du corps; et enfin que cette chaleur est capable de faire que s'il entre quelque goutte de sang en ses concavités, elle s'enfle promptement et se dilate, ainsi que font généralement toutes les liqueurs lorsqu'on les laisse tomber goutte à goutte en quelque vaisseau qui est fort chaud. Car, après cela, je n'ai besoin de dire autre chose pour expliquer le mouvement du cœur, sinon que lorsque ses concavités ne sont pas pleines de sang, il y en coule nécessairement de la veine cave dans la droite et de l'artère veineuse dans la gauche, d'autant que ces deux vaisseaux en sont toujours pleins, et que leurs ouvertures, qui regardent vers le cœur, ne peuvent alors être bouchées; mais que sitôt qu'il est entré ainsi deux gouttes de sang, une en chacune de ses concavités, ces gouttes, qui ne peuvent être que fort grosses, à cause que les ouvertures par où elles entrent sont fort larges et les vaisseaux d'où elles viennent fort pleins de sang, se raréfient et se dilatent à cause de la chaleur qu'elles y trouvent; au moyen de quoi, faisant enfler tout le cœur, elles poussent et ferment les cinq petites portes qui sont aux entrées des deux vaisseaux d'où elles viennent, empêchant ainsi qu'il ne descende davantage de sang dans le cœur, et, continuant à se raréfier de plus en plus, elles poussent et ouvrent les six autres petites portes qui sont aux entrées des deux autres vaisseaux par où elles sortent, faisant enfler par ce moyen toutes les branches de la veine artérieuse et de la grande artère, quasi au même instant que le cœur, lequel incontinent après se désenfle, comme font aussi ces artères, à cause que le sang qui y est entré s'y refroidit; et leurs six petites portes se referment, et les cinq de la veine cave et de l'artère veineuse se rouvrent, et donnent passage à deux autres gouttes de sang qui font derechef enfler le cœur et les artères, tout de même que les précédentes; et pour ce que le sang qui entre ainsi dans le cœur passe par ces deux bourses qu'on nomme ses oreilles, de là vient que leur mouvement est contraire au sien, et qu'elles se désenflent lorsqu'il s'enfle. Au reste, afin que ceux qui ne connaissent pas la force des démonstrations mathématiques, et ne sont pas accoutumés à distinguer les vraies raisons des vraisemblables, ne se hasardent pas de nier ceci sans l'examiner, je les veux avertir que ce mouvement que je viens d'expliquer suit aussi nécessairement de la seule disposition des organes qu'on peut voir à l'œil dans le cœur, et de la chaleur qu'on y peut sentir avec les doigts, et de la nature du sang qu'on peut connaître par expérience, que fait celui d'une horloge, de la force, de la situation et de la figure de ses contre-poids et de ses roues.

Mais si on demande comment le sang des veines ne s'épuise point en coulant ainsi continuellement dans le cœur, et comment les artères n'en sont point trop remplies, puisque tout celui qui passe par le cœur s'y va rendre, je n'ai pas besoin d'y répondre autre chose que ce qui a déjà été écrit par un médecin d'Angleterre (1), auquel il faut donner la louange d'avoir rompu la glace en cet endroit, et d'être le premier qui a enseigné qu'il y a plusieurs petits passages aux extrémités des artères, par où le sang qu'elles reçoivent du cœur entre dans les petites branches des veines, d'où il va se rendre derechef vers le cœur; en sorte que son cours n'est autre chose qu'une circulation perpétuelle. Ce qu'il prouve fort bien par l'expérience ordinaire des chirurgiens qui, ayant lié le bras médiocrement fort au-dessus de l'endroit où ils ouvrent la veine, font que le sang en sort plus abondamment que s'ils ne l'avaient point lié; et il arriverait tout le contraire s'ils le liaient au-dessous entre la main et l'ouverture, ou bien qu'ils le liassent très-fort au-dessus : car il est manifeste que le lien, médiocrement serré, pouvant empêcher que le sang qui est déjà dans le bras ne retourne vers le cœur par les veines, n'empêche pas pour cela qu'il n'y en vienne toujours de nouveau par les artères, à cause qu'elles sont situées au-dessous des veines, et que leurs peaux, étant plus dures, sont moins aisées à presser, et aussi que le sang qui vient du cœur tend avec plus de force à passer par elles vers la main qu'il ne fait à retourner de là vers le cœur par les veines; et puisque ce sang sort du bras par l'ouverture qui est en l'une des veines, il doit nécessairement y avoir quelques passages au-dessous du lien, c'est-à-dire vers les extrémités du bras, par où il y puisse venir des artères. Il prouve aussi fort bien ce qu'il

(1) William Harvey (1578-1657), professeur au collége de médecine de Londres. Il fit connaître sa découverte de la circulation du sang en 1628, dans son livre : *Exercitatio anatomica de motu cordis et sanguinis in animalibus*.

dit du cours du sang, par certaines petites peaux qui sont tellement disposées en divers lieux le long des veines, qu'elles ne lui permettent point d'y passer du milieu du corps vers les extrémités, mais seulement de retourner des extrémités vers le cœur ; et de plus par l'expérience qui montre que tout celui qui est dans le corps en peut sortir en fort peu de temps par une seule artère lorsqu'elle est coupée, encore même qu'elle fût étroitement liée, fort proche du cœur, et coupée entre lui et le lien, en sorte qu'on n'eût aucun sujet d'imaginer que le sang qui en sortirait vînt d'ailleurs.

Mais il y a plusieurs autres choses qui témoignent que la vraie cause de ce mouvement du sang est celle que j'ai dite : comme, premièrement, la différence qu'on remarque entre celui qui sort des veines et celui qui sort des artères ne peut procéder que de ce qu'étant raréfié et comme distillé en passant par le cœur, il est plus subtil et plus vif, et plus chaud incontinent après en être sorti, c'est-à-dire étant dans les artères, qu'il n'est un peu devant que d'y entrer, c'est-à-dire étant dans les veines ; et si on y prend garde, on trouvera que cette différence ne paraît bien que vers le cœur et non point tant aux lieux qui en sont les plus éloignés. Puis la dureté des peaux dont la veine artérieuse et la grande artère sont composées montre assez que le sang bat contre elles avec plus de force que contre les veines ; et pourquoi la concavité gauche du cœur et la grande artère seraient-elles plus amples et plus larges que la concavité droite et la veine artérieuse, si ce n'était que le sang de l'artère veineuse n'ayant été que dans les poumons depuis qu'il a passé par le cœur, est plus subtil et se raréfie plus fort et plus aisément que celui qui vient immédiatement de la veine cave? et qu'est-ce que les médecins peuvent deviner en tâtant le pouls, s'ils ne savent que, selon que le sang change de nature, il peut être raréfié par la chaleur du cœur plus ou moins fort et plus ou moins vite qu'auparavant? et si on examine comment cette chaleur se communique aux autres membres, ne faut-il pas avouer que c'est par le moyen du sang qui, passant par le cœur, s'y réchauffe et se répand de là par tout le corps ; d'où vient que si on ôte le sang de quelque partie, on en ôte par le même moyen la chaleur; et encore que le cœur fût aussi ardent qu'un fer embrasé, il ne suffirait pas pour réchauffer les pieds et les mains tant qu'il fait s'il n'y envoyait continuellement de nouveau sang. Puis aussi on connaît de là que le vrai usage de la respiration est d'apporter assez d'air frais dans le poumon pour faire que le sang qui y vient de la concavité droite du cœur, où il a été raréfié et comme changé en vapeurs, s'y épaississe et convertisse en sang derechef, avant que de retomber dans la gauche, sans quoi il ne pourrait être propre à servir de nourriture au feu qui y est; ce qui se confirme parce qu'on voit que les animaux qui n'ont point de poumons n'ont aussi qu'une seule concavité dans le cœur, et que les enfants, qui n'en peuvent user pendant qu'ils sont renfermés au ventre de leurs mères, ont une ouverture par où il coule du sang de la veine cave en la concavité gauche du cœur, et un conduit par où il en vient de la veine artérieuse en la grande artère sans passer par le poumon. Puis la coction, comment se ferait-elle en l'estomac si le cœur n'y envoyait de la chaleur par les artères, et avec cela quelques-unes des plus coulantes parties du sang qui aident à dissoudre les viandes qu'on y a mises? et l'action qui convertit le suc de ces viandes en sang n'est-elle pas aisée à connaître si on considère qu'il se distille en passant et repassant par le cœur peut-être plus de cent ou deux cents fois en chaque jour? et qu'a-t-on besoin d'autre chose pour expliquer la nutrition et la production des diverses humeurs qui sont dans le corps, sinon de dire que la force dont le sang en se raréfiant passe du cœur vers les extrémités des artères, fait que quelques-unes de ses parties s'arrêtent entre celles des membres où elles se trouvent, et y prennent la place de quelques autres qu'elles en chassent, et que, selon la situation, ou la figure, ou la petitesse des pores qu'elles rencontrent, les unes se vont rendre en certains lieux plutôt que les autres, en même façon que chacun peut avoir vu divers cribles qui, étant diversement percés, servent à séparer divers grains les uns des autres? et enfin, ce qu'il y a de plus remarquable en tout ceci, c'est la génération des esprits animaux, qui sont comme un vent très-subtil, ou plutôt comme une flamme très-pure et très-vive, qui, montant continuellement en grande abondance du cœur dans le cervau, se va rendre de là par les nerfs dans les muscles et donne le mouvement à tous les membres, sans qu'il faille imaginer d'autre cause qui fasse que les parties du sang qui, étant les plus agitées et les plus pénétrantes, sont les plus propres à composer ces esprits, se vont rendre plutôt vers le cerveau que vers ailleurs, sinon que les artères qui les y portent sont celles qui viennent du cœur le plus en ligne droite de toutes, et que selon les règles des mécaniques, qui sont les mêmes que celles de la nature, lorsque plusieurs choses tendent ensemble à se mouvoir vers un même côté où il n'y a pas assez de place pour toutes, ainsi que les parties du sang qui sortent de la concavité gauche du cœur tendent vers le cerveau, les plus faibles et moins agitées en doivent être détournées par les plus fortes qui, par ce moyen, s'y vont rendre seules.

J'avais expliqué assez particulièrement toutes ces choses dans le traité que j'avais eu ci-devant dessein de publier. Et ensuite j'y avais montré quelle doit être la fabrique des nerfs et des muscles du corps humain pour faire que les esprits animaux étant dedans aient la force de mouvoir ses membres, ainsi qu'on voit que les têtes, un peu après avoir été coupées, se remuent encore et mordent la terre, nonobstant qu'elles ne soient plus animées; quels changements se doivent faire dans le cerveau pour causer la veille, et le sommeil, et les songes; comment la lumière, les sons, les odeurs, les goûts, la chaleur, et toutes les autres qualités des objets extérieurs, y peuvent imprimer diverses idées par l'entremise des sens; comment la faim, la soif, et les autres passions intérieures y peuvent aussi envoyer les leurs; ce qui doit y être pris par le sens commun où ces idées sont reçues, pour la mémoire qui les conserve, et pour la fantaisie qui les peut diversement changer et en composer de nouvelles, et, par même moyen, distribuant les esprits animaux dans les muscles, faire mouvoir les membres de ce corps en autant de diverses façons, et autant à propos des objets qui se présentent à ses sens et des passions intérieures qui sont en lui, que les nôtres se puissent mouvoir sans que la volonté les conduise : ce qui ne semblera nullement étrange à ceux qui, sachant combien de divers *automates*, ou machines mouvantes, l'industrie des hommes peut faire, sans y employer que fort peu de pièces, à comparaison de la grande multitude des os, des muscles, des nerfs, des artères, des veines, et de toutes les autres parties qui sont dans le corps de chaque animal, considéreront ce corps comme une machine qui, ayant été faite des mains de Dieu, est incomparablement mieux ordonnée et a en soi des mouvements plus admirables qu'aucune de celles qui peuvent être inventées par les hommes. Et je m'étais ici particulièrement arrêté à faire voir que s'il y avait de telles machines qui eussent les organes et la figure extérieure d'un singe ou de quelque autre animal sans raison, nous n'aurions aucun moyen pour reconnaître qu'elles ne seraient pas en tout de même nature que ces animaux; au lieu que s'il y en avait qui eussent la ressemblance de nos corps, et imitassent autant nos actions que moralement il serait possible, nous aurions toujours deux moyens très-certains pour reconnaître qu'elles ne seraient point pour cela de vrais hommes : dont le premier est que jamais elles ne pourraient user de paroles ni d'autres signes en les composant, comme nous faisons pour déclarer aux autres nos pensées : car on peut bien concevoir qu'une machine soit tellement faite qu'elle profère des paroles, et même qu'elle en profère quelques-unes à propos des actions corporelles qui causeront quelque changement en ses organes, comme si on la touche en quelque endroit, qu'elle demande ce qu'on lui veut dire : si en un autre, qu'elle crie qu'on lui fait mal, et choses semblables; mais non pas qu'elle les arrange diversement pour répondre au sens de tout ce qui se dira en sa présence, ainsi que les hommes les plus hébétés peuvent faire; et le second est que, bien qu'elles fissent plusieurs choses aussi bien ou peut-être mieux qu'aucun de nous, elles manqueraient infailliblement en quelques autres, par lesquelles on découvrirait qu'elles n'agiraient pas par connaissance, mais seulement par la disposition de leurs organes : car, au lieu que la raison est un instrument universel qui peut servir en toutes sortes de rencontres, ces organes ont besoin de quelque particulière disposition pour chaque action particulière; d'où vient qu'il est moralement impossible qu'il y en ait assez de divers en une machine pour la faire agir en toutes les occurrences de la vie de même façon que notre raison nous fait agir. Or, par ces deux mêmes moyens, on peut aussi connaître la différence qui est entre les hommes et les bêtes. Car c'est une chose bien remarquable qu'il n'y a point d'hommes si hébétés et si stupides, sans en excepter même les insensés, qu'ils ne soient capables d'arranger ensemble diverses paroles, et d'en composer un discours par lequel ils fassent entendre leurs pensées; et qu'au contraire il n'y a point d'autre animal, tant parfait et tant heureusement né qu'il puisse être, qui fasse le semblable. Ce qui n'arrive pas de ce qu'ils ont faute d'organes : car on voit que les pies et les perroquets peuvent proférer des paroles ainsi que nous, et toutefois ne peuvent parler ainsi que nous, c'est-à-dire en témoignant qu'ils pensent ce qu'ils disent; au lieu que les hommes qui, étant nés sourds et muets, sont privés des organes qui servent aux autres pour parler, autant ou plus que les bêtes, ont coutume d'inventer d'eux-mêmes quelques signes par lesquels ils se font entendre à ceux qui étant ordinairement avec eux ont loisir d'apprendre leur langue. Et ceci ne témoigne pas seulement que les bêtes ont moins de raison que les hommes, mais qu'elles n'en ont point du tout, car on voit qu'il n'en faut que fort peu pour savoir parler; et d'autant qu'on remarque de l'inégalité entre les animaux d'une même espèce aussi bien qu'entre les hommes, et que les uns sont plus aisés à dresser que les autres; il n'est pas croyable qu'un singe ou un perroquet qui serait des plus parfaits de son espèce n'égalât en cela un enfant des plus stupides, ou du moins un enfant qui aurait le cerveau troublé, si leur âme n'était d'une nature toute différente de la nôtre. Et on ne doit pas confondre les paroles avec les mouvements naturels qui témoignent les passions, et peuvent être imités par des machines aussi bien que par les animaux; ni penser, comme quelques anciens, que les bêtes parlent, bien que nous n'entendions pas leur langage. Car, s'il était vrai, puisqu'elles ont plusieurs organes qui se rapportent aux nôtres, elles pourraient aussi bien se faire entendre à nous qu'à leurs semblables. C'est aussi une chose fort remarquable que, bien qu'il y ait plusieurs animaux qui témoignent plus d'industrie que nous en quelques-unes de leurs actions, on voit toutefois que les mêmes n'en témoignent point du tout en beaucoup d'autres : de façon que ce qu'ils font mieux que nous ne prouve pas qu'ils ont de l'esprit, car à ce compte ils en auraient plus qu'aucun de nous, et feraient mieux en toute autre chose; mais plutôt qu'ils n'en ont point, et que c'est la nature qui agit en eux selon la disposition de leurs organes : ainsi qu'on voit qu'une horloge, qui n'est composée que de roues et de ressorts, peut compter les heures et mesurer le temps plus justement que nous avec toute notre prudence.

J'avais décrit après cela l'âme raisonnable, et fait voir qu'elle ne peut aucunement être tirée de la puissance de la matière, ainsi que les autres choses dont j'avais parlé, mais qu'elle doit expressément être créée, et comment il ne suffit pas qu'elle soit logée dans le corps humain, ainsi qu'un pilote en son navire, sinon peut-être pour mouvoir ses membres; mais qu'il est besoin qu'elle soit jointe et unie plus étroitement avec lui, pour avoir outre cela des sentiments et des appétits semblables aux nôtres, et ainsi composer un vrai homme. Au reste, je me suis ici un peu étendu sur le sujet de l'âme à cause qu'il est des plus importants : car, après l'erreur de ceux qui nient Dieu, laquelle je pense avoir ci-dessus assez réfutée, il n'y en a point qui éloigne plutôt les esprits faibles du droit chemin de la vertu que d'imaginer que l'âme des bêtes soit de même nature que la nôtre, et que par conséquent nous n'avons rien à craindre ni à espérer après cette vie, non plus que les mouches et les fourmis; au lieu que lorsqu'on sait combien elles diffèrent, on comprend beaucoup mieux les raisons qui prouvent que la nôtre est d'une nature entièrement indépendante du corps, et par conséquent qu'elle n'est point sujette à mourir avec lui; puis, d'autant qu'on ne voit point d'autres causes qui la détruisent, on est porté naturellement à juger de là qu'elle est immortelle.

SIXIÈME PARTIE.

Quelles choses sont requises pour aller plus avant en les recherches de la nature.

Or il y a maintenant trois ans que j'étais parvenu à la fin du traité qui contient toutes ces choses, et que je commençais à le revoir afin de le mettre entre les mains d'un imprimeur, lorsque j'appris que les personnes à qui je défère, et dont l'autorité ne peut guère moins sur mes actions que ma propre raison sur mes pensées, avaient désapprouvé une opinion de physique publiée un peu auparavant par quelque autre, de laquelle je ne veux pas dire que je fusse, mais bien que je n'y avais rien remarqué avant leur censure que je pusse imaginer être préjudiciable ni à la religion ni à l'État, ni, par conséquent, qui m'eût empêché de l'écrire si la raison me l'eût persuadé; et que cela me fit craindre qu'il ne s'en trouvât tout de même quelqu'une entre les miennes en laquelle je me fusse mépris, nonobstant le grand soin que j'ai toujours eu de n'en point recevoir de nouvelles en ma créance dont je n'eusse des démonstrations très-certaines, et de n'en point écrire qui pussent tourner au désavantage de personne. Ce qui a été suffisant pour m'obliger à changer la résolution que j'avais eue de les publier; car, encore que les raisons pour lesquelles je l'avais prise auparavant fussent très-fortes, mon inclination, qui m'a toujours fait haïr le métier de faire des livres, m'en fit incontinent trouver assez d'autres pour m'en excuser. Et ces raisons de part et d'autre sont telles, que non-seulement j'ai ici quelque intérêt de les dire, mais peut-être aussi que le public en a de les savoir.

Je n'ai jamais fait beaucoup d'état des choses qui venaient de mon esprit; et pendant que je n'ai recueilli d'autres fruits de la méthode dont je me sers, sinon que je me suis satisfait touchant quelques difficultés qui appartiennent aux sciences spéculatives, ou bien que j'ai tâché de régler mes mœurs par les raisons qu'elle m'enseignait, je n'ai point cru être obligé d'en rien écrire. Car, pour ce qui touche les mœurs, chacun abonde si fort en son sens, qu'il se pourrait trouver autant de réformateurs que de têtes, s'il était permis à d'autres qu'à ceux que Dieu a établis pour souverains sur ses peuples, ou bien auxquels il a donné assez de grâce et de zèle pour être prophètes, d'entreprendre d'y rien changer; et bien que mes spéculations me plussent fort, j'ai cru que les autres en avaient aussi qui leur plaisaient peut-être davantage. Mais sitôt que j'ai eu acquis quelques notions générales touchant la physique, et que, commençant à les éprouver en diverses difficultés particulières, j'ai remarqué jusques où elles peuvent conduire et combien elles diffèrent des principes dont on s'est servi jusqu'à présent, j'ai cru que je ne pouvais les tenir cachées sans pécher grandement contre la loi qui nous oblige à procurer autant qu'il est en nous le bien général de tous les hommes : car elles m'ont fait voir qu'il est possible de parvenir à des connaissances qui soient fort utiles à la vie; et qu'au lieu de cette philosophie spéculative qu'on enseigne dans les écoles, on en peut trouver une pratique, par laquelle, connaissant la force et les actions du feu, de l'eau, de l'air, des astres, des cieux et de tous les autres corps qui nous environnent, aussi distinctement que nous connaissons les divers métiers de nos artisans, nous les pourrions employer en même façon à tous les usages auxquels ils sont propres, et ainsi nous rendre comme maîtres et possesseurs de la nature. Ce qui n'est pas seulement à désirer pour l'invention d'une infinité d'artifices qui feraient qu'on jouirait sans aucune peine des fruits de la terre et de toutes les commodités qui s'y trouvent, mais principalement aussi pour la conservation de la santé, laquelle est sans doute le premier bien et le fondement de tous les autres biens de cette vie; car même l'esprit dépend si fort du tempérament et de la disposition des organes du corps, que, s'il est possible de trouver quelque moyen qui rende communément les hommes plus sages et plus habiles qu'ils n'ont été jusqu'ici, je crois que c'est dans la médecine qu'on doit le chercher. Il est vrai que celle qui est maintenant en usage contient peu de choses dont l'utilité soit si remarquable; mais, sans que j'aie aucun dessein de la mépriser, je m'assure qu'il n'y a personne, même de ceux qui en font profession, qui n'avoue que tout ce qu'on y sait n'est presque rien à comparaison de ce qui reste à y savoir; et qu'on se pourrait exempter d'une infinité de maladies tant du corps que de l'esprit, et même aussi peut-être de l'affaiblissement de la vieillesse, si on avait assez de connaissance de leurs causes et de tous les remèdes dont la nature nous a pourvus. Or, ayant dessein d'employer toute ma vie à la recherche d'une science si nécessaire, et ayant rencontré un chemin qui me semble tel qu'on doit infailliblement la trouver en le suivant, si ce n'est qu'on en soit empêché ou par la brièveté de la vie ou par le défaut des expériences, je jugeais qu'il n'y avait point de meilleur remède contre ces deux empêchements que de communiquer fidèlement au public tout le peu que j'aurais trouvé, et de convier les bons esprits à tâcher de passer plus outre, en contribuant, chacun selon son inclination et son pouvoir, aux expériences qu'il faudrait faire, et communiquant aussi au public toutes les choses qu'ils apprendraient, afin que les derniers commençant où les précédents auraient achevé, et ainsi joignant les vies et les travaux de plusieurs, nous allassions tous ensemble beaucoup plus loin que chacun en particulier ne saurait faire.

Même je remarquais, touchant les expériences, qu'elles sont d'autant plus nécessaires qu'on est plus avancé en connaissance : car, pour le commencement, il vaut mieux ne se servir que de celles qui se présentent d'elles-mêmes à nos sens, et que nous ne saurions ignorer, pourvu que nous y fassions tant soit peu de réflexion, que d'en chercher de plus rares et étudiées; dont la raison est que ces plus rares trompent souvent, lorsqu'on ne sait pas encore les causes les plus communes, et que les circonstances dont elles dépendent sont :asi toujours si particulières et si petites, qu'il est très-malaisé de les remarquer. Mais l'ordre que j'ai tenu en ceci a été tel : premièrement, j'ai tâché de trouver en général les principes ou premières causes de tout ce qui est ou qui peut être dans le monde, sans rien considérer pour cet effet que Dieu seul qui l'a créé, ni les tirer d'ailleurs que de certaines semences de vérités qui sont naturellement en nos âmes. Après cela, j'ai examiné quels étaient les premiers et les plus ordinaires effets qu'on pouvait déduire de ces causes; et il me semble que par là j'ai trouvé des cieux, des astres, une terre, et même sur la terre de l'eau, de l'air, du feu, des minéraux et quelques autres telles choses qui sont les plus communes de toutes et les plus simples, et par conséquent les plus aisées à connaître. Puis, lorsque j'ai voulu descendre à celles qui étaient plus particulières, il s'en est tant présenté à moi de diverses, que je n'ai pas cru qu'il fût possible à l'esprit humain de distinguer les formes ou espèces de corps qui sont sur la terre d'une infinité d'autres qui pourraient y être si c'eût été le vouloir de Dieu de les y mettre, ni par conséquent de les rapporter à notre usage, si ce n'est qu'on vienne au-devant des causes par les effets, et qu'on se serve de plusieurs expériences particulières. En suite de quoi, repassant mon esprit sur tous les objets qui s'étaient jamais présentés à mes sens, j'ose bien dire que je n'y ai remarqué aucune chose que je ne pusse assez commodément expliquer par les principes que j'avais trouvés. Mais il faut aussi que j'avoue que la puissance de la nature est si ample et si vaste, et que ces principes sont si simples et si généraux, que je ne remarque quasi plus aucun effet particulier que d'abord je ne connaisse qu'il peut en être déduit en plusieurs diverses façons, et que ma plus grande difficulté est d'ordinaire de trouver en laquelle de ces façons il en dépend; car à cela je ne sais point d'autre expédient que de chercher derechef quelques expériences qui soient telles que leur événement ne soit pas le même si c'est en l'une de ces façons qu'on doit l'expliquer que si c'est en l'autre. Au reste, j'en suis maintenant là, que je vois, ce me semble, assez bien de quel biais on se doit prendre à faire la plupart de celles qui peuvent servir à cet effet : mais je vois aussi qu'elles sont telles, et en si grand nombre, que ni mes mains ni mon revenu, bien que j'en eusse mille fois plus que je n'en ai, ne sauraient suffire pour toutes; en sorte que, selon que j'aurai désormais la commodité d'en faire plus ou moins, j'avancerai aussi plus ou moins en la connaissance de la nature : ce que je me promettais de faire connaître par le traité que j'avais écrit, et d'y montrer si clairement l'utilité que le public en peut recevoir, que j'obligerais tous ceux qui désirent en général le bien des hommes, c'est-à-dire tous ceux qui sont en effet vertueux, et non point par faux semblant ni seulement par opinion, tant à me communiquer celles qu'ils ont déjà faites qu'à m'aider en la recherche de celles qui restent à faire.

Mais j'ai eu depuis ce temps-là d'autres raisons qui m'ont fait changer d'opinion, et penser que je devais véritablement continuer d'écrire toutes les choses que je jugerais de quelque importance à mesure que j'en découvrirais la vérité, et y apporter le même soin que si je les voulais faire imprimer, tant afin d'avoir d'autant plus d'occasion de les bien examiner, comme sans doute on regarde toujours de plus près à ce qu'on croit devoir être vu par plusieurs qu'à ce qu'on ne fait que pour soi-même (et souvent les choses qui m'ont semblé vraies lorsque j'ai commencé à les concevoir, m'ont paru fausses lorsque je les ai voulu mettre sur le papier), qu'afin de ne perdre aucune occasion de profiter au public, si j'en suis capable, et que si mes écrits valent quelque chose, ceux qui les auront après ma mort en puissent user ainsi qu'il sera le plus à propos ; mais que je ne devais aucunement consentir qu'ils fussent publiés pendant ma vie, afin que ni les oppositions et controverses auxquelles ils seraient peut-être sujets, ni même la réputation telle qu'elle qu'ils me pourraient acquérir, ne me donnassent aucune occasion de perdre le temps que j'ai dessein d'employer à m'instruire. Car, bien qu'il soit vrai que chaque homme est obligé de procurer autant qu'il est en lui le bien des autres, et que c'est proprement ne valoir rien que de n'être utile à personne, toutefois il est vrai aussi que nos soins se doivent étendre plus loin que le temps présent, et qu'il est bon d'omettre les choses qui apporteraient peut-être quelque profit à ceux qui vivent, lorsque c'est à dessein d'en faire d'autres qui en apportent davantage à nos neveux. Comme en effet je veux bien qu'on sache que le peu que j'ai appris jusqu'ici n'est presque rien à comparaison de ce que j'ignore et que je ne désespère pas de pouvoir apprendre : car c'est quasi le même de ceux qui découvrent peu à peu la vérité dans les sciences, que de ceux qui, commençant à devenir riches, ont moins de peine à faire de grandes acquisitions, qu'ils n'ont eu auparavant, étant plus pauvres, à en faire de beaucoup moindres. Ou bien on peut les comparer aux chefs d'armée, dont les forces ont coutume de croître à proportion de leurs victoires, et qui ont besoin de plus de conduite pour se maintenir après la perte d'une bataille qu'ils n'ont, après l'avoir gagnée, à prendre des villes et des provinces. Car c'est véritablement donner des batailles que de tâcher à vaincre toutes les difficultés et les erreurs qui nous empêchent de parvenir à la connaissance de la vérité, et c'est en perdre une que de recevoir quelque fausse opinion touchant une matière un peu générale et importante; il faut après beaucoup plus d'adresse pour se remettre au même état qu'on était auparavant, qu'il ne faut à faire de grands progrès lorsqu'on a déjà des principes qui sont assurés. Pour moi, si j'ai ci-devant trouvé quelques vérités dans les sciences (et j'espère que les choses qui sont contenues en ce volume feront juger que j'en ai trouvé quelques-unes), je puis dire que ce ne sont que des suites et des dépendances de cinq ou six principales difficultés que j'ai surmontées, et que je compte pour autant de batailles où j'ai eu l'heur de mon côté. Même je ne craindrai pas de dire que je pense n'avoir plus besoin d'en gagner que deux ou trois autres semblables pour venir entièrement à bout de mes desseins; et que mon âge n'est point si avancé que, selon le cours ordinaire de la nature, je ne puisse encore avoir assez de loisir pour cet effet. Mais je crois être d'autant plus obligé à ménager le temps qui me reste que j'ai plus d'espérance de le pouvoir bien employer; et j'aurais sans doute plusieurs occasions de le perdre, si je publiais les fondements de ma physique : car, encore qu'ils soient presque tous si évidents qu'il ne faut que les entendre pour les croire, et qu'il n'y en ait aucun dont je ne pense pouvoir donner des démonstrations, toutefois, à cause qu'il est impossible qu'ils soient accordants avec toutes les diverses opinions des autres hommes, je prévois que je serais souvent diverti par les oppositions qu'ils feraient naître.

On peut dire que ces oppositions seraient utiles, tant afin de me faire connaître mes fautes, qu'afin que, si j'avais quelque chose de bon, les autres en eussent par ce moyen plus d'intelligence, et que, comme plusieurs peuvent plus voir qu'un homme seul, commençant dès maintenant à s'en servir, ils m'aidassent aussi de leurs inventions. Mais encore que je me reconnaisse extrêmement sujet à faillir, et que je ne me fie quasi jamais aux premières pensées qui me viennent, toutefois l'expérience que j'ai des objections qu'on me peut faire m'empêche d'en espérer aucun profit : car j'ai déjà souvent éprouvé les jugements tant de ceux que j'ai tenus pour mes amis que de quelques autres à qui je pensais être indifférent, et même aussi de quelques-uns dont je savais que la malignité et l'envie tâcheraient assez à découvrir ce que l'affection cacherait à mes amis; mais il est rarement arrivé qu'on m'ait objecté quelque chose que je n'eusse point du tout prévue, si ce n'est qu'elle fût fort éloignée de mon sujet : en sorte que je n'ai quasi jamais rencontré aucun censeur de mes opinions qui ne me semblât ou moins rigoureux ou moins équitable que moi-même. Et je n'ai jamais remarqué non plus que par le moyen des disputes qui se pratiquent dans les écoles, on ait découvert aucune vérité qu'on ignorât auparavant; car pendant que chacun tâche de vaincre, on s'exerce bien plus à faire valoir la vraisemblance qu'à peser les raisons de part et d'autre; et ceux qui ont été longtemps bons avocats ne sont pas pour cela après meilleurs juges.

Pour l'utilité que les autres recevraient de la communication de mes pensées, elle ne pourrait aussi être fort grande; d'autant que je ne les ai point encore conduites si loin qu'il ne soit besoin d'y ajouter beaucoup de choses avant que de les appliquer à l'usage. Et je pense pouvoir dire sans vanité que s'il y a quelqu'un qui en soit capable, ce doit être plutôt moi qu'aucun autre : non pas qu'il ne puisse y avoir au monde plusieurs esprits incomparablement meilleurs que le mien, mais pour ce qu'on ne saurait si bien concevoir une chose et la rendre sienne, lorsqu'on l'apprend de quelque autre, que lorsqu'on l'invente soi-même. Ce qui est si véritable en cette matière, que bien que j'aie souvent expliqué quelques-unes de mes opinions à des personnes de très-bon esprit, et qui, pendant que je leur parlais, semblaient les entendre fort distinctement, toutefois lorsqu'ils les ont redites, j'ai remarqué qu'ils les ont changées presque toujours en telle sorte que je ne les pouvais plus avouer pour miennes. A l'occasion de quoi je suis bien aise de prier ici nos neveux de ne croire jamais que les choses qu'on leur dira viennent de moi, lorsque je ne les aurai point moi-même divulguées; et je ne m'étonne aucunement des extravagances qu'on attribue à tous ces anciens philosophes dont nous n'avons point les écrits, ni ne juge pas pour cela que leurs pensées aient été fort déraisonnables, vu qu'ils étaient des meilleurs esprits de leurs temps, mais seulement qu'on nous les a mal rapportées. Comme on voit aussi que presque jamais il n'est arrivé qu'aucun de leurs sectateurs les ait surpassés; et je m'assure que les plus passionnés de ceux qui suivent maintenant Aristote se croiraient heureux s'ils avaient autant de connaissance de la nature qu'il en a eu, encore même que ce fût à condition qu'ils n'en auraient jamais davantage. Ils sont comme le lierre, qui ne tend point à monter plus haut que les arbres qui le soutiennent, et même souvent qui redescend après qu'il est parvenu jusques à leur faite; car il me semble aussi que ceux-là redescendent, c'est-à-dire se rendent en quelque façon moins savants que s'ils s'abstenaient d'étudier, lesquels, non contents de savoir tout qui est intelligiblement expliqué dans leur auteur, veulent outre cela y trouver la solution de plusieurs difficultés dont il ne dit rien, et auxquelles il n'a peut-être jamais pensé. Toutefois leur façon de philosopher est fort commode pour ceux qui n'ont que des esprits fort médiocres; car l'obscurité des distinctions et des principes dont ils se servent est cause qu'ils peuvent parler de toutes aussi hardiment que s'ils les savaient, et soutenir tout ce qu'ils en disent contre les plus subtils et les plus habiles, sans qu'on ait moyen de les convaincre : en quoi ils me semblent pareils à un aveugle, qui pour se battre sans désavantage contre un qui voit, l'aurait fait venir dans le fond de quelque cave fort obscure : et je puis dire que ceux-ci ont intérêt que je m'abstienne de publier les principes de la philosophie dont je me sers; car, étant très-simples et très-évidents, comme ils sont, je ferais quasi le même en les publiant que si j'ouvrais quelques fenêtres et faisais entrer du jour dans cette cave où ils sont descendus pour se battre. Mais même les meilleurs esprits n'ont pas occasion de souhaiter de les connaître; car, s'ils veulent savoir parler de toutes choses et acquérir la réputation d'être doctes, ils y parviendront plus aisément en se contentant de la vraisemblance, qui peut être trouvée sans grande peine en toutes sortes de matières, qu'en cherchant la vérité, qui ne se découvre que peu à peu en quelques-unes, et qui, lorsqu'il est question de parler des autres, oblige à confesser franchement qu'on les ignore. Que s'ils préfèrent la connaissance de quelque peu de vérité à la vanité de paraître n'ignorer rien, comme sans doute elle est bien préférable, et qu'ils veulent suivre un dessein semblable au mien, ils n'ont pas besoin pour cela que je leur die rien davantage que ce que j'ai déjà dit en ce discours; car s'ils sont capables de passer plus outre que je n'ai fait, ils le seront aussi, à plus forte raison, de trouver d'eux-mêmes tout ce que je pense avoir trouvé; d'autant que, n'ayant jamais rien examiné que par ordre, il est certain que ce qui me reste encore à découvrir est de soi plus difficile et plus caché que ce que j'ai pu ci-devant rencontrer; et ils auraient bien moins de plaisir à l'apprendre de moi que d'eux-mêmes : outre que l'habitude qu'ils acquerront, en cherchant premièrement des choses faciles, et passant peu à peu par degrés à d'autres plus difficiles, leur servira plus que toutes mes instructions ne sauraient faire. Comme pour moi je me persuade que si on m'eût enseigné dès ma jeunesse toutes les vérités dont j'ai cherché depuis les démonstrations, et que je n'eusse eu aucune peine à les apprendre, je n'en aurais peut-être jamais su aucunes autres, et du moins que jamais je n'aurais acquis l'habitude et la facilité que je pense avoir d'en trouver toujours de nouvelles à mesure que je m'applique à les chercher. En un mot, s'il y a au monde quelque ouvrage qui ne puisse être si bien achevé par aucun autre que par le même qui l'a commencé, c'est celui auquel je travaille.

Il est vrai que, pour ce qui est des expériences qui peuvent y servir, un homme seul ne saurait suffire à les faire toutes; mais il n'y saurait aussi employer utilement d'autres mains que les siennes, sinon celles des artisans, ou telles gens qu'il pourrait payer, et à qui l'espérance du gain, qui est un moyen très-efficace, ferait faire exactement toutes les choses qu'il leur prescrirait. Car, pour les volontaires qui, par curiosité ou désir d'apprendre, s'offriraient peut-être de lui aider, outre qu'ils ont pour l'ordinaire plus de promesses que d'effet, et qu'ils ne font que de belles propositions dont aucune jamais ne réussit, ils voudraient infailliblement être payés par l'explication de quelques difficultés, ou du moins par des compliments et des entretiens inutiles, qui ne lui sauraient coûter si peu de son temps qu'il n'y perdît. Et pour les expériences que les autres ont déjà faites, quand bien même ils les lui voudraient communiquer, ce que ceux qui les nomment des secrets ne feraient jamais, elles sont pour la plupart composées de tant de circonstances ou d'ingrédients superflus, qu'il lui serait très-malaisé d'en déchiffrer la vérité; outre qu'il les trouverait presque toutes si mal expliquées, ou même si fausses, à cause que ceux qui les ont faites se sont efforcés de les faire paraître conformes à leurs principes, que, s'il y en avait quelques-unes qui lui servissent, elles ne pourraient derechef valoir le temps qu'il lui faudrait employer à les choisir. De façon que s'il y avait au monde quelqu'un qu'on sût assurément être capable de trouver les plus grandes choses et les plus utiles au public qui puissent être, et que pour cette cause les autres hommes s'efforçassent par tous moyens de l'aider à venir à bout de ses desseins, je ne vois pas qu'ils pussent autre chose pour lui, sinon fournir aux frais des expériences dont il aurait besoin, et du reste empêcher que son loisir ne lui fût ôté par l'importunité de personne. Mais outre que je ne présume pas tant de moi-même que de vouloir rien promettre d'extraordinaire, ni ne me repais point de pensées si vaines que de m'imaginer que le public se doive beaucoup intéresser en mes desseins, je n'ai pas aussi l'âme si basse que je voulusse accepter de qui que ce fût aucune faveur qu'on pût croire que je n'aurais pas méritée.

Toutes ces considérations jointes ensemble furent cause, il y a trois ans, que je ne voulus point divulguer le traité que j'avais entre les mains, et même que je pris résolution de n'en faire voir aucun autre pendant ma vie qui fût si général, ni duquel on pût entendre les fondements de ma physique. Mais il y a eu depuis derechef deux autres raisons qui m'ont obligé à mettre ici quelques essais particuliers, et à rendre au public quelque compte de mes actions et de mes desseins. La première est que si j'y manquais, plusieurs, qui ont su l'intention que j'avais eue ci-devant de faire imprimer quelques écrits, pourraient s'imaginer que les causes pour lesquelles je m'en abstiens seraient plus à mon désavantage qu'elles ne sont, car bien que je n'aime pas la gloire par excès, ou même, si j'ose le dire, que je la haïsse en tant que je la juge contraire au repos, lequel j'estime sur toutes choses, toutefois aussi je n'ai jamais tâché de cacher mes actions comme des crimes, ni n'ai usé de beaucoup de précautions pour être inconnu : tant à cause que j'eusse cru me faire tort qu'à cause que cela m'aurait donné quelque espèce d'inquiétude qui eût derechef été au contraire au parfait repos d'esprit que je cherche ; et pour ce que, m'étant toujours ainsi tenu indifférent entre le soin d'être connu ou de ne pas l'être, je n'ai pu empêcher que je n'acquisse quelque sorte de réputation, j'ai pensé que je devais faire mon mieux pour m'exempter au moins de l'avoir mauvaise. L'autre raison qui m'a obligé à écrire ceci est que, voyant tous les jours de plus en plus le retardement que souffre le dessein que j'ai de m'instruire, à cause d'une infinité d'expériences dont j'ai besoin, et qu'il est impossible que je fasse sans l'aide d'autrui, bien que je ne me flatte pas tant que d'espérer que le public prenne grande part en mes intérêts, toutefois je ne veux pas aussi me défaillir tant à moi-même que de donner sujet à ceux qui me survivront de me reprocher quelque jour que j'eusse pu leur laisser plusieurs choses beaucoup meilleures que je n'aurai fait, si je n'eusse point trop négligé de leur faire entendre en quoi ils pouvaient contribuer à mes desseins.

Et j'ai pensé qu'il m'était aisé de choisir quelques matières qui, sans être sujettes à beaucoup de controverses, ni m'obliger à déclarer davantage de mes principes que je ne désire, ne lairraient pas de faire voir assez clairement ce que je puis ou ne puis pas dans les sciences. En quoi je ne saurais dire si j'ai réussi; et je ne veux point prévenir les jugements de personne en parlant moi-même de mes écrits : mais je serai bien aise qu'on les examine; et, afin qu'on n'en ait d'autant plus d'occasion, je supplie tous ceux qui auront quelques objections à y faire, de prendre la peine de les envoyer à mon libraire, par lequel en étant averti, je tâcherai d'y joindre ma réponse en même temps : et par ce moyen les lecteurs, voyant ensemble l'un et l'autre, jugeront d'autant plus aisément de la vérité : car je ne promets pas d'y faire jamais de longues réponses, mais seulement d'avouer mes fautes fort franchement, si je les connais; ou bien, si je ne les puis apercevoir, de dire simplement ce que je croirai être requis pour la défense des choses que j'ai écrites, sans y ajouter l'explication d'aucune nouvelle matière, afin de ne pas engager sans fin de l'une en l'autre.

Que si quelques-unes de celles dont j'ai parlé au commencement de la *Dioptrique* et des *Météores* choquent d'abord, à cause que je les nomme des suppositions, et que je ne semble pas avoir envie de les prouver, qu'on ait la patience de lire le tout avec attention, et j'espère qu'on s'en trouvera satisfait : car il me semble que les raisons s'y entre-suivent en telle sorte que, comme les dernières sont démontrées par les premières qui sont leurs causes, ces premières le sont réciproquement par les dernières qui sont leurs effets. Et on ne doit pas imaginer que je commette en ceci la faute que les logiciens nomment un cercle : car l'expérience rendant la plupart de ces effets très-certains, les causes dont je les déduis ne servent pas tant à les prouver qu'à les expliquer; mais tout au contraire ce sont elles qui sont prouvées par eux. Et je ne les ai nommées des suppositions qu'afin qu'on sache que je pense les pouvoir déduire de ces premières vérités que j'ai ci-dessus expliquées; mais que j'ai voulu expressément ne le pas faire, pour empêcher que certains esprits, qui s'imaginent qu'ils savent en un jour tout ce qu'un autre a pensé en vingt années, sitôt qu'il leur en a seulement dit deux ou trois mots, et qui sont d'autant plus sujets à faillir et moins capables de la vérité qu'ils sont plus pénétrants et plus vifs, ne puissent de là prendre occasion de bâtir quelque philosophie extravagante sur ce qu'ils croiront être mes principes, et qu'on m'en attribue la faute : car pour les opinions qui sont toutes miennes, je ne les excuse point comme nouvelles, d'autant que, si on en considère bien les raisons, je m'assure qu'on les trouvera si simples et si conformes au sens commun, qu'elles sembleront moins extraordinaires et moins étranges qu'aucunes autres qu'on puisse avoir sur mêmes sujets; et je ne me vante point aussi d'être le premier inventeur d'aucunes, mais bien que je ne les ai jamais reçues ni pour ce qu'elles avaient été dites par d'autres, ni pour ce qu'elles ne l'avaient point été, mais seulement pour ce que la raison me les a persuadées.

Que si les artisans ne peuvent sitôt exécuter l'invention qui est expliquée en la *Dioptrique*, je ne crois pas qu'on puisse dire pour cela qu'elle soit mauvaise; car, d'autant qu'il faut de l'adresse et l'habitude pour faire et pour ajuster les machines que j'ai décrites, sans qu'il y manque aucune circonstance, je ne m'étonnerais pas moins s'ils rencontraient du premier coup, que si quelqu'un pouvait apprendre en un jour à jouer du luth excellemment par cela seul qu'on lui aurait donné de la tablature qui serait bonne. Et si j'écris en français, qui est la langue de mon pays, plutôt qu'en latin, qui est celle de mes précepteurs, c'est à cause que j'espère que ceux qui ne se servent que de leur raison naturelle toute pure jugeront mieux de mes opinions que ceux qui ne croient qu'aux livres anciens; et pour ceux qui joignent le bon sens avec l'étude, lesquels seuls je souhaite pour mes juges, ils ne seront point, je m'assure, si partiaux pour le latin, qu'ils refusent d'entendre mes raisons pour ce que je les explique en langue vulgaire.

Au reste je ne veux point parler ici en particulier des progrès que j'ai espérance de faire à l'avenir dans les sciences, ni m'engager envers le public d'aucune promesse que je ne sois pas assuré d'accomplir; mais je dirai seulement que j'ai résolu de n'employer le temps qui me reste à vivre à autre chose qu'à tâcher d'acquérir quelque connaissance de la nature, qui soit telle qu'on en puisse tirer des règles pour la médecine, plus assurées que celles qu'on a eues jusques à présent; et que mon inclination m'éloigne si fort de toute sorte d'autres desseins, principalement de ceux qui ne sauraient être utiles aux uns qu'en nuisant aux autres, que si quelques occasions me contraignaient de m'y employer, je ne crois point que je fusse capable d'y réussir. De quoi je fais ici une déclaration que je sais bien ne pouvoir servir à me rendre considérable dans le monde, mais aussi n'ai aucunement envie de l'être, et je me tiendrai toujours plus obligé à ceux par la faveur desquels je jouirai sans empêchement de mon loisir, que je ne serais à ceux qui m'offriraient les plus honorables emplois de la terre.

MÉDITATIONS

TOUCHANT LA PHILOSOPHIE PREMIÈRE

DANS LESQUELLES ON PROUVE CLAIREMENT

L'EXISTENCE DE DIEU

ET LA DISTINCTION RÉELLE

ENTRE L'AME ET LE CORPS DE L'HOMME.

AVERTISSEMENT

DE LA PREMIÈRE ÉDITION FRANÇAISE DES *MÉDITATIONS* (1).

LE LIBRAIRE AU LECTEUR.

La satisfaction que je puis promettre à toutes les personnes d'esprit dans la lecture de ce livre, pour ce qui regarde l'auteur et les traducteurs, m'oblige à prendre garde plus soigneusement à contenter aussi le lecteur de ma part, de peur que toute sa disgrâce ne tombe sur moi seul. Je tâche donc à le satisfaire et par mon soin dans cette impression et par ce petit éclaircissement, dans lequel je le dois ici avertir de trois choses qui sont de ma connaissance particulière, et qui serviront à la leur (c'est-à-dire à la connaissance des personnes d'esprit). La première est quel a été le dessein de l'auteur lorsqu'il a publié cet ouvrage en latin; la seconde, comment il paraît aujourd'hui traduit en français, et la troisième, quelle est la qualité de cette version.

1° Lorsque l'auteur, après avoir conçu ces Méditations dans son esprit, résolut d'en faire part au public, ce fut autant par la crainte d'étouffer la vérité qu'à dessein de la soumettre à tous les doctes. A cet effet, il leur voulut parler dans leur langue et à leur mode, et renferma toutes ses pensées dans le latin et les termes de l'école. Son intention n'a point été frustrée, et son livre a été mis à la question

(1) Cet ouvrage, écrit par Descartes, en latin, fut publié à Paris, en 1641. sous ce titre : *Meditationes de prima philosophia, ubi de Dei existentia et animæ immortalitate*. En 1647, le duc de Luynes en donna une traduction française, revue et corrigée par Descartes, qui fit au texte latin plusieurs changements et additions. Les changements faits à l'édition latine sont indiqués au bas du texte.

dans tous les tribunaux de la philosophie; les objections jointes à ces Méditations le témoignent assez, et montrent bien que les savants du siècle se sont donné la peine d'examiner ses propositions avec rigueur. Ce n'est pas à moi de juger avec quels succès, puisque c'est moi qui les présente aux autres pour les en faire juges. Il me suffit de croire pour moi et d'assurer les autres que tant de grands hommes n'ont pu se choquer sans produire beaucoup de lumière.

2° Cependant ce livre passe des universités dans les palais des grands, et tombe entre les mains d'une personne très-éminente (M. le duc de Luynes). Après en avoir lu les Méditations et les avoir jugées dignes de sa mémoire, il prit la peine de les traduire en français, soit que par ce moyen il se voulût rendre plus propres et plus familières ces notions assez nouvelles, soit qu'il n'eût d'autre dessein que d'honorer l'auteur par une si bonne marque de son estime. Depuis, une autre personne (Clerselier), aussi de mérite, n'a pas voulu laisser imparfait cet ouvrage si parfait, et marchant sur les traces de ce seigneur, a mis en notre langue les objections qui suivent les Méditations, avec les réponses qui les accompagnent, jugeant bien que pour plusieurs personnes, le français ne rendrait pas ces Méditations plus intelligibles que le latin, si elles n'étaient accompagnées des objections et de leurs réponses, qui en sont comme les commentaires. L'auteur, ayant été averti de la bonne fortune des unes et des autres, a non-seulement consenti, mais aussi désiré et prié ces messieurs de trouver bon que ces versions fussent imprimées, parce qu'il avait remarqué que ses Méditations avaient été accueillies et reçues avec quelque satisfaction par un plus grand nombre de ceux qui ne s'appliquent pas à la philosophie de l'école que de ceux qui s'y appliquent. Ainsi, comme il avait donné sa première impression latine au désir de trouver des contredisants, il a cru devoir cette seconde française au favorable accueil de tant de personnes qui, goûtant déjà ses nouvelles pensées, semblaient désirer qu'on leur ôtât la langue et le goût de l'école pour les accommoder au leur.

3° On trouvera partout cette version assez juste, et si religieuse que jamais elle ne s'est écartée du sens de l'auteur. Je le pourrais assurer sur la seule connaissance que j'ai de la lumière de l'esprit des traducteurs qui facilement n'auront pas pris le change, mais j'en ai encore une autre certitude authentique, qui est qu'ils ont, comme il était juste, réservé à l'auteur le droit de revue et de correction. Il en a usé; mais pour se corriger plutôt qu'eux et pour éclaircir seulement ses propres pensées; je veux dire que, trouvant quelques endroits où il lui a semblé qu'il ne les avait pas rendues assez claires dans le latin pour toutes sortes de personnes, il les a voulu ici éclaircir par quelque petit changement que l'on reconnaîtra bientôt en conférant le français avec le latin. Ce qui a donné le plus de peine aux traducteurs dans tout cet ouvrage a été la rencontre de quantité de mots de l'art, qui, étant rudes et barbares dans le latin même, le sont beaucoup plus dans le français, qui est moins libre, moins hardi et moins accoutumé à ces termes de l'école. Ils n'ont osé pourtant les ôter partout, parce qu'il leur eût fallu alors changer le sens, ce que leur défendait la qualité d'interprètes qu'ils avaient prise. D'autre part, lorsque cette version a passé sous les yeux de l'auteur, il l'a trouvée si bonne qu'il n'en a jamais voulu changer le style, et s'en est toujours défendu par sa modestie et l'estime qu'il fait de ses traducteurs; de sorte que, par une déférence réciproque, les uns et les autres les ayant laissés, il en est resté quelques-uns dans cet ouvrage.

J'ajouterais maintenant, s'il m'était permis, que ce livre contenant des méditations fort libres, et qui peuvent même sembler extravagantes à ceux qui ne sont pas accoutumés aux spéculations de la métaphysique, il ne sera ni utile ni agréable aux lecteurs qui ne pourront appliquer leur esprit avec beaucoup d'attention à ce qu'ils lisent, ni s'abstenir d'en juger avant que de l'avoir assez examiné. Mais j'ai peur qu'on ne me reproche que je passe les bornes de mon métier, ou plutôt que je ne le sais guère, de mettre un si grand obstacle au débit de mon livre par cette large exception de tant de personnes à qui je ne l'estime pas propre. Je me tais donc, et n'effarouche plus le monde; mais auparavant je me sens encore obligé d'avertir les lecteurs d'apporter beaucoup d'équité et de docilité à la lecture de ce livre; car s'ils viennent avec cette mauvaise humeur et cet esprit contrariant de quantité de personnes qui ne lisent que pour disputer, et qui, faisant profession de chercher la vérité, semblent avoir peur de la trouver, puisqu'au même moment qu'il leur en paraît quelque ombre, ils tâchent de la combattre et de la détruire, ils n'en feront jamais ni profit ni jugement raisonnable. Il le faut lire sans prévention, sans précipitation, et à dessein de s'instruire, donnant d'abord à son auteur l'esprit d'écolier pour prendre peu après celui de censeur. Cette méthode est si nécessaire pour cette lecture que je la puis nommer la clef du livre, sans laquelle personne ne la saurait bien entendre.

MÉDITATIONS MÉTAPHYSIQUES.

ÉPITRE A MESSIEURS

LES DOYENS ET DOCTEURS

DE LA SACRÉE FACULTÉ DE THÉOLOGIE

DE PARIS.

Messieurs,

La raison qui me porte à vous présenter cet ouvrage est si juste, et, quand vous en connaîtrez le dessein, je m'assure que vous en aurez aussi une si juste de le prendre en votre protection, que je pense ne pouvoir mieux faire pour vous le rendre en quelque sorte recommandable, que de vous dire en peu de mots ce que je m'y suis proposé. J'ai toujours estimé que les deux questions de Dieu et de l'âme étaient les principales de celles qui doivent plutôt être démontrées par les raisons de la philosophie que de la théologie : car bien qu'il nous suffise, à nous autres qui sommes fidèles, de croire par la foi qu'il y a un Dieu, et que l'âme humaine ne meurt point avec le corps, certainement il ne semble pas possible de pouvoir jamais persuader aux infidèles aucune religion, ni quasi même aucune vertu morale, si premièrement on ne leur prouve ces deux choses par raison naturelle; et d'autant qu'on propose souvent en cette vie de plus grandes récompenses pour les vices que pour les vertus, peu de personnes préféreraient le juste à l'utile si elles n'étaient retenues ni par la crainte de Dieu ni par l'attente d'une autre vie : et quoiqu'il soit absolument vrai qu'il faut croire qu'il y a un Dieu, parce qu'il est ainsi enseigné dans les saintes Écritures, et d'autre part qu'il faut croire les saintes Écritures, parce qu'elles viennent de Dieu (la raison de cela est que, la foi étant un don de Dieu, celui-là même qui donne la grâce pour faire croire les autres choses la peut aussi donner pour nous faire croire qu'il existe), on ne saurait néanmoins proposer cela aux infidèles, qui pourraient s'imaginer que l'on commettrait en ceci la faute que les logiciens nomment un cercle.

Et de vrai j'ai pris garde que vous autres, messieurs, avec tous les théologiens, n'assuriez pas seulement que l'existence de Dieu se peut prouver par raison naturelle, mais aussi que l'on infère de la sainte Écriture que sa connaissance est beaucoup plus claire que celle que l'on a de plusieurs choses créées, et qu'en effet elle est si facile que ceux qui ne l'ont point sont coupables; comme il paraît par ces paroles de la Sagesse, chap. XIII, où il est dit que *leur ignorance n'est point pardonnable : car si leur esprit a pénétré si avant dans la connaissance des choses du monde, comment est-il possible qu'ils n'en aient point reconnu plus facilement le souverain Seigneur?* et aux Romains, chap. I, il est dit qu'ils sont *inexcusables;* et encore au même endroit, par ces paroles : *Ce qui est connu de Dieu est manifeste dans eux*, il semble que nous soyons avertis que tout ce qui se peut savoir de Dieu peut être montré par des raisons qu'il n'est pas besoin de tirer d'ailleurs que de nous-mêmes et de la simple considération de la nature de notre esprit. C'est pourquoi j'ai cru qu'il ne serait pas contre le devoir d'un philosophe si je faisais voir ici comment et par quelle voie nous pouvons, sans sortir de nous-mêmes, connaître Dieu plus facilement et plus certainement que nous ne connaissons les choses du monde.

Et pour ce qui regarde l'âme, quoique plusieurs aient cru qu'il n'est pas aisé d'en connaître la nature, et que quelques-uns aient même osé dire que les raisons humaines nous persuadaient qu'elle mourait avec le corps, et qu'il n'y avait que la seule foi qui nous enseignât le contraire; néanmoins, d'autant que le concile de Latran tenu sous Léon X, en la session 8, les condamne, et qu'il ordonne expressément aux philosophes chrétiens de répondre à leurs arguments, et d'employer toutes les forces de leur esprit pour faire connaître la vérité, j'ai bien osé l'entreprendre dans cet écrit. De plus, sachant que la principale raison qui fait que plusieurs impies ne veulent point croire qu'il y a un Dieu et que l'âme humaine est distincte du corps, est qu'ils disent que personne jusqu'ici n'a pu démontrer ces deux choses; quoique je ne sois point de leur opinion, mais qu'au contraire je tienne que la plupart des raisons qui ont été apportées par tant de grands personnages touchant ces deux questions sont autant de démonstrations quand elles sont bien entendues, et qu'il soit presque impossible d'en inventer de nouvelles; si est-ce que je crois qu'on ne saurait rien faire de plus utile en la philosophie que d'en rechercher une fois avec soin les meilleures; et de les disposer en un ordre si clair et si exact qu'il soit constant désormais à tout le monde que ce sont de véritables démonstrations. Et enfin, d'autant que plusieurs personnes ont désiré cela de moi, qui ont connaissance que j'ai cultivé une certaine méthode pour résoudre toutes sortes de difficultés dans les sciences, méthode qui de vrai n'est pas nouvelle, n'y ayant rien de plus ancien que la vérité, mais de laquelle ils savent que je me suis servi assez heureusement en d'autres rencontres, j'ai pensé qu'il était de mon devoir d'en faire aussi l'épreuve sur une matière si importante.

Or, j'ai travaillé de tout mon possible pour comprendre dans ce traité tout ce que j'ai pu découvrir par son moyen. Ce n'est pas que j'aie ici ramassé toutes les diverses raisons qu'on pourrait alléguer pour servir de preuve à un si grand sujet : car je n'ai jamais cru que cela fût nécessaire, sinon lorsqu'il n'y en a aucune qui soit certaine ; mais seulement j'ai traité les premières et les principales d'une telle manière que j'ose bien les proposer pour des très-évidentes et très-certaines démonstrations. Et je dirai de plus qu'elles sont telles, que je ne pense pas qu'il y ait aucune voie par où l'esprit humain en puisse jamais découvrir de meilleure ; car l'importance du sujet et la gloire de Dieu, à laquelle tout ceci se rapporte, me contraignent de parler ici un peu plus librement de moi que je n'ai de coutume. Néanmoins, quelque certitude et évidence que je trouve en mes raisons, je ne puis pas me persuader que tout le monde soit capable de les entendre. Mais, tout ainsi que dans la géométrie, il y en a plusieurs qui nous ont été laissées par Archimède, par Apollonius, par Pappus et par plusieurs autres, qui sont reçues de tout le monde pour très-certaines et très-évidentes, parce qu'elles ne contiennent rien qui, considéré séparément, ne soit très-facile à connaître, et que partout les choses qui suivent ont une exacte liaison et dépendance avec celles qui les précèdent ; néanmoins, parce qu'elles sont un peu longues et qu'elles demandent un esprit tout entier, elles ne sont comprises et entendues que de fort peu de personnes : de même, encore que j'estime que celles dont je me sers ici égalent ou même surpassent en certitude et évidence les démonstrations de géométrie, j'appréhende néanmoins qu'elles ne puissent pas être assez suffisamment entendues de plusieurs, tant parce qu'elles sont aussi un peu longues et dépendantes les unes des autres que principalement parce qu'elles demandent un esprit entièrement libre de tous préjugés, et qui se puisse aisément détacher du commerce des sens. Et, à dire le vrai, il ne s'en trouve pas tant dans le monde qui soient propres pour les spéculations de la métaphysique que pour celles de la géométrie. Et de plus, il y a encore cette différence que, dans la géométrie, chacun étant prévenu de cette opinion qu'il ne s'y avance rien dont on n'ait une démonstration certaine, ceux qui n'y sont pas entièrement versés pèchent bien plus souvent en approuvant de fausses démonstrations, pour faire croire qu'ils les entendent, qu'en réfutant les véritables. Il n'en est pas de même dans la philosophie, où, chacun croyant que tout y est problématique, peu de personnes s'adonnent à la recherche de la vérité ; et même beaucoup, se voulant acquérir la réputation d'esprits forts, ne s'étudient à autre chose qu'à combattre avec arrogance les vérités les plus apparentes.

C'est pourquoi, messieurs, quelque force que puissent avoir mes raisons, parce qu'elles appartiennent à la philosophie, je n'espère pas qu'elles fassent un grand effet sur les esprits, si vous ne les prenez en votre protection. Mais l'estime que tout le monde fait de votre compagnie étant si grande, et le nom de Sorbonne d'une telle autorité, que non-seulement en ce qui regarde la foi, après les sacrés conciles, on n'a jamais tant déféré au jugement d'aucune autre compagnie, mais aussi, en ce qui regarde l'humaine philosophie, chacun croyant qu'il n'est pas possible de trouver ailleurs plus de solidité et de connaissance, ni plus de prudence et d'intégrité pour donner son jugement, je ne doute point, si vous daignez prendre tant de soin de cet écrit que de vouloir premièrement le corriger (car, ayant connaissance non-seulement de mon infirmité, mais aussi de mon ignorance, je n'oserais pas assurer qu'il n'y eût aucunes erreurs), puis après y ajouter les choses qui y manquent, achever celles qui ne sont pas parfaites, et prendre vous-mêmes la peine de donner une explication plus ample à celles qui en ont besoin, ou du moins de m'en avertir, afin que j'y travaille ; et enfin, après que les raisons par lesquelles je prouve qu'il y a un Dieu et que l'âme humaine diffère d'avec le corps, auront été portées jusqu'à ce point de clarté et d'évidence où je m'assure qu'on peut les conduire, qu'elles devront être tenues pour de très-exactes démonstrations, si vous daignez les autoriser de votre approbation, et rendre un témoignage public de leur vérité et certitude, je ne doute point, dis-je, qu'après cela toutes les erreurs et fausses opinions qui ont jamais été touchant ces deux questions ne soient bientôt effacées de l'esprit des hommes. Car la vérité fera que tous les doctes et gens d'esprit souscriront à votre jugement et votre autorité ; que les athées, qui sont pour l'ordinaire plus arrogants que doctes et judicieux, se dépouilleront de leur esprit de contradiction, ou que peut-être ils défendront eux-mêmes les raisons qu'ils verront être reçues par toutes les personnes d'esprit pour des démonstrations, de peur de paraître n'en avoir pas l'intelligence; et enfin tous les autres se rendront aisément à tant de témoignages, et il n'y aura plus personne qui ose douter de l'existence de Dieu et de la distinction réelle et véritable de l'âme humaine d'avec le corps.

C'est à vous maintenant à juger du fruit qui reviendrait de cette créance, si elle était une fois bien établie, vous qui voyez les désordres que son doute produit; mais je n'aurais pas ici bonne grâce de recommander davantage la cause de Dieu et de la religion à ceux qui en ont toujours été les plus fermes colonnes.

PRÉFACE.

J'ai déjà touché ces deux questions de Dieu et de l'âme humaine dans le Discours français que je mis en lumière, en l'année 1637, touchant la méthode pour bien conduire sa raison et chercher la vérité dans les sciences; non pas à dessein d'en traiter alors à fond, mais seulement comme en passant, afin d'apprendre par le jugement qu'on en ferait de quelle sorte j'en devrais traiter par après : car elles m'ont toujours semblé être d'une telle importance, que je jugeais qu'il était à propos d'en parler plus d'une fois; et le chemin que je tiens pour les expliquer est si peu battu, et si éloigné de la route ordinaire, que je n'ai pas cru qu'il fût utile de le montrer en français, et dans un discours qui pût être lu de tout le monde, de peur que les faibles esprits ne crussent qu'il leur fût permis de tenter cette voie.

Or, ayant prié dans ce *Discours de la Méthode* tous ceux qui auraient trouvé dans mes écrits quelque chose digne de censure de me faire la faveur de m'en avertir, on ne m'a rien objecté de remarquable que deux choses sur ce que j'avais dit touchant ces deux questions, auxquelles je veux répondre ici en peu de mots avant que d'entreprendre leur explication plus exacte.

La première est qu'il ne s'ensuit pas de ce que l'esprit humain, faisant réflexion sur soi-même, ne se connaît être autre chose qu'une chose qui pense, que sa nature ou son essence ne soit seulement que de penser; en telle sorte que ce mot *seulement* exclue toutes les autres choses qu'on pourrait peut-être aussi dire appartenir à la nature de l'âme.

A laquelle objection je réponds que ce n'a point aussi été en ce lieu-là mon intention de les exclure selon l'ordre de la vérité de la chose (de laquelle je ne traitais pas alors), mais seulement selon l'ordre de ma pensée; si bien que mon sens était que je ne connaissais rien que je susse appartenir à mon essence, sinon que j'étais une chose qui pense, ou une chose qui a en soi la faculté de penser. Or, je ferai voir ci-après comment, de ce que je ne connais rien autre chose qui appartienne à mon essence, il s'ensuit qu'il n'y a aussi rien autre chose qui en effet lui appartienne.

La seconde est qu'il ne s'ensuit pas, de ce que j'ai en moi l'idée d'une chose plus parfaite que je ne suis, que cette idée soit plus parfaite que moi, et beaucoup moins que ce qui est représenté par cette idée existe.

Mais je réponds que dans ce mot d'*idée* il y a ici de l'équivoque : car ou il peut être pris matériellement pour une opération de mon entendement, et en ce sens on ne peut pas dire qu'elle soit plus parfaite que moi ; ou il peut être pris objectivement pour la chose qui est représentée par cette opération, laquelle, quoiqu'on ne suppose point qu'elle existe hors de mon entendement, peut néanmoins être plus parfaite que moi, à raison de son essence. Or dans la suite de ce traité je ferai voir plus amplement comment, de cela seulement que j'ai en moi l'idée d'une chose plus parfaite que moi, il s'ensuit que cette chose existe véritablement.

De plus, j'ai vu aussi deux autres écrits assez amples sur cette matière, mais qui ne combattaient pas tant mes raisons que mes conclusions, et ce par des arguments tirés des lieux communs des athées. Mais, parce que ces sortes d'arguments ne peuvent faire aucune impression dans l'esprit de ceux qui entendront bien mes raisons, et que les jugements de plusieurs sont si faibles et si peu raisonnables qu'ils se laissent bien plus souvent persuader par les premières opinions qu'ils auront eues d'une chose, pour fausses et éloignées de la raison qu'elles puissent être, que par une solide et véritable, mais postérieurement entendue réfutation de leurs opinions, je ne veux point ici y répondre, de peur d'être premièrement obligé de les rapporter.

Je dirai seulement en général que tout ce que disent les athées pour combattre l'existence de Dieu dépend toujours ou de ce que l'on feint dans Dieu des affections humaines, ou de ce qu'on attribue à nos esprits tant de force et de sagesse que nous avons bien la présomption de vouloir déterminer et comprendre ce que Dieu peut et doit faire ; de sorte que tout ce qu'ils disent ne nous donnera aucune difficulté, pourvu seulement que nous nous ressouvenions que nous devons considérer nos esprits comme des choses finies et limitées, et Dieu comme un être infini et incompréhensible.

Maintenant, après avoir suffisamment reconnu les sentiments des hommes, j'entreprends derechef de traiter de Dieu et de l'âme humaine, et ensemble de jeter les fondements de la philosophie première, mais sans en attendre aucune louange du vulgaire, ni espérer que mon livre soit vu de plusieurs. Au contraire, je ne conseillerai jamais à personne de le lire, sinon à ceux qui voudront avec moi méditer sérieusement, et qui pourront détacher leur esprit du commerce des sens, et le délivrer entièrement de toutes sortes de préjugés; lesquels je ne sais que trop être en fort petit nombre. Mais pour ceux qui, sans se soucier beaucoup de l'ordre et de la liaison de mes raisons, s'amuseront à épiloguer sur chacune des parties, comme font plusieurs, ceux-là, dis-je, ne feront pas grand profit de la lecture de ce traité; et bien que peut-être ils trouvent occasion de pointiller en plusieurs lieux, à grand'peine pourront-ils objecter rien de pressant ou qui soit digne de réponse.

Et d'autant que je ne promets pas aux autres de les satisfaire de prime abord, et que je ne présume pas tant de moi que de croire pouvoir prévoir tout ce qui pourra faire de la difficulté à un chacun, j'exposerai premièrement dans ces Méditations les mêmes pensées par lesquelles je me persuade être parvenu à une certaine et évidente connaissance de la vérité, afin de voir si, par les mêmes raisons qui m'ont persuadé, je pourrai aussi en persuader d'autres; et, après cela, je répondrai aux objections qui m'ont été faites par des personnes d'esprit et de doctrine à qui j'ai envoyé mes Méditations pour être examinées avant que de les mettre sous la presse ; car ils m'en ont fait un si grand nombre et de si différentes, que j'ose bien me promettre qu'il sera difficile à un autre d'en proposer aucunes qui soient de conséquence qui n'aient point été touchées.

C'est pourquoi je supplie ceux qui désireront lire ces Méditations de n'en former aucun jugement que premièrement ils ne se soient donné la peine de lire toutes ces objections et les réponses que j'y ai faites.

ABRÉGÉ

DES SIX MÉDITATIONS SUIVANTES.

Dans la première, je mets en avant les raisons pour lesquelles nous pouvons douter généralement de toutes choses, et particulièrement des choses matérielles, au moins tant que nous n'aurons point d'autres fondements dans les sciences que ceux que nous avons eus jusqu'à présent. Or, bien que l'utilité d'un doute si général ne paraisse pas d'abord, elle est toutefois en cela très-grande, qu'il nous délivre de toutes sortes de préjugés, et nous prépare un chemin très-facile pour accoutumer notre esprit à se détacher des sens; et enfin en ce qu'il fait qu'il n'est pas possible que nous puissions jamais plus douter des choses que nous découvrirons par après être véritables.

Dans la seconde, l'esprit qui, usant de sa propre liberté, suppose que toutes les choses ne sont point, de l'existence desquelles il a le moindre doute, reconnait qu'il est absolument impossible que cependant il n'existe pas lui-même. Ce qui est aussi d'une très-grande utilité, d'autant que par ce moyen il fait aisément distinction des choses qui lui appartiennent, c'est-à-dire à la nature intellectuelle, et de celles qui appartiennent au corps.

Mais parce qu'il peut arriver que quelques-uns attendront de moi en ce lieu-là des raisons pour prouver l'immortalité de l'âme, j'estime les devoir ici avertir qu'ayant tâché de ne rien écrire dans tout ce traité dont je n'eusse des démonstrations très-exactes, je me suis vu obligé de suivre un ordre semblable à celui dont se servent les géomètres, qui est d'avancer premièrement toutes les choses desquelles dépend la proposition que l'on cherche, avant que d'en rien conclure.

Or, la première et principale chose qui est requise pour bien connaître l'immortalité de l'âme est d'en former une conception claire et nette, et entièrement distincte de toutes les conceptions que l'on peut avoir du corps; ce qui a été fait en ce lieu-là. Il est requis, outre cela, de savoir que toutes les choses que nous concevons clairement et distinctement sont vraies de la façon dont nous les concevons; ce qui n'a pu être prouvé avant la quatrième Méditation. De plus, il faut avoir une conception distincte de la nature corporelle, laquelle se forme partie dans cette seconde, et partie dans la cinquième et sixième Méditation. Et enfin, l'on doit conclure de tout cela que les choses que l'on conçoit clairement et distinctement être des substances diverses, ainsi que l'on conçoit l'esprit et le corps, sont en effet des substances réellement distinctes les unes des autres, et c'est ce que l'on conclut dans la sixième Méditation; ce qui se confirme encore, dans cette même Méditation, de ce que nous ne concevons aucun corps que comme divisible, au lieu que l'esprit ou l'âme de l'homme ne se peut concevoir que comme indivisible; car, en effet, nous ne saurions concevoir la moitié d'aucune âme, comme nous pouvons faire du plus petit de tous les corps; en sorte que l'on reconnaît que leurs natures ne sont pas seulement diverses, mais même en quelque façon contraires. Or je n'ai pas traité plus avant de cette matière dans cet écrit, tant parce que cela suffit pour montrer assez clairement que de la corruption du corps la mort de l'âme ne s'ensuit pas, et ainsi pour donner aux hommes l'espérance d'une seconde vie après la mort; comme aussi parce que les prémisses desquelles on peut conclure l'immortalité de l'âme dépendent de l'explication de toute la physique : premièrement, pour savoir que généralement toutes les substances, c'est-à-dire toutes les choses qui ne peuvent exister sans être créées de Dieu, sont de leur nature incorruptibles, et qu'elles ne peuvent jamais cesser d'être, si Dieu même, en leur déniant son concours, ne les réduit au néant; et ensuite pour remarquer que le corps pris en général est une substance, c'est pourquoi aussi il ne périt point; mais que le corps humain, en tant qu'il diffère des autres corps, n'est composé que d'une certaine configuration de membres et d'autres semblables accidents là où l'âme humaine n'est point ainsi composée d'aucuns accidents, mais est une pure substance. Car encore que tous ses accidents se changent, par exemple encore qu'elle conçoive de certaines choses, qu'elle en veuille d'autres, et qu'elle en sente d'autres, etc., l'âme pourtant ne devient point autre; au lieu que le corps humain devient une autre chose, de cela seul que la figure de quelques-unes de ses parties se trouve changée : d'où il s'ensuit que le corps humain peut bien facilement périr, mais que l'esprit ou l'âme de l'homme (ce que je ne distingue point) est immortelle de sa nature.

Dans la troisième Méditation, j'ai, ce me semble, expliqué assez au long le principal argument dont je me sers pour prouver l'existence de Dieu. Mais néanmoins, parce que je n'ai point voulu me servir en ce lieu-là d'aucunes comparaisons tirées des choses corporelles, afin d'éloigner autant que je pourrais les esprits des lecteurs de l'usage et du commerce des sens, peut-être y est-il resté beaucoup d'obscurités (lesquelles, comme j'espère, seront entièrement éclaircies dans les réponses que j'ai faites aux objections qui m'ont depuis été proposées) comme entre autres celle-ci : Comment l'idée d'un Être souverainement parfait, laquelle se trouve en nous, contient tant de réalité objective, c'est-à-dire participe par représentation à tant de degrés d'être et de perfection, qu'elle doit venir d'une cause, souverainement parfaite. Ce que j'ai éclairci dans ces réponses par la comparaison d'une machine fort ingénieuse et artificielle, dont l'idée se rencontre dans l'esprit de quelque ouvrier; car, comme l'artifice objectif de cette idée doit avoir quelque cause, savoir est : ou la science de cet ouvrier, ou celle de quelque autre de qui il ait reçu cette idée, de même il est impossible que l'idée de Dieu, qui est en nous, n'ait pas Dieu même pour sa cause.

Dans la quatrième, il est prouvé que toutes les choses que nous concevons fort clairement et fort distinctement sont toutes vraies; et ensemble est expliqué en quoi consiste la nature de l'erreur ou fausseté, ce qui doit nécessairement être su, tant pour confirmer les vérités précédentes que pour mieux entendre celles qui suivent. Mais cependant il est à remarquer que je ne traite nullement en ce lieu-là du péché, c'est-à-dire de l'erreur qui se commet dans la poursuite du bien et du mal, mais seulement de celle qui arrive dans le jugement et le discernement du vrai et du faux; et que je n'entends point y parler des choses qui appartiennent à la foi ou à la conduite de la vie, mais seulement de celles qui regardent les vérités spéculatives, et qui peuvent être connues par l'aide de la seule lumière naturelle.

Dans la cinquième Méditation, outre que la nature corporelle prise en général y est expliquée, l'existence de Dieu y est encore démontrée par une nouvelle raison, dans laquelle néanmoins peut-être s'y rencontrera-t-il aussi quelques difficultés, mais on verra la solution dans les réponses aux objections qui m'ont été faites; et, de plus, je fais voir de quelle façon il est véritable que la certitude même des démonstrations géométriques dépend de la connaissance de Dieu.

Enfin, dans la sixième, je distingue l'action de l'entendement d'avec celle de l'imagination; les marques de cette distinction y sont décrites, j'y montre que l'âme de l'homme est réellement distincte du corps, et toutefois qu'elle lui est si étroitement conjointe et unie qu'elle ne compose que comme une même chose avec lui. Toutes les erreurs qui procèdent des sens y sont exposées, avec les moyens de les éviter; et enfin j'y apporte toutes les raisons desquelles on peut conclure l'existence des choses matérielles; non que je les juge fort utiles pour prouver ce qu'elles prouvent, à savoir qu'il y a un monde, que les hommes ont des corps, et autres choses semblables, qui n'ont jamais été mises en doute par aucun homme de bon sens; mais qu'en les considérant de près l'on vient à connaître qu'elles ne sont pas si fermes ni si évidentes que celles qui nous conduisent à la connaissance de Dieu et de notre âme; en sorte que celles-ci sont les plus certaines et les plus évidentes qui puissent tomber en la connaissance de l'esprit humain, et c'est tout ce que j'ai eu dessein de prouver dans ces six Méditations; ce qui fait que j'omets ici beaucoup d'autres questions dont j'ai aussi parlé par occasion dans ce traité.

MÉDITATIONS

TOUCHANT LA PHILOSOPHIE PREMIÈRE

DANS LESQUELLES ON PROUVE CLAIREMENT

L'EXISTENCE DE DIEU

ET LA DISTINCTION RÉELLE

ENTRE L'AME ET LE CORPS DE L'HOMME.

MÉDITATION PREMIÈRE.

Des choses que l'on peut révoquer en doute.

Ce n'est pas d'aujourd'hui que je me suis aperçu que, dès mes premières années, j'ai reçu quantité de fausses opinions pour véritables, et que ce que j'ai depuis fondé sur des principes si mal assurés ne saurait être que fort douteux et incertain: et dès lors j'ai bien jugé qu'il me fallait entreprendre sérieusement une fois en ma vie de me défaire de toutes les opinions que j'avais reçues auparavant en ma créance, et commencer tout de nouveau dès les fondements, si je voulais établir quelque chose de ferme et de constant dans les sciences. Mais, cette entreprise me semblant être fort grande, j'ai attendu que j'eusse atteint un âge qui fût si mûr que je n'en pusse espérer d'autre après lui auquel je fusse plus propre à l'exécuter; ce qui m'a fait différer si longtemps que désormais je croirais commettre une faute si j'employais encore à délibérer le temps qui me reste pour agir. Aujourd'hui donc que, fort à propos pour ce dessein, j'ai délivré mon esprit de toutes sortes de soins, que par bonheur je ne me sens agité d'aucunes passions, et que je me suis procuré un repos assuré dans une paisible solitude, je m'appliquerai sérieusement et avec liberté à détruire généralement toutes mes anciennes opinions. Or, pour cet effet, il ne sera pas nécessaire que je montre qu'elles sont toutes fausses, de quoi peut-être je ne viendrai jamais à bout; mais, d'autant que la raison me persuade déjà que je ne dois pas moins soigneusement m'empêcher de donner créance aux choses qui ne sont pas entièrement certaines et indubitables qu'à celles qui me paraissent manifestement être fausses, ce me sera assez pour les rejeter toutes, si je puis trouver en chacune quelque raison de douter. Et pour cela il ne sera pas aussi besoin que je les examine chacune en particulier, ce qui serait d'un travail infini; mais, parce que la ruine des fondements entraîne nécessairement avec soi tout le reste de l'édifice, je m'attaquerai d'abord aux principes sur lesquels toutes mes anciennes opinions étaient appuyées.

Tout ce que j'ai reçu jusqu'à présent pour le plus vrai et assuré, je l'ai appris des sens ou par les sens; or, j'ai quelquefois éprouvé que ces sens étaient trompeurs; et il est de la prudence de ne se fier jamais entièrement à ceux qui nous ont une fois trompés.

Mais peut-être qu'encore que les sens nous trompent quelquefois touchant des choses fort peu sensibles et fort éloignées, il s'en rencontre néanmoins beaucoup d'autres desquelles on ne peut pas raisonnablement douter, quoique nous les connaissions par leur moyen : par exemple, que je suis ici, assis auprès du feu, vêtu d'une robe de chambre, ayant ce papier entre les mains, et autres choses de cette nature. Et comment est-ce que je pourrais nier que ces mains et ce corps soient à moi, si ce n'est peut-être que je me compare à certains insensés de qui le cerveau est tellement troublé et offusqué par les noires vapeurs de la bile, qu'ils assurent constamment qu'ils sont des rois, lorsqu'ils sont très-pauvres; qu'ils sont vêtus d'or et de pourpre, lorsqu'ils sont tout nus, ou qui s'imaginent être des cruches, ou avoir un corps de verre? Mais, quoi! ce sont des fous, et je ne serais pas moins extravagant si je me réglais sur leurs exemples.

Toutefois j'ai ici à considérer que je suis homme, et par

conséquent que j'ai coutume de dormir et de me représenter en mes songes les mêmes choses, ou quelquefois de moins vraisemblables que ces insensés lorsqu'ils veillent. Combien de fois m'est-il arrivé de songer la nuit que j'étais en ce lieu, que j'étais habillé, que j'étais auprès du feu, quoique je fusse tout nu dedans mon lit! Il me semble bien à présent que ce n'est point avec des yeux endormis que je regarde ce papier; que cette tête que je branle n'est point assoupie; que c'est avec dessein et de propos délibéré que j'étends cette main et que je la sens : ce qui arrive dans le sommeil ne semble point si clair ni si distinct que tout ceci. Mais, en y pensant soigneusement, je me ressouviens d'avoir souvent été trompé en dormant par de semblables illusions, et, en m'arrêtant sur cette pensée, je vois si manifestement qu'il n'y a point d'indices certains par où l'on puisse distinguer nettement la veille d'avec le sommeil, que j'en suis tout étonné; et mon étonnement est tel qu'il est presque capable de me persuader que je dors.

Supposons donc maintenant que nous sommes endormis, et que toutes ces particularités, à savoir, que nous ouvrons les yeux, que nous branlons la tête, que nous étendons les mains, et choses semblables, ne sont que de fausses illusions; et pensons que peut-être nos mains, ni tout notre corps ne sont pas tels que nous les voyons. Toutefois, il faut au moins avouer que les choses qui nous sont représentées dans le sommeil sont comme des tableaux et des peintures, qui ne peuvent être formées qu'à la ressemblance de quelque chose de réel et de véritable, et qu'ainsi, pour le moins, ces choses générales, à savoir, des yeux, une tête, des mains et tout un corps, ne sont pas choses imaginaires, mais réelles et existantes. Car de vrai les peintres, lors même qu'ils s'étudient avec le plus d'artifice à représenter des sirènes et des satyres par des figures bizarres et extraordinaires, ne peuvent toutefois leur donner des formes et des natures entièrement nouvelles, mais font seulement un certain mélange et composition des membres de divers animaux; ou bien si peut-être leur imagination est assez extravagante pour inventer quelque chose de si nouveau que jamais on n'ait rien vu de semblable, et qu'ainsi leur ouvrage représente une chose purement feinte et absolument fausse, certes à tout le moins les couleurs dont ils les composent doivent-elles être véritables.

Et par la même raison, encore que ces choses générales, à savoir, un corps, des yeux, une tête, des mains et autres semblables, pussent être imaginaires, toutefois il faut nécessairement avouer qu'il y en a au moins quelques autres encore plus simples et plus universelles qui sont vraies et existantes, du mélange desquelles, ni plus ni moins que de celui de quelques véritables couleurs, toutes ces images des choses qui résident en notre pensée soit vraies et réelles, soit feintes et fantastiques, sont formées.

De ce genre de choses est la nature corporelle en général et son étendue; ensemble la figure des choses étendues, leur quantité ou grandeur, et leur nombre, comme aussi le lieu où elles sont, le temps qui mesure leur durée et autres semblables. C'est pourquoi peut-être que de là nous ne conclurons pas mal, si nous disons que la physique, l'astronomie, la médecine, et toutes les autres sciences qui dépendent de la considération des choses composées, sont fort douteuses et incertaines; mais que l'arithmétique, la géométrie et les autres sciences de cette nature, qui ne traitent que de choses fort simples et fort générales, sans se mettre beaucoup en peine si elles sont dans la nature ou si elles n'y sont pas, contiennent quelque chose de certain et d'indubitable : car, soit que je veille ou que je dorme, deux et trois joints ensemble formeront toujours le nombre de cinq, et le carré n'aura jamais plus de quatre côtés; et il ne semble pas possible que des vérités si claires et si apparentes puissent être soupçonnées d'aucune fausseté ou d'incertitude.

Toutefois il y a longtemps que j'ai dans mon esprit une certaine opinion qu'il y a un Dieu qui peut tout, et par qui j'ai été fait et créé tel que je suis. Or, que sais-je s'il n'a point fait qu'il n'y ait aucune terre, aucun ciel, aucun corps étendu, aucune figure, aucune grandeur, aucun lieu, et que néanmoins j'aie les sentiments de toutes ces choses, et que tout cela ne me semble point exister autrement que je le vois? Et même, comme je juge quelquefois que les autres se trompent dans les choses qu'ils pensent le mieux savoir, que sais-je s'il n'a point fait que je me trompe aussi toutes les fois que je fais l'addition de deux et de trois, ou que je nombre les côtés d'un carré, ou que je juge de quelque chose encore plus facile, si l'on se peut imaginer rien de plus facile que cela? Mais peut-être que Dieu n'a pas voulu que je fusse déçu de la sorte, car il est dit souverainement bon. Toutefois, si cela répugnait à sa bonté de m'avoir fait tel que je me trompasse toujours, cela semblerait aussi lui être contraire de permettre que je me trompe quelquefois, et néanmoins je ne puis douter qu'il ne le permette. Il y aura peut-être ici des personnes qui aimeraient mieux nier l'existence d'un Dieu si puissant que de croire que toutes les autres choses sont incertaines. Mais ne leur résistons pas pour le présent, et supposons en leur faveur que tout ce qui est dit ici d'un Dieu soit une fable : toutefois de quelque façon qu'ils supposent que je sois parvenu à l'état et à l'être que je possède, soit qu'ils l'attribuent à quelque destin ou fatalité, soit qu'ils le réfèrent au hasard, soit qu'ils veulent que ce soit par une continuelle suite et liaison des choses, ou enfin par quelque autre manière, puisque faillir et se tromper est une imperfection, d'autant moins puissant sera l'auteur qu'ils assigneront à mon origine, d'autant plus sera-t-il probable que je suis tellement imparfait que je me trompe toujours. Auxquelles raisons je n'ai certes rien à répondre; mais enfin je suis contraint d'avouer qu'il n'y a rien de tout ce que je croyais autrefois être véritable dont je ne puisse en quelque façon douter; et cela non point par inconsidération ou par légèreté, mais pour des raisons très-fortes et mûrement considérées; de sorte que désormais je ne dois pas moins soigneusement m'empêcher d'y donner créance qu'à ce qui serait manifestement faux, si je veux trouver quelque chose de certain et d'assuré dans les sciences.

Mais il ne suffit pas d'avoir fait ces remarques, il faut encore que je prenne soin de m'en souvenir; car ces anciennes et ordinaires opinions me reviennent encore souvent en la pensée, le long et familier usage qu'elles ont eu avec moi leur donnant droit d'occuper mon esprit contre mon gré, et de se rendre presque maîtresse de ma créance; et je ne me désaccoutumerai jamais de leur déférer et de prendre confiance en elles tant que je les considérerai telles qu'elles sont en effet, c'est à savoir, en quelque façon douteuses, comme je viens de montrer, et toutefois fort probables, en sorte que l'on a beaucoup plus de raison de les croire que de les nier. C'est pourquoi je pense que je ne ferai pas si mal si, prenant de propos délibéré un sentiment contraire, je me trompe moi-même, et si je feins pour quelque temps que toutes ces opinions sont entièrement fausses et imaginaires; jusqu'à ce qu'enfin ayant tellement balancé mes anciens et mes nouveaux préjugés qu'ils ne puissent faire pencher mon avis plus d'un côté que d'un autre, mon jugement ne soit plus désormais maîtrisé par de mauvais usages et détourné du droit chemin qui le peut conduire à la connaissance de la vérité. Car je suis assuré que cependant il ne peut y avoir de péril ni d'erreur en cette voie, et que je ne saurais aujourd'hui trop accorder à ma défiance, puisqu'il n'est pas maintenant question d'agir, mais seulement de méditer et de connaître.

Je supposerai donc, non pas que Dieu, qui est très-bon et qui est la souveraine source de vérité, mais qu'un certain mauvais génie, non moins rusé et trompeur que puissant, a employé toute son industrie à me tromper : je penserai que le ciel, l'air, la terre, les couleurs, les figures, les sons et toutes les autres choses extérieures ne sont rien que des illusions et rêveries dont il s'est servi pour tendre des piéges à ma crédulité; je me considérerai moi-même comme n'ayant point de mains, point d'yeux, point de chair, point de sang; comme n'ayant aucun sens, mais croyant faussement avoir toutes ces choses; je demeurerai obstinément attaché à cette pensée; et si, par ce moyen, il n'est pas en mon pouvoir de parvenir à la connaissance d'aucune vérité, à tout le moins il est en ma puissance de suspendre mon jugement. C'est pourquoi je prendrai garde soigneusement de ne recevoir en ma croyance aucune fausseté, et préparerai si bien mon esprit à toutes les ruses de ce grand trompeur, que, pour puissant et rusé qu'il soit, il ne me pourra jamais rien imposer.

Mais ce dessein est pénible et laborieux, et une certaine paresse m'entraîne insensiblement dans le train de ma vie ordinaire; et tout de même qu'un esclave qui jouissait dans le sommeil d'une liberté imaginaire, lorsqu'il commence à soupçonner que sa liberté n'est qu'un songe, craint de se réveiller et conspire avec ces illusions agréables pour en être longtemps abusé, ainsi je retombe insensiblement de moi-même dans mes anciennes opinions, et j'appréhende de me réveiller de cet assoupissement, de peur que les veilles laborieuses qui auraient à succéder à la tranquillité de ce repos, au lieu de m'apporter quelque jour et quelque lumière dans la connaissance de la vérité, ne fussent pas suffisantes pour éclaircir toutes les ténèbres des difficultés qui viennent d'être agitées.

MÉDITATION SECONDE.

De la nature de l'esprit humain, et qu'il est plus aisé à connaître que le corps.

La méditation que je fis hier m'a rempli l'esprit de tant de doutes qu'il n'est plus désormais en ma puissance de les oublier. Et cependant je ne vois pas de quelle façon je les pourrai résoudre; et comme si tout à coup j'étais tombé dans une eau très-profonde, je suis tellement surpris que je ne puis ni assurer mes pieds dans le fond ni nager pour me soutenir au-dessus. Je m'efforcerai néanmoins, et suivrai derechef la même voie où j'étais entré hier en m'éloignant de tout ce en quoi je pourrai imaginer le moindre doute, tout de même que si je connaissais que cela fût absolument faux, et je continuerai toujours dans ce chemin, jusqu'à ce que j'aie rencontré quelque chose de certain, ou du moins, si je ne puis autre chose, jusqu'à ce que j'aie appris certainement qu'il n'y a rien au monde de certain. Archimède, pour tirer le globe terrestre de sa place et le transporter en un autre lieu, ne demandait rien qu'un point qui fût ferme et immobile; ainsi j'aurai droit de concevoir de hautes espérances si je suis assez heureux pour trouver seulement une chose qui soit certaine et indubitable.

Je suppose donc que toutes les choses que je vois sont fausses; je me persuade que rien n'a jamais été de tout ce que ma mémoire remplie de mensonges me représente; je pense n'avoir aucun sens : je crois que le corps, la figure, l'étendue, le mouvement et le lieu ne sont que des fictions de mon esprit. Qu'est-ce donc qui pourra être estimé véritable? Peut-être rien autre chose, sinon qu'il n'y a rien au monde de certain.

Mais que sais-je s'il n'y a point quelque autre chose différente de celles que je viens de juger incertaines, de laquelle on ne puisse avoir le moindre doute? N'y a-t-il point quelque Dieu ou quelque autre puissance qui me met en esprit ces pensées? Cela n'est pas nécessaire, car peut-être que je suis capable de les produire de moi-même. Moi donc à tout le moins ne suis-je point quelque chose? Mais j'ai déjà nié que j'eusse aucuns sens ni aucun corps : j'hésite néanmoins, car que s'ensuit-il de là? Suis-je tellement dépendant du corps et des sens que je ne puisse être sans eux? Mais je me suis persuadé qu'il n'y avait rien du tout dans le monde, qu'il n'y avait aucun ciel, aucune terre, aucuns esprits ni aucuns corps; ne me suis-je donc pas aussi persuadé que je n'étais point? Tant s'en faut; j'étais sans doute si je me suis persuadé ou seulement si j'ai pensé quelque chose. Mais il y a un je ne sais quel trompeur très-puissant et très-rusé qui emploie toute son industrie à me tromper toujours. Il n'y a donc point de doute que je suis, s'il me trompe; et, qu'il me trompe tant qu'il voudra, il ne saura jamais faire que je ne sois rien tant que je penserai être quelque chose. De sorte qu'après y avoir bien pensé et avoir soigneusement examiné toutes choses, enfin il faut conclure et tenir pour constant que cette proposition : Je suis, j'existe, est nécessairement vraie toutes les fois que je la prononce ou que je la conçois en mon esprit.

Mais je ne connais pas encore assez clairement quel je suis, moi qui suis certain que je suis; de sorte que désormais il faut que je prenne soigneusement garde de ne prendre pas imprudemment quelque autre chose pour moi, et ainsi de ne me point méprendre dans cette connaissance que je soutiens être plus certaine et plus évidente que toutes celles que j'ai eues auparavant. C'est pourquoi je considérerai maintenant tout de nouveau ce que je croyais être avant que j'entrasse dans ces dernières pensées; et de mes anciennes opinions je retrancherai tout ce qui peut être tant soit peu combattu par les raisons que j'ai tantôt alléguées, en sorte qu'il ne demeure précisément que cela seul qui est entièrement certain et indubitable. Qu'est-ce donc que j'ai cru être ci-devant? Sans difficulté, j'ai pensé que j'étais un homme. Mais qu'est-ce qu'un homme? Dirai-je que c'est un animal raisonnable? Non certes : car il me faudrait par après rechercher ce que c'est qu'animal et ce que c'est que raisonnable, et ainsi d'une seule question je tomberais insensiblement en une infinité d'autres plus difficiles et plus embarrassées; et je ne voudrais pas abuser du peu de temps et du loisir qui me reste en l'employant à démêler de semblables difficultés. Mais je m'arrêterai plutôt à considérer ici les pensées qui naissaient ci-devant d'elles-mêmes en mon esprit, et qui ne m'étaient inspirées que de ma seule nature lorsque je m'appliquais à la considération de mon être. Je me considérais premièrement comme ayant un visage, des mains, des bras et toute cette machine composée d'os et de chair telle qu'elle paraît en un cadavre, laquelle je désignais par le nom de corps. Je considérais, outre cela, que je me nourrissais, que je marchais, que je sentais et que je pensais, et je rapportais toutes ces actions à l'âme; mais je ne m'arrêtais point à penser ce que c'était que cette âme; ou bien, si je m'y arrêtais, je m'imaginais qu'elle était quelque chose d'extrêmement rare et subtil, comme un vent, une flamme ou un air très-délié qui était insinué et répandu dans mes plus grossières parties. Pour ce qui était du corps, je ne doutais nullement de sa nature; mais je pensais la connaître fort distinctement, et si je l'eusse voulu expliquer suivant les notions que j'en avais alors, je l'eusse décrite en cette sorte : Par le corps, j'entends tout ce qui peut être terminé par quelque figure; qui peut être compris en quelque lieu et remplir un espace en telle sorte que tout autre corps en soit exclu; qui peut être senti, ou par l'attouchement, ou par la vue, ou par l'ouïe, ou par le goût, ou par l'odorat; qui peut être mû en plusieurs façons, non pas à la vérité par lui-même, mais par quelque chose d'étranger duquel il soit touché et dont il reçoive l'impression : car d'avoir la puissance de se mouvoir de soi-même, comme aussi de sentir ou de penser, je ne croyais nullement que cela appartînt à la nature du corps; au contraire, je m'étonnais plutôt de voir que de semblables facultés se rencontreraient en quelques-uns.

Mais moi, qui suis-je, maintenant que je suppose qu'il y a un certain génie qui est extrêmement puissant, et, si j'ose le dire, malicieux et rusé, qui emploie toutes ses forces et toute son industrie à me tromper? Puis-je assurer que j'aie la moindre chose de toutes celles que j'ai dites naguère appartenir à la nature du corps? Je m'arrête à y penser avec attention, je passe et repasse toutes ces choses en mon esprit, et je n'en rencontre aucune que je puisse dire être en moi. Il n'est pas besoin que je m'arrête à les dénombrer. Passons donc aux attributs de l'âme, et voyons s'il y en a quelqu'un qui soit en moi. Les premiers sont de me nourrir et de marcher; mais s'il est vrai que je n'ai point de corps, il est vrai aussi que je ne puis marcher ni me nourrir. Un autre est de sentir; mais on ne peut aussi sentir sans le corps : outre que j'ai pensé sentir autrefois plusieurs choses pendant le sommeil que j'ai reconnu à mon réveil n'avoir point en effet senties. Un autre est de penser, et je trouve ici que la pensée est un attribut qui m'appartient : elle seule ne peut être détachée de moi. Je suis, j'existe : cela est certain; mais combien de temps? Autant de temps que je pense; car peut-être même qu'il se pourrait faire, si je cessais totalement de penser, que je cesserais en même temps tout à fait d'être. Je n'admets maintenant rien qui ne soit nécessairement vrai : je ne suis donc, précisément parlant, qu'une chose qui pense, c'est-à-dire un esprit, un entendement ou une raison, qui sont des termes dont la signification m'était auparavant inconnue. Or je suis une chose vraie et vraiment existante; mais quelle chose? Je l'ai dit : une chose qui pense. Et quoi davantage? J'exciterai mon imagination pour voir si je ne suis point encore quelque chose de plus. Je ne suis point cet assemblage de membres que l'on appelle le corps humain, je ne suis point un air délié et pénétrant répandu dans tous ses membres; je ne suis point un vent, un souffle, une vapeur, ni rien de tout ce que je puis feindre et m'imaginer, puisque j'ai supposé que tout cela n'était rien, et que, sans changer cette supposition, je trouve que je ne laisse pas d'être certain que je suis quelque chose.

Mais peut-être est-il vrai que ces mêmes choses-là que je suppose n'être point parce qu'elles me sont inconnues, ne sont point en effet différentes de moi, que je connais. Je n'en sais rien; je ne dispute pas maintenant de cela, je ne puis donner mon jugement que des choses qui me sont connues : je connais que j'existe et je cherche quel je suis, moi que je connais être. Or il est très-certain que la connaissance de mon être, ainsi précisément pris, ne dépend point des choses dont l'existence ne m'est pas encore connue; par conséquent elle ne dépend d'aucune de celles que je puis feindre par mon imagination. Et même ces termes de feindre et d'imaginer m'avertissent de mon erreur; car je feindrais en effet si je m'imaginais être quelque chose, puisque imaginer n'est rien autre chose que contempler la figure ou l'image d'une chose corporelle : or je sais déjà certainement que je suis, et que tout ensemble il se peut faire que toutes ces images-là, et généralement toutes les choses qui se rapportent à la nature du corps, ne soient que des songes ou des chimères. En suite de quoi je vois clairement que j'ai aussi peu de raison en disant : J'exciterai mon imagination pour connaître plus distinctement quel je suis, que si je disais : Je suis maintenant éveillé, et j'aperçois quelque chose de réel et de véritable; mais, parce que je ne l'aperçois pas encore assez nettement, je m'endormirai tout exprès, afin que mes songes me représentent cela même avec plus de vérité et d'évidence. Et, partant, je connais manifestement que rien de tout ce que je puis comprendre par le moyen de l'imagination n'appartient à cette connaissance que j'ai de moi-même, et qu'il est besoin de rappeler et détourner son esprit de cette façon de concevoir, afin qu'il puisse lui-même connaître bien distinctement sa nature.

Mais qu'est-ce donc que je suis? Une chose qui pense. Qu'est-ce qu'une chose qui pense? C'est une chose qui doute, qui entend, qui conçoit, qui affirme, qui nie, qui veut, qui ne veut pas, qui imagine aussi et qui sent. Certes, ce n'est pas peu si toutes ces choses appartiennent à ma nature. Mais pourquoi n'y appartiendraient-elles pas? Ne suis-je pas celui-là même qui maintenant doute presque de tout, qui néanmoins entend et conçoit certaines choses, qui assure et affirme celles-là seules être véritables, qui nie toutes les autres, qui veut et désire d'en connaître davantage, qui ne veut pas être trompé, qui imagine beaucoup de choses, même quelquefois en dépit que j'en aie, et qui en sent aussi beaucoup, comme par l'entremise des organes du corps? Y a-t-il rien de tout cela qui ne soit aussi véritable qu'il est certain que je suis et que j'existe, quand même je dormirais toujours et que celui qui m'a donné l'être se servirait de toute son industrie pour m'abuser? Y a-t-il aussi aucun de ces attributs qui puisse être distingué de ma pensée ou qu'on puisse dire être séparé de moi-même? Car il est de soi si évident que c'est moi qui doute, qui entends et qui désire, qu'il n'est pas ici besoin de rien ajouter pour l'expliquer. Et j'ai aussi certainement la puissance d'imaginer; car encore qu'il puisse arriver (comme j'ai supposé auparavant) que les choses que j'imagine ne soient pas vraies, néanmoins cette puissance d'imaginer ne laisse pas d'être réellement en moi et fait partie de ma pensée. Enfin je suis le même qui sent, c'est-à-dire qui aperçoit certaines choses comme par les organes des sens, puisqu'en effet je vois de la lumiere, j'entends du bruit, je sens de la chaleur. Mais l'on me dira que ces apparences-là sont fausses et que je dors. Qu'il soit ainsi : toutefois, à tout le moins, il est certain qu'il me semble que je vois de la lumière, que j'entends du bruit et que je sens de la chaleur ; cela ne peut être faux, et c'est proprement ce qui en moi s'appelle sentir, et cela précisément n'est rien autre chose que penser.

D'où je commence à connaître quel je suis avec un peu plus de clarté et de distinction que ci-devant.

Mais néanmoins il me semble encore et je ne puis m'empêcher de croire que les choses corporelles dont les images se forment par la pensée, qui tombent sous les sens, et que les sens mêmes examinent, ne soient beaucoup plus distinctement connues que cette je ne sais quelle partie de moi-même qui ne tombe point sous l'imagination : quoique en effet cela soit bien étrange de dire que je connaisse et comprenne plus distinctement des choses dont l'existence me paraît douteuse, qui me sont inconnues et qui ne m'appartiennent point, que celles de la vérité desquelles je suis persuadé, qui me sont connues, et qui appartiennent à ma propre nature, et en un mot que moi-même. Mais je vois bien ce que c'est; mon esprit est un vagabond qui se plaît à s'égarer, et qui ne saurait encore souffrir qu'on le retienne dans les justes bornes de la vérité. Lâchons-lui donc encore une fois la bride, et, lui donnant toute sorte de liberté, permettons-lui de considérer les objets qui lui paraissent au-dehors, afin que, venant ci-après à la retirer doucement et à propos, et à l'arrêter sur la considération de son être et des choses qu'il trouve en lui, il se laisse après cela plus facilement régler et conduire.

Considérons donc maintenant les choses que l'on estime vulgairement être les plus faciles de toutes à connaître, et que l'on croit aussi être le plus distinctement connues, c'est à savoir, les corps que nous touchons et que nous voyons : non pas à la vérité les corps en général, car ces notions générales sont d'ordinaire un peu plus confuses; mais considérons-en un en particulier. Prenons, par exemple, ce morceau de cire : il vient tout fraîchement d'être tiré de la ruche, il n'a pas encore perdu la douceur du miel qu'il contenait, il retient encore quelque chose de l'odeur des fleurs dont il a été recueilli; sa couleur, sa figure, sa grandeur, sont apparentes; il est dur, il est froid, il est maniable, si vous frappez dessus il rendra quelque son. Enfin toutes les choses qui peuvent distinctement faire connaître un corps se rencontrent en celui-ci. Mais voici que pendant que je parle on l'approche du feu : ce qui y restait de saveur s'exhale, l'odeur s'évapore, sa couleur se change, sa figure se perd, sa grandeur augmente, il devient liquide, il s'échauffe, à peine le peut-on manier, et quoique l'on frappe dessus il ne rendra plus aucun son. La même cire demeure-t-elle encore après ce changement? il faut avouer qu'elle demeure; personne n'en doute, personne ne juge autrement. Qu'est-ce donc que l'on connaissait en ce morceau de cire avec tant de distinction? Certes ce ne peut être rien de tout ce que j'y ai remarqué par l'entremise des sens, puisque toutes les choses qui tombaient sous le goût, sous l'odorat, sous la vue, sous l'attouchement et sous l'ouïe, se trouvent changées, et que cependant la même cire demeure. Peut-être était-ce ce que je pense maintenant, à savoir, que cette cire n'était pas ni cette douceur de miel, ni cette agréable odeur de fleurs, ni cette blancheur, ni cette figure, ni ce son; mais seulement un corps qui un peu auparavant me paraissait sensible sous ces formes, et qui maintenant se fait sentir sous d'autres. Mais qu'est-ce, précisément parlant, que j'imagine lorsque je la conçois en cette sorte? Considérons-le attentivement, et, retranchant toutes les choses qui n'appartiennent point à la cire, voyons ce qui reste. Certes il ne demeure rien que quelque chose d'étendu, de flexible et de muable. Or qu'est-ce que cela, flexible et muable? N'est-ce pas que j'imagine que cette cire étant ronde est capable de devenir carrée, et de passer du carré en une figure triangulaire? Non certes, ce n'est pas cela, puisque je la conçois capable de recevoir une infinité de semblables changements; et je ne saurais néanmoins parcourir cette infinité par mon imagination, et par conséquent cette conception que j'ai de la cire ne s'accomplit pas par la faculté d'imaginer. Qu'est-ce maintenant que cette extension? N'est-elle pas aussi inconnue? car elle devient plus grande quand la cire se fond, plus grande quand elle bout, et plus grande encore quand la chaleur augmente; et je ne concevrais pas clairement et selon la vérité ce que c'est que de la cire, si je pensais que même ce morceau que nous considérons est capable de recevoir plus de variété selon l'extension que je n'en ai jamais imaginé. Il faut donc demeurer d'accord que je ne saurais pas même comprendre par l'imagination ce que c'est que ce morceau de cire, et qu'il n'y a que mon entendement seul qui le comprenne. Je dis ce morceau de cire en particulier; car pour la cire en général, il est encore plus évident. Mais quel est ce morceau de cire qui ne peut être compris que par l'entendement ou par l'esprit? Certes c'est le même que je vois, que je touche, que j'imagine, et enfin c'est le même que j'ai toujours cru que c'était au commencement. Or, ce qui est ici grandement à remarquer, c'est que ma perception n'est point une vision, ni un attouchement, ni une imagination, et ne l'a jamais été, quoiqu'il le semblât ainsi auparavant, mais seulement une inspection de l'esprit, laquelle peut être imparfaite et confuse comme elle était auparavant, ou bien claire et distincte comme elle est à présent, selon que mon attention se porte plus ou moins aux choses qui sont en elle, et dont elle est composée.

Cependant je ne me saurais trop étonner quand je considère combien mon esprit a de faiblesse et de pente qui le porte insensiblement dans l'erreur. Car encore que sans parler je considère tout cela en moi-même, les paroles toutefois m'arrêtent, et je suis presque déçu par les termes du langage ordinaire; car nous disons que nous voyons la même cire si elle est présente, et non pas que nous jugeons que c'est la même, de ce qu'elle a même couleur et même figure : d'où je voudrais presque conclure que l'on connaît la cire par la vision des yeux, et non par la seule inspection de l'esprit; si par hasard je ne regardais d'une fenêtre des hommes qui passent dans la rue, à la vue desquels je ne manque pas de dire que je vois des hommes, tout de même que je dis que je vois de la cire, et cependant que vois-je de cette fenêtre, sinon des chapeaux et des manteaux qui pourraient couvrir des machines artificielles qui ne se remueraient que par ressort! Mais je juge que ce sont des hommes, et ainsi je comprends, par la seule puissance de juger qui réside en mon esprit, ce que je croyais voir de mes yeux.

Un homme qui tâche d'élever sa connaissance au-delà du commun doit avoir honte de tirer des occasions de douter des formes de parler que le vulgaire a inventées : j'aime mieux passer outre, et considérer si je concevais avec plus d'évidence et de perfection ce que c'était que de la cire, lorsque je l'ai d'abord aperçue et que j'ai cru la connaître par le moyen des sens extérieurs, ou à tout le moins par le sens commun, ainsi qu'ils appellent, c'est-à-dire par la faculté imaginative, que je ne la conçois à présent, après avoir plus soigneusement examiné ce qu'elle est et de quelle façon elle peut être connue. Certes il serait ridicule de mettre cela en doute. Car qu'y avait-il dans cette première perception qui fût distinct? qu'y avait-il qui ne semblât pouvoir tomber en même sorte dans le sens du moindre des animaux? Mais quand je distingue la cire d'avec ses formes extérieures, et que, tout de même que si je lui avais ôté ses vêtements, je la considère toute nue, il est certain que, bien qu'il se puisse encore rencontrer quelque erreur dans mon jugement, je ne la puis néanmois concevoir de cette sorte sans un esprit humain.

Mais enfin que dirai-je de cet esprit, c'est-à-dire de moi-même? car jusqu'ici je n'admets en moi rien autre chose que l'esprit. Quoi donc! moi qui semble concevoir avec tant de netteté et de distinction ce morceau de cire, ne me connais-je pas moi-même, non-seulement avec bien plus de vérité et de certitude, mais encore avec beaucoup plus de distinction et de netteté? car si je juge que la cire est ou existe de ce que je la vois, certes il suit bien plus évidemment que je suis ou que j'existe moi-même de ce que je la vois : car il se peut faire que ce que je vois ne soit pas en effet de la cire; il se peut faire aussi que je n'aie pas même des yeux pour voir aucune chose; mais il ne se peut faire que, lorsque je vois, ou, ce que je ne distingue point, lorsque je pense voir, moi qui pense ne soit quelque chose. De même, si je juge que la cire existe de ce que je la touche, il s'ensuivra encore la même chose, à savoir, que je suis; et si je le juge de ce que mon imagination, ou quelque autre cause que ce soit, me le persuade, je conclurai toujours la même chose. Et ce que j'ai remarqué ici de la cire se peut appliquer à toutes les autres choses qui me sont extérieures et qui se rencontrent hors de moi. Et, de plus, si la notion ou perception de la cire m'a semblé plus nette et plus distincte après que non-seulement la vue ou le toucher, mais encore beaucoup d'autres causes me l'ont rendue plus manifeste, avec combien plus d'évidence, de distinction et de netteté faut-il avouer que je me connais à présent moi-même, puisque toutes les raisons qui servent à connaître et concevoir la nature de la cire, ou de quelque autre corps que ce soit, prouvent beaucoup mieux la nature de mon esprit; et il se rencontre encore tant d'autres choses en l'esprit même qui peuvent contribuer à l'éclaircissement de sa nature, que celles qui dépendent du corps, comme celles-ci, ne méritent quasi pas d'être mises en compte!

Mais enfin me voici insensiblement revenu où je voulais; car, puisque c'est une chose qui m'est à présent manifeste, que les corps mêmes ne sont pas proprement connus par les sens ou par la faculté d'imaginer, mais par le seul entendement, et qu'ils ne sont pas connus de ce qu'ils sont vus ou touchés, mais seulement de ce qu'ils sont entendus ou bien compris par la pensée, je vois clairement qu'il n'y a rien qui me soit plus facile à connaître que mon esprit. Mais, parce qu'il est malaisé de se défaire si promptement d'une opinion à laquelle on s'est accoutumé de longue main, il sera bon que je m'arrête un peu en cet endroit, afin que par la longueur de ma méditation j'imprime plus profondément en ma mémoire cette nouvelle connaissance.

MÉDITATION TROISIÈME.

De Dieu; qu'il existe.

Je fermerai maintenant les yeux, je boucherai mes oreilles, je détournerai tous mes sens, j'effacerai même de ma pensée toutes les images des choses corporelles, ou du moins, parce qu'à peine cela se peut-il faire, je les réputerai comme vaines et comme fausses; et ainsi m'entretenant seulement moi-même, et considérant mon intérieur, je tâcherai de me rendre peu à peu plus connu et plus familier à moi-même. Je suis une chose qui pense, c'est-à-dire qui doute, qui affirme, qui nie, qui connaît peu de choses, qui en ignore beaucoup, qui aime, qui hait, qui veut, qui ne veut pas, qui imagine aussi, et qui sent; car, ainsi que j'ai remarqué ci-devant, quoique les choses que je sens et que j'imagine ne soient peut-être rien du tout hors de moi et en elles-mêmes, je suis néanmoins assuré que ces façons de penser que j'appelle sentiments et imaginations, en tant seulement qu'elles sont des façons de penser, résident et se rencontrent certainement en moi. Et dans ce peu que je viens de dire, je crois avoir rapporté tout ce que je sais véritablement, ou du moins tout ce que jusques ici j'ai remarqué que je savais. Maintenant, pour tâcher d'étendre ma connaissance plus avant, j'userai de circonspection, et considérerai avec soin si je ne pourrai point encore découvrir en moi quelques autres choses que je n'ai point encore jusques ici aperçues. Je suis assuré que je suis une chose qui pense; mais ne sais-je donc pas aussi ce qui est requis pour me rendre certain de quelque chose? Certes, dans cette première connaissance, il n'y a rien qui m'assure de la vérité que la claire et distincte perception de ce que je dis, laquelle de vrai ne serait pas suffisante pour m'assurer que ce que je dis est vrai, s'il pouvait jamais arriver qu'une chose que je concevrais ainsi clairement et distinctement se trouvât fausse : et partant il me semble que déjà je puis établir pour règle générale que toutes les choses que nous concevons fort clairement et fort distinctement sont toutes vraies.

Toutefois j'ai reçu et admis ci-devant plusieurs choses comme très-certaines et très-manifestes, lesquelles néanmoins j'ai reconnues par après être douteuses et incertaines. Quelles étaient donc ces choses-là? C'étaient la terre, le ciel, les astres, et toutes les autres choses que j'apercevais par l'entremise de mes sens. Or, qu'est-ce que je concevais clairement et distinctement en elles? Certes rien autre chose sinon que les idées ou les pensées de ces choses-là se présentaient à mon esprit. Et encore à présent je ne nie pas que ces idées ne se rencontrent en moi. Mais il y avait encore une autre chose que j'assurais, et qu'à cause de l'habitude que j'avais à la croire je pensais apercevoir très-clairement, quoique véritablement je ne l'aperçusse point, à savoir, qu'il y avait des choses hors de moi d'où procédaient ces idées, et auxquelles elles étaient tout à fait semblables : et c'était en cela que je me trompais; ou si peut-être je jugeais selon la vérité, ce n'était aucune connaissance que j'eusse qui fût cause de la vérité de mon jugement.

Mais lorsque je considérais quelque chose de fort simple et de fort facile touchant l'arithmétique et la géométrie, par exemple, que deux et trois joints ensemble produisent le nombre cinq, et autres choses semblables, ne les concevais-je pas au moins assez clairement pour assurer qu'elles étaient vraies? Certes si j'ai jugé depuis qu'on pouvait douter de ces choses, ce n'a point été pour autre raison que parce qu'il me venait en l'esprit que peut-être quelque Dieu avait pu me donner une telle nature que je me trompasse même touchant les choses qui me semblent les plus manifestes. Or toutes les fois que cette opinion ci-devant conçue de la souveraine puissance d'un Dieu se présente à ma pensée, je suis contraint d'avouer qu'il lui est facile, s'il le veut, de faire en sorte que je m'abuse même dans les choses que je crois connaître avec une évidence très-grande; et au contraire, toutes les fois que je me tourne vers les choses que je pense concevoir fort clairement, je suis tellement persuadé par elles, que de moi-même je me laisse emporter à ces paroles : Me trompe qui pourra, si est-ce qu'il ne saurait jamais faire que je ne sois rien, tandis que je penserai être quelque chose, ou que quelque jour il soit vrai que je n'aie jamais été, étant vrai maintenant que je suis, ou bien que deux et trois joints ensemble fassent plus ni moins que cinq, ou choses semblables que je vois clairement ne pouvoir être d'autre façon que je les conçois.

Et, certes, puisque je n'ai aucune raison de croire qu'il y ait quelque Dieu qui soit trompeur, et même que je n'ai pas encore considéré celles qui prouvent qu'il y a un Dieu, la raison de douter qui dépend seulement de cette opinion est bien légère, et pour ainsi dire métaphysique. Mais afin de la pouvoir tout à fait ôter, je dois examiner s'il y a un Dieu sitôt que l'occasion s'en présentera; et si je trouve qu'il y en ait un je dois aussi examiner s'il peut être trompeur : car sans la connaissance de ces deux vérités, je ne vois pas que je puisse jamais être certain d'aucune chose. Et afin que je puisse avoir occasion d'examiner cela sans interrompre l'ordre de méditer que je me suis proposé, qui est de passer par degrés des notions que je trouverai les premières en mon esprit à celles que j'y pourrai trouver par après, il faut ici que je divise toutes mes pensées en certains genres, et que je considère dans lesquels de ces genres il y a proprement de la vérité ou de l'erreur.

Entre mes pensées, quelques-unes sont comme les images des choses, et c'est à celles-là seules que convient proprement le nom d'idée : comme lorsque je me représente un homme, ou une chimère, ou le ciel, ou un ange, ou Dieu même. D'autres, outre cela, ont quelques autres formes : comme lorsque je veux, que je crains, que j'affirme ou que je nie, je conçois bien alors quelque chose comme le sujet de l'action de mon esprit, mais j'ajoute aussi quelque autre chose par cette action à l'idée que j'ai de cette chose-là; et, de ce genre de pensées, les unes sont appelées volontés ou affections, et les autres jugements.

Maintenant, pour ce qui concerne les idées, si on les considère seulement en elles-mêmes et qu'on ne les rapporte point à quelque autre chose, elles ne peuvent, à proprement parler, être fausses; car soit que j'imagine une chèvre ou une chimère, il n'est pas moins vrai que j'imagine l'une que l'autre. Il ne faut pas craindre aussi qu'il se puisse rencontrer de la fausseté dans les affections ou volontés : car encore que je puisse désirer des choses mauvaises, ou même qui ne furent jamais, toutefois il n'est pas pour cela moins vrai que je les désire. Ainsi il ne reste plus que les seuls jugements, dans lesquels je dois prendre garde soigneusement de ne me point tromper. Or la principale erreur et la plus ordinaire qui s'y puisse rencontrer consiste en ce que je juge que les idées qui sont en moi sont semblables ou conformes à des choses qui sont hors de moi : car certainement si je considérais seulement les idées comme de certains modes ou façons de ma pensée, sans les vouloir rapporter à quelque autre chose d'extérieur, à peine me pourraient-elles donner occasion de faillir.

Or, entre ces idées, les unes me semblent être nées avec moi, les autres être étrangères et venir de dehors, et les autres être faites et inventées par moi-même. Car que j'aie la faculté de concevoir ce que c'est qu'on nomme en général une chose, ou une vérité, ou une pensée, il me semble que je ne tiens point cela d'ailleurs que de ma nature propre ; mais si j'ois maintenant quelque bruit, si je vois le soleil, si je sens de la chaleur, jusqu'à cette heure, j'ai jugé que ces sentiments procédaient de quelques choses qui existent hors de moi, et enfin il me semble que les sirènes, les hippogriffes et toutes les autres semblables chimères sont des fictions et inventions de mon esprit. Mais aussi peut-être me puis-je persuader que toutes ces idées sont du genre de celles que j'appelle étrangères et qui viennent de dehors, ou bien qu'elles sont toutes nées avec moi, ou bien qu'elles ont toutes été faites par moi : car je n'ai point encore clairement découvert leur véritable origine. Et ce que j'ai principalement à faire en cet endroit est de considérer, touchant celles qui me semblent venir de quelques objets qui sont hors de moi, quelles sont les raisons qui m'obligent à les croire semblables à ces objets.

La première de ces raisons est qu'il me semble que cela m'est enseigné par la nature ; et la seconde, que j'expérimente en moi-même que ces idées ne dépendent point de ma volonté : car souvent elles se présentent à moi malgré moi, comme maintenant, soit que je le veuille, soit que je ne le veuille pas, je sens de la chaleur, et pour cela je me persuade que ce sentiment ou bien cette idée de la chaleur est produite en moi par une chose différente de moi, à savoir, par la chaleur du feu auprès duquel je suis assis. Et je ne vois rien qui me semble plus raisonnable que de juger que cette chose étrangère envoie et imprime en moi sa ressemblance plutôt qu'aucune autre chose.

Maintenant il faut que je voie si ces raisons sont assez fortes et convaincantes. Quand je dis qu'il me semble que cela m'est enseigné par la nature, j'entends seulement par ce mot de nature une certaine inclination qui me porte à le croire, et non pas une lumière naturelle qui me fasse connaître que cela est véritable. Or ces deux façons de parler diffèrent beaucoup entre elles. Car je ne saurais rien révoquer en doute de ce que la lumière naturelle me fait voir être vrai, ainsi qu'elle m'a tantôt fait voir que de ce que je doutais je pouvais conclure que j'étais : d'autant que je n'ai en moi aucune autre faculté ou puissance pour distinguer le vrai d'avec le faux qui me puisse enseigner que ce que cette lumière me montre comme vrai ne l'est pas, et à qui je me puisse tant fier qu'à elle. Mais pour ce qui est des inclinations qui me semblent aussi m'être naturelles, j'ai souvent remarqué, lorsqu'il a été question de faire choix entre les vertus et les vices, qu'elles ne m'ont pas moins porté au mal qu'au bien; c'est pourquoi je n'ai pas sujet de les suivre non plus en ce qui regarde le vrai et le faux. Et pour l'autre raison, qui est que ces idées doivent venir d'ailleurs, puisqu'elles ne dépendent pas de ma volonté, je ne la trouve non plus convaincante. Car tout de même que ces inclinations dont je parlais tout maintenant se trouvent en moi, nonobstant qu'elles ne s'accordent pas toujours avec ma volonté, ainsi peut-être qu'il y a en moi quelque faculté ou puissance propre à produire ces idées sans l'aide d'aucunes choses extérieures, bien qu'elle ne me soit pas encore connue; comme en effet il m'a toujours semblé jusques ici que lorsque je dors, elles se forment ainsi en moi sans l'aide des objets qu'elles représentent. Et enfin, encore que je demeurasse d'accord qu'elles sont causées par ces objets, ce n'est pas une conséquence nécessaire qu'elles doivent leur être semblables. Au contraire, j'ai souvent remarqué en beaucoup d'exemples qu'il y avait une grande différence entre l'objet et son idée. Comme, par exemple, je trouve en moi deux idées du soleil toutes diverses : l'une tire son origine des sens, et doit être placée dans le genre de celles que j'ai dites ci-dessus venir de dehors, par laquelle il me paraît extrêmement petit; l'autre est prise des raisons de l'astronomie, c'est-à-dire de certaines notions nées avec moi, ou enfin est formée par moi-même de quelque sorte que ce puisse être, par laquelle il me paraît plusieurs fois plus grand que toute la terre. Certes, ces deux idées que je conçois du soleil ne peuvent pas être toutes deux semblables au même soleil; et la raison me fait croire que celle qui vient immédiatement de son apparence est celle qui lui est le plus dissemblable. Tout cela me fait assez connaître que jusques à cette heure ce n'a point été par un jugement certain et prémédité, mais seulement par une aveugle et téméraire impulsion, que j'ai cru qu'il y avait des choses hors de moi, et différentes de mon être, qui, par les organes de mes sens, ou par quelque autre moyen que ce puisse être, envoyaient en moi leurs idées ou images, et y imprimaient leur ressemblance.

Mais il se présente encore une autre voie pour rechercher si, entre les choses dont j'ai en moi les idées, il y en a quelques-unes qui existent hors de moi. A savoir, si ces idées sont prises en tant seulement que ce sont de certaines façons de penser, je ne reconnais entre elles aucune différence ou inégalité, et toutes me semblent procéder de moi d'une même façon; mais les considérant comme des images, dont les unes représentent une chose et les autres une autre, il est évident qu'elles sont fort différentes les unes des autres. Car, en effet, celles qui me représentent des substances sont sans doute quelque chose de plus, et contiennent en soi, pour ainsi parler, plus de réalité objective, c'est-à-dire participent par représentation à plus de degrés d'être ou de perfection que celles qui me représentent seulement des modes ou accidents. De plus, celle par laquelle je conçois un Dieu souverain, éternel, infini, immuable, tout connaissant, tout-puissant, et créateur universel de toutes les choses qui sont hors de lui; celle-là, dis-je, a certainement en soi plus de réalité objective que celles par qui les substances finies me sont représentées.

Maintenant c'est une chose manifeste par la lumière naturelle, qu'il doit y avoir pour le moins autant de réalité dans la cause efficiente et totale que dans son effet : car d'où est-ce que l'effet peut tirer sa réalité, sinon de sa cause? et comment cette cause la lui pourrait-elle communiquer, si elle ne l'avait en elle-même? Et de là il suit non-seulement que le néant ne saurait produire aucune chose, mais aussi que ce qui est plus parfait, c'est-à-dire qui contient en soi plus de réalité, ne peut être une suite et une dépendance du moins parfait : et cette vérité n'est pas seulement claire et évidente dans les effets qui ont cette réalité que les philosophes appellent actuelle ou formelle, mais aussi dans les idées où l'on considère seulement la réalité qu'ils nomment objective : par exemple, la pierre qui n'a point encore été, non-seulement ne peut pas maintenant commencer d'être, si elle n'est produite par une chose qui possède en soi formellement ou éminemment tout ce qui entre en la composition de la pierre, c'est-à-dire qui contienne en soi les mêmes choses ou d'autres plus excellentes que celles qui sont dans la pierre; et la chaleur ne peut être produite dans un sujet qui en était auparavant privé, si ce n'est par une chose qui soit d'un ordre, d'un degré ou d'un genre au moins aussi parfait que la chaleur et ainsi des autres. Mais encore, outre cela, l'idée de la chaleur ou de la pierre ne peut pas être en moi, si elle n'y a été mise par quelque cause qui contienne en soi pour le moins autant de réalité que j'en conçois dans la chaleur ou dans la pierre : car encore que cette cause là ne transmette en mon idée aucune chose de sa réalité actuelle ou formelle, on ne doit pas pour cela s'imaginer que cette cause doive être moins réelle; mais on doit savoir que toute idée étant un ouvrage de l'esprit, sa nature est telle qu'elle ne demande de soi aucune autre réalité formelle que celle qu'elle reçoit et emprunte de la pensée ou de l'esprit, dont elle est seulement un mode, c'est-à-dire une manière ou façon de penser. Or, afin qu'une idée contienne une telle réalité objective plutôt qu'une autre, elle doit sans doute avoir cela de quelque cause dans laquelle il se rencontre pour le moins autant de réalité formelle que cette idée contient de réalité objective; car si nous supposons qu'il se trouve quelque chose dans une idée qui ne se rencontre pas dans sa cause, il faut donc qu'elle tienne cela du néant. Mais, pour imparfaite que soit cette façon d'être par laquelle une chose est objectivement ou par représentation dans l'entendement par son idée, certes on ne peut pas néanmoins dire que cette façon et manière là d'être ne soit rien, ni par conséquent que cette idée tire son origine du néant. Et je ne dois pas aussi m'imaginer que la réalité que je considère dans mes idées n'étant qu'objective, il n'est pas nécessaire que la même réalité soit formellement ou actuellement dans les causes de ces idées, mais qu'il suffit qu'elle soit aussi objectivement en elles : car, tout ainsi que cette manière d'être objectivement appartient aux idées de leur propre nature, de même aussi la manière ou la façon d'être formellement appartient aux causes de ces idées (à tout le moins aux premières et principales) de leur propre nature. Et encore qu'il puisse arriver qu'une idée donne naissance à une autre idée, cela ne peut pas toutefois être à l'infini; mais il faut à la fin parvenir à une première idée, dont la cause soit comme un patron ou un original dans lequel toute la réalité ou perfection soit contenue formellement et en effet, qui se rencontre seulement objectivement ou par représentation dans ces idées. En sorte que la lumière naturelle me fait connaître évidemment que les idées sont en moi comme des tableaux ou des images qui peuvent à la vérité facilement déchoir de la perfection des choses dont elles ont été tirées, mais qui ne peuvent jamais rien contenir de plus grand ou de plus parfait.

Et d'autant plus longuement et soigneusement j'examine toutes ces choses, d'autant plus clairement et distinctement je connais qu'elles sont vraies. Mais, enfin, que conclurai-je de tout cela? C'est à savoir que, si la réalité ou perfection objective de quelqu'une de mes idées est telle que je connaisse clairement que cette même réalité ou perfection n'est point en moi, ni formellement ni éminemment, et que, par conséquent, je ne puis moi-même en être la cause, il suit de là nécessairement que je ne suis pas seul dans le monde, mais qu'il y a encore quelque autre chose qui existe et qui est la cause de cette idée; au lieu que, s'il ne se rencontre point en moi de telle idée, je n'aurai aucun argument qui me puisse convaincre et rendre certain de l'existence d'aucune autre chose que de moi-même; car je les ai tous soigneusement recherchés, et je n'en ai pu trouver aucun autre jusqu'à présent.

Or, entre toutes ces idées qui sont en moi, outre celle qui me représente moi-même à moi-même, de laquelle il ne peut y avoir ici aucune difficulté, il y en a une autre qui me représente un Dieu; d'autres, des choses corporelles et inanimées;

d'autres des anges; d'autres, des animaux, et d'autres enfin qui me représentent des hommes semblables à moi. Mais pour ce qui regarde les idées qui me représentent d'autres hommes, ou des animaux, ou des anges, je conçois facilement qu'elles peuvent être formées par le mélange et la composition des autres idées que j'ai des choses corporelles et de Dieu, encore que hors de moi il n'y eût point d'autres hommes dans le monde, ni aucuns animaux, ni aucuns anges. Et pour ce qui regarde les idées des choses corporelles, je n'y reconnais rien de si grand ni de si excellent qui ne me semble pouvoir venir de moi-même; car si je les considère de plus près, et si je les examine de la même façon que j'examinai hier l'idée de la cire, je trouve qu'il ne s'y rencontre que fort peu de choses que je conçoive clairement et distinctement, à savoir, la grandeur ou bien l'extension en longueur, largeur ou profondeur, la figure qui résulte de la terminaison de cette extension, la situation que les corps diversement figurés gardent entre eux, et le mouvement ou le changement de cette situation; auxquelles on peut ajouter la substance, la durée et le nombre. Quant aux autres choses, comme la lumière, les couleurs, les sons, les odeurs, les saveurs, la chaleur, le froid, et les autres qualités qui tombent sous l'attouchement, elles se rencontrent dans ma pensée avec tant d'obscurité et de confusion, que j'ignore même si elles sont vraies ou fausses, c'est-à-dire si les idées que je conçois de ces qualités sont en effet les idées de quelques choses réelles, ou bien si elles ne me représentent que des êtres chimériques qui ne peuvent exister. Car, encore que j'aie remarqué ci-devant qu'il n'y a que dans les jugements que se puisse rencontrer la vraie et formelle fausseté, il se peut néanmoins trouver dans les idées une certaine fausseté matérielle, à savoir, lorsqu'elles représentent ce qui n'est rien comme si c'était quelque chose. Par exemple, les idées que j'ai du froid et de la chaleur sont si peu claires et si peu distinctes, qu'elles ne me sauraient apprendre si le froid est seulement une privation de la chaleur, ou la chaleur une privation du froid; ou bien si l'une et l'autre sont des qualités réelles, ou si elles ne le sont pas : et d'autant que, les idées étant comme des images, il n'y en peut avoir aucune qui ne nous semble représenter quelque chose; s'il est vrai de dire que le froid ne soit autre chose qu'une privation de la chaleur, l'idée qui me le représente comme quelque chose de réel et de positif ne sera pas mal à propos appelée fausse, et ainsi des autres. Mais, à dire le vrai, il n'est pas nécessaire que je leur attribue d'autre auteur que moi-même : car, si elles sont fausses, c'est-à-dire si elles représentent des choses qui ne sont point, la lumière naturelle me fait connaître qu'elles procèdent du néant, c'est-à-dire qu'elles ne sont en moi que parce qu'il manque quelque chose à ma nature, et qu'elle n'est pas toute parfaite; et si ces idées sont vraies, néanmoins, parce qu'elles me font paraître si peu de réalité que même je ne saurais distinguer la chose représentée d'avec le non-être, je ne vois pas pourquoi je ne pourrais point en être l'auteur.

Quant aux idées claires et distinctes que j'ai des choses corporelles, il y en a quelques-unes qu'il me semble avoir pu tirer de l'idée que j'ai de moi-même, comme celles que j'ai de la substance, de la durée, du nombre, et d'autres choses semblables. Car lorsque je pense que la pierre est une substance ou bien une chose qui de soi est capable d'exister, et que je suis aussi moi-même une substance, quoique je conçoive bien que je suis une chose qui pense et non étendue, et que la pierre au contraire est une chose étendue et qui ne pense point, et qu'ainsi entre ces deux conceptions il se rencontre une notable différence; toutefois elles semblent convenir en ce point qu'elles représentent toutes deux des substances. De même, quand je pense que je suis maintenant, et que je me ressouviens outre cela d'avoir été autrefois, et que je conçois plusieurs diverses pensées dont je connais le nombre, alors j'acquiers en moi les idées de la durée et du nombre, lesquelles, par après, je puis transférer à toutes les autres choses que je voudrai. Pour ce qui est des autres qualités dont les idées des choses corporelles sont composées, à savoir, l'étendue, la figure, la situation et le mouvement, il est vrai qu'elles ne sont point formellement en moi, puisque je ne suis qu'une chose qui pense; mais parce que ce sont seulement de certains modes de la substance, et que je suis moi-même une substance, il semble qu'elles puissent être contenues en moi éminemment.

Partant, il ne reste que la seule idée de Dieu, dans laquelle il faut considérer s'il y a quelque chose qui n'ait pu venir de moi-même. Par le nom de Dieu j'entends une substance infinie, éternelle, immuable, indépendante, toute connaissante, toute puissante, et par laquelle moi-même et toutes les autres choses qui sont (s'il est vrai qu'il y en ait qui existent) ont été créées et produites. Or ces avantages sont si grands et si éminents, que plus attentivement je les considère, et moins je me persuade que l'idée que j'en ai puisse tirer son origine de moi seul. Et, par conséquent, il faut nécessairement conclure de tout ce que j'ai dit auparavant que Dieu existe : car encore que l'idée de la substance soit en moi de cela même que je suis une substance, je n'aurais pas néanmoins l'idée d'une substance infinie, moi qui suis un être fini, si elle n'avait été mise en moi par quelque substance qui fût véritablement infinie.

Et je ne me dois pas imaginer que je ne conçois pas l'infini par une véritable idée, mais seulement par la négation de ce qui est fini, de même que je comprends le repos et les ténèbres par la négation du mouvement et de la lumière : puisqu'au contraire, je vois manifestement qu'il se rencontre plus de réalité dans la substance infinie que dans la substance finie, et partant que j'ai en quelque façon plutôt en moi la notion de l'infini que du fini, c'est-à-dire de Dieu que de moi-même : car comment serait-il possible que je pusse connaître que je doute et que je désire, c'est-à-dire qu'il me manque quelque chose et que je ne suis pas tout parfait, si je n'avais en moi aucune idée d'un être plus parfait que le mien, par la comparaison duquel je connaîtrais les défauts de ma nature?

Et l'on ne peut pas dire que peut-être cette idée de Dieu est matériellement fausse, et par conséquent que je la puis tenir du néant, c'est-à-dire qu'elle peut être en moi pour ce que j'ai du défaut, comme j'ai tantôt dit des idées de la chaleur et du froid et d'autres choses semblables : car, au contraire, cette idée étant fort claire et fort distincte et contenant en soi plus de réalité objective qu'aucune autre, il n'y en a point qui de soi soit plus vraie, ni qui puisse être moins soupçonnée d'erreur et de fausseté.

Cette idée, dis-je, d'un Être souverainement parfait et infini est très-vraie : car encore que peut-être l'on puisse feindre qu'un tel être n'existe point, on ne peut pas feindre néanmoins que son idée ne me représente rien de réel, comme j'ai tantôt dit de l'idée du froid. Elle est aussi fort claire et fort distincte, puisque tout ce que mon esprit conçoit clairement et distinctement de réel et de vrai, et qui contient en soi quelque perfection, est contenu et renfermé tout entier dans cette idée. Et ceci ne laisse pas d'être vrai, encore que je ne comprenne pas l'infini et qu'il se rencontre en Dieu une infinité de choses que je ne puis comprendre, ni peut-être aussi atteindre aucunement de la pensée; car il est de la nature de l'infini que, moi qui suis fini et borné, ne le puisse comprendre; et il suffit que j'entende bien cela et que je juge que toutes les choses que je conçois clairement, et dans lesquelles je sais qu'il y a quelque perfection, et peut-être aussi une infinité d'autres que j'ignore, sont en Dieu formellement ou éminemment, afin que l'idée que j'en ai soit la plus vraie, la plus claire et la plus distincte de toutes celles qui sont en mon esprit.

Mais peut-être aussi que je suis quelque chose de plus que je ne m'imagine, et que toutes les perfections que j'attribue à la nature d'un Dieu sont en quelque façon en moi en puissance, quoiqu'elles ne se produisent pas encore et ne se fassent point paraître par leurs actions. En effet, j'expérimente déjà que ma connaissance s'augmente et se perfectionne peu à peu; et je ne vois rien qui puisse empêcher qu'elle ne s'augmente ainsi de plus en plus jusques à l'infini, ni aussi pourquoi, étant ainsi accrue et perfectionnée, je ne pourrais pas acquérir par son moyen toutes les autres perfections de la nature divine, ni enfin pourquoi la puissance que j'ai pour l'acquisition de ces perfections, s'il est vrai qu'elle soit maintenant en moi, ne serait pas suffisante pour en produire les idées. Toutefois, en y regardant un peu de près, je reconnais que cela ne peut être; car, premièrement, encore qu'il fût vrai que ma connaissance acquît tous les jours de nouveaux degrés de perfection et qu'il y eût en ma nature beaucoup de choses en puissance qui n'y sont pas encore actuellement, toutefois tous ces avantages n'appartiennent et n'approchent en aucune sorte de l'idée que j'ai de la Divinité, dans laquelle rien ne se rencontre seulement en puissance, mais tout y est actuellement et en effet. Et même n'est-ce pas un argument infaillible et très-certain d'imperfection en ma connaissance, de ce qu'elle s'accroît peu à peu et qu'elle s'augmente par degrés? De plus, encore que ma connaissance s'augmentât de plus en plus, néanmoins je ne laisse pas de concevoir qu'elle ne saurait être actuellement infinie, puisqu'elle n'arrivera jamais à un si haut point de perfection qu'elle ne soit encore capable d'acquérir quelque plus grand accroissement. Mais je conçois Dieu actuellement infini en un si haut degré, qu'il ne se peut rien ajouter à la souveraine perfection qu'il possède. Et, enfin, je comprends fort bien que l'être objectif d'une idée ne peut être produit par un être qui existe seulement en puissance, lequel à proprement parler n'est rien, mais seulement par un être formel ou actuel.

Et certes, je ne vois rien en tout ce que je viens de dire qui ne soit très-aisé à connaître par la lumière naturelle à tous ceux qui voudront y penser soigneusement; mais lorsque je relâche quelque chose de mon attention, mon esprit, se trouvant obscurci et comme aveuglé par les images des choses sensibles, ne se ressouvient pas facilement de la raison pourquoi l'idée que j'ai d'un être plus parfait que le mien doit nécessairement avoir été mise en moi par un être qui soit en effet plus parfait. C'est pourquoi je veux ici passer outre, et considérer si moi-même qui ai cette idée de Dieu, je pourrais être, en cas qu'il n'y eût point de Dieu. Et je demande, de qui aurai-je mon existence? Peut-être de moi-même, ou de mes parents, ou bien de quelques autres causes moins parfaites que Dieu; car on ne se peut rien imaginer de plus parfait, ni même d'égal à lui. Or, si j'étais indépendant de tout autre et que je fusse moi-même l'auteur de mon être, je ne douterais d'aucune chose, je ne concevrais point de désirs, et enfin il ne me manquerait aucune perfection, car je me serais donné moi-même toutes celles dont j'ai en moi quelque idée, et ainsi je serais Dieu. Et je ne me dois pas imaginer que les choses qui me manquent sont peut-être plus difficiles à acquérir que celles dont je suis déjà en possession : car, au contraire, il est très-certain qu'il a été beaucoup plus difficile que moi, c'est-à-dire une chose ou une substance qui pense, soit sorti du néant, qu'il ne me serait d'acquérir les lumières et les connaissances de plusieurs choses que j'ignore, et qui ne sont que des accidents de cette substance; et certainement si je m'étais donné ce plus que je viens de dire, c'est-à-dire si j'étais moi-même l'auteur de mon être, je ne me serais pas au moins dénié les choses qui se peuvent avoir avec plus de facilité, comme sont une infinité de connaissances dont ma nature se trouve dénuée : je ne me serais pas même dénié aucune des choses que je vois être contenues dans l'idée de Dieu, parce qu'il n'y en a aucune qui me semble plus difficile à faire ou à acquérir; et s'il y en avait quelqu'une qui fût plus difficile, certainement elle me paraîtrait telle (supposé que j'eusse de moi toutes les autres choses que je possède), parce que je verrais en cela ma puissance terminée. Et encore que je puisse supposer que peut-être j'ai toujours été comme je suis maintenant, je ne saurais pas pour cela éviter la force de ce raisonnement, et ne laisse pas de connaître qu'il est nécessaire que Dieu soit l'auteur de mon existence. Car tout le temps de ma vie peut être divisé en une infinité de parties, chacune desquelles ne dépend en aucune façon des autres; et ainsi, de ce qu'un peu auparavant j'ai été, il ne s'ensuit pas que je doive maintenant être, si ce n'est qu'en ce moment quelque cause me produise et me crée pour ainsi dire derechef, c'est-à-dire me conserve. En effet, c'est une chose bien claire et bien évidente à tous ceux qui considéreront avec attention la nature du temps, qu'une substance, pour être conservée dans tous les moments qu'elle dure, a besoin du même pouvoir et de la même action qui serait nécessaire pour la produire et la créer tout de nouveau si elle n'était point encore; en sorte que c'est une chose que la lumière naturelle nous fait voir clairement que la conservation et la création ne diffèrent qu'au regard de notre façon de penser, et non point en effet. Il faut donc seulement ici que je m'interroge et me consulte moi-même pour voir si j'ai en moi quelque pouvoir et quelque vertu au moyen de laquelle je puisse faire que moi, qui suis maintenant, je sois encore un moment après : car, puisque je ne suis rien qu'une chose qui pense (ou du moins puisqu'il ne s'agit encore jusques ici précisément que de cette partie là de moi-même) ; si une telle puissance résidait en moi, certes, je devrais à tout le moins le penser et en avoir connaissance; mais je n'en ressens aucune dans moi, et par là je connais évidemment que je dépends de quelque être différent de moi.

Mais peut-être que cet être là duquel je dépends n'est pas Dieu, et que je suis produit ou par mes parents, ou par quelques autres causes moins parfaites que lui? Tant s'en faut, cela ne peut être : car, comme j'ai déjà dit auparavant, c'est une chose très-évidente qu'il doit y avoir pour le moins autant de réalité dans la cause que dans son effet; et partant, puisque je suis une chose qui pense et qui a en soi quelque idée de Dieu, quelle que soit enfin la cause de mon être, il faut nécessairement avouer qu'elle est aussi une chose qui pense, et qu'elle a en soi l'idée de toutes les perfections que j'attribue à Dieu. Puis l'on peut derechef rechercher si cette cause tient son origine et son existence de soi-même ou de quelque chose. Car si elle la tient de soi-même, il s'ensuit, par les raisons que j'ai ci-devant alléguées, que cette cause est Dieu; puisque, ayant la vertu d'être et d'exister par soi, elle doit aussi sans doute avoir la puissance de posséder actuellement toutes les perfections dont elle a en soi les idées, c'est-à-dire toutes celles que je conçois être en Dieu. Que si elle tient son existence de quelque autre cause que de soi, on demandera derechef, par la même raison, de cette seconde cause, si elle est par soi ou par autrui, jusques à ce que de degré en degré on parvienne enfin à une dernière cause qui se trouvera être Dieu. Et il est très-manifeste qu'en cela il ne peut y avoir de progrès à l'infini, vu qu'il ne s'agit pas tant ici de la cause qui m'a produit autrefois comme de celle qui me conserve présentement.

On ne peut pas feindre aussi que peut-être plusieurs causes ont ensemble concouru en partie à ma production, et que de l'une j'ai reçu l'idée d'une des perfections que j'attribue à Dieu, et d'une autre l'idée de quelque autre, en sorte que toutes ces perfections se trouvent bien à la vérité quelque part dans l'univers, mais ne se rencontrent pas toutes jointes et assemblées dans une seule, qui soit Dieu; car, au contraire, l'unité, la simplicité et l'inséparabilité de toutes les choses qui sont en Dieu est une des principales perfections que je conçois être en lui : et certes l'idée de cette unité de toutes les perfections de Dieu n'a pu être mise en moi par aucune cause de qui je n'aie point aussi reçu les idées de toutes les autres perfections; car elle n'a pu faire que je les comprisse toutes jointes ensemble et inséparables, sans avoir fait en sorte en même temps que je susse ce qu'elles étaient et que je les connusse toutes en quelque façon.

Enfin, pour ce qui regarde mes parents, desquels il semble que je tire ma naissance, encore que tout ce que j'en ai pu croire soit véritable, cela ne fait pas toutefois que ce soit eux qui me conservent, ni même qui m'aient fait et produit en tant que je suis une chose qui pense, n'y ayant aucun rapport entre l'action corporelle par laquelle j'ai coutume de croire qu'ils m'ont engendré et la production d'une telle substance; mais ce qu'ils ont tout au plus contribué à ma naissance et qu'ils ont mis quelques dispositions dans cette matière dans laquelle j'ai jugé jusqu'ici que moi, c'est-à-dire mon esprit, lequel seul je prends maintenant pour moi-même, est renfermé; et partant il ne peut y avoir ici à leur égard aucune difficulté; mais il faut nécessairement conclure que, de cela seul que j'existe et que l'idée d'un Être souverainement parfait, c'est-à-dire de Dieu, est en moi, l'existence de Dieu est très-évidemment démontrée.

Il me reste seulement à examiner de quelle façon j'ai acquis cette idée : car je ne l'ai pas reçue par les sens, et jamais elle ne s'est offerte à moi contre mon attente, ainsi que font d'ordinaire les idées des choses sensibles, lorsque ces choses se présentent ou semblent se présenter aux organes extérieurs des sens; elle n'est pas aussi une pure production ou fiction de mon esprit, car il n'est pas en mon pouvoir d'y diminuer ni d'y ajouter aucune chose; et par conséquent il ne reste plus autre chose à dire sinon que cette idée est née et produite avec moi dès lors que j'ai été créé, ainsi que l'est l'idée de moi-même. Et de vrai on ne doit pas trouver étrange que Dieu, en me créant, ait mis en moi cette idée pour être comme la marque de l'ouvrier empreinte sur son ouvrage; et il n'est pas aussi nécessaire que cette marque soit quelque chose de différent de cet ouvrage même; mais de cela seul que Dieu m'a créé, il est fort croyable qu'il m'a, en quelque façon, produit à son image et semblance, et que je conçois cette ressemblance, dans laquelle l'idée de Dieu se trouve contenue, par la même faculté par laquelle je me conçois moi-même; c'est-à-dire que, lorsque je fais réflexion sur moi, non-seulement je connais que je suis une chose imparfaite, incomplète et dépendante d'autrui, qui tend et qui aspire sans cesse à quelque chose de meilleur et de plus grand que je ne suis, mais je connais aussi en même temps que celui duquel je dépends possède en soi toutes ces grandes choses auxquelles j'aspire, et dont je trouve en moi les idées, non pas indéfiniment et seulement en puissance, mais qu'il en jouit en effet, actuellement et infiniment, et ainsi qu'il est Dieu. Et toute la force de l'argument dont j'ai usé pour prouver l'existence de Dieu consiste en ce que je reconnais qu'il ne serait pas possible que ma nature fût telle qu'elle est, c'est-à-dire que j'eusse en moi l'idée d'un Dieu, si Dieu n'existait véritablement; ce même Dieu, dis-je, duquel l'idée est en moi, c'est-à-dire qui possède toutes ces hautes perfections dont notre esprit peut bien avoir quelque légère idée, sans pourtant le pouvoir comprendre, qui n'est sujet à aucun défaut, et qui n'a rien de toutes les choses qui dénotent quelque imperfection : d'où il est assez évident qu'il ne peut être trompeur, puisque la lumière naturelle nous enseigne que la tromperie dépend nécessairement de quelque défaut.

Mais auparavant que j'examine cela plus soigneusement, et que je passe à la considération des autres vérités que l'on en peut recueillir, il me semble très à propos de m'arrêter quelque temps à la contemplation de ce Dieu tout parfait, de peser tout à loisir ses merveilleux attributs; de considérer, d'admirer et d'adorer l'incomparable beauté de cette immense lumière, au moins autant que la force de mon esprit, qui en demeure en quelque sorte ébloui, me le pourra permettre. Car comme la foi nous apprend que la souveraine félicité de l'autre vie ne consiste que dans cette contemplation de la majesté divine, ainsi expérimentons-nous dès maintenant qu'une semblable méditation, quoique incomparablement moins parfaite, nous fait jouir du plus grand contentement que nous soyons capables de ressentir en cette vie.

MÉDITATION QUATRIÈME.

Du vrai et du faux.

Je me suis tellement accoutumé ces jours passés à détacher mon esprit des sens, et j'ai si exactement remarqué qu'il y a fort peu de choses que l'on connaisse avec certitude touchant les choses corporelles, qu'il y en a beaucoup plus qui nous sont connues touchant l'esprit humain, et beaucoup plus encore de Dieu même, qu'il me sera maintenant aisé de détourner ma pensée de la considération des choses sensibles ou imaginables, pour la porter à celles qui, étant dégagées de toutes matières, sont purement intelligibles. Et, certes, l'idée que j'ai de l'esprit humain, en tant qu'il est une chose qui pense, et non étendue en longueur, largeur et profondeur, et qui ne participe à rien de ce qui appartient au corps, est incomparablement plus distincte que l'idée d'aucune chose corporelle, et lorsque je considère que je doute, c'est-à-dire que je suis une chose incomplète et dépendante, l'idée d'un être complet et indépendant, c'est-à-dire de Dieu, se présente à mon esprit avec tant de distinction et de clarté; et, de cela seul que cette idée se trouve en moi, ou bien que je suis ou existe, moi qui possède cette idée, je conclus si évidemment l'existence de Dieu, et que la mienne dépend entièrement de lui en tous les moments de ma vie, que je ne pense pas que l'esprit humain puisse rien connaître avec plus d'évidence et de certitude. Et déjà il me semble que je découvre un chemin qui nous conduira de cette contemplation du vrai Dieu, dans lequel tous les trésors de la science et de la sagesse sont renfermés, à la connaissance des autres choses de l'univers.

Car, premièrement, je reconnais qu'il est impossible que jamais il me trompe, puisqu'en toute fraude et tromperie il se rencontre quelque sorte d'imperfection : et quoiqu'il semble que pouvoir tromper soit une marque de subtilité ou de puissance, toutefois vouloir tromper témoigne sans doute de la faiblesse ou de la malice; et, partant, cela ne peut se rencontrer en Dieu. Ensuite, je connais par ma propre expérience qu'il y a en moi une certaine faculté de juger, ou de discerner le vrai d'avec le faux, laquelle sans doute j'ai reçue de Dieu, aussi bien que tout le reste des choses qui sont en moi et que je possède; et puisqu'il est impossible qu'il veuille me tromper, il est certain aussi qu'il ne me l'a pas donnée telle que je puisse jamais faillir lorsque j'en userai comme il faut.

Et il ne resterait aucun doute touchant cela, si l'on n'en pouvait, ce semble, tirer cette conséquence, qu'ainsi donc je ne me puis jamais tromper; car, si tout ce qui est en moi vient de Dieu, et s'il n'a mis en moi aucune faculté de faillir, il semble que je ne me doive jamais abuser. Aussi est-il vrai que, lorsque je me regarde seulement comme venant de Dieu, et que je me tourne tout entier vers lui, je ne découvre en moi aucune cause d'erreur ou de fausseté; mais aussitôt après, revenant à moi, l'expérience me fait connaître que je suis néanmoins sujet à une infinité d'erreurs, desquelles venant à rechercher la cause, je remarque qu'il ne se présente pas seulement à ma pensée une réelle et positive idée de Dieu, ou bien d'un être souverainement parfait; mais aussi, pour ainsi parler, une certaine idée négative du néant, c'est-à-dire de ce qui est infiniment éloigné de toute sorte de perfection, et que je suis comme un milieu entre Dieu et le néant, c'est-à-dire placé de telle sorte entre le souverain être et le non-être, qu'il ne se rencontre de vrai rien en moi qui me puisse conduire dans l'erreur, en tant qu'un souverain Être m'a produit; mais que si je me considère comme participant en quelque façon du néant ou du non-être, c'est-à-dire en tant que je ne suis pas moi-même le souverain Être et qu'il me manque plusieurs choses, je me trouve exposé à une infinité de manquements, de façon que je ne me dois pas étonner si je me trompe. Et ainsi je connais que l'erreur, en tant que telle, n'est pas quelque chose de réel qui dépende de Dieu, mais que c'est seulement un défaut; et partant que, pour faillir, je n'ai pas besoin d'une faculté qui m'ait été donnée de Dieu particulièrement pour cet effet; mais qu'il arrive que je me trompe de ce que la puissance que Dieu m'a donnée pour discerner le vrai d'avec le faux n'est pas en moi infinie.

Toutefois, cela ne me satisfait pas encore tout à fait; car l'erreur n'est pas une pure négation, c'est-à-dire n'est pas le simple défaut ou manquement de quelque perfection qui ne m'est point due, mais c'est une privation de quelque connaissance qu'il semble que je devrais avoir. Or, en considérant la nature de Dieu, il ne semble pas possible qu'il ait mis en moi quelque faculté qui ne soit pas parfaite en son genre, c'est-à-dire qui manque de quelque perfection qui lui soit due : car, s'il est vrai que plus l'artisan est expert, plus les ouvrages qui sortent de ses mains sont parfaits et accomplis, quelle chose peut avoir été produite par ce souverain Créateur de l'univers qui ne soit parfaite et entièrement achevée en toutes ses parties? Et certes il n'y a point de doute que Dieu n'ait pu me créer tel que je ne me trompasse jamais; il est certain aussi qu'il veut toujours ce qui est le meilleur : est-ce donc une chose meilleure que je puisse me tromper que de ne le pouvoir pas?

Considérant cela avec attention, il me vient d'abord en la pensée que je ne me dois pas étonner si je ne suis pas capable de comprendre pourquoi Dieu fait ce qu'il fait, et qu'il ne faut pas pour cela douter de son existence, de ce que peut-être je vois par expérience beaucoup d'autres choses qui existent, bien que je ne puisse comprendre pour quelle raison ni comment Dieu les a faites; car, sachant déjà que ma nature est extrêmement faible et limitée, et que celle de Dieu au contraire est immense, incompréhensible et infinie, je n'ai plus de peine à reconnaître qu'il y a une infinité de choses en sa puissance desquelles les causes surpassent la portée de mon esprit : et cette seule raison est suffisante pour me persuader que tout ce genre de causes qu'on a coutume de tirer de la fin n'est d'aucun usage dans les choses physiques ou naturelles; car il ne me semble pas que je puisse sans témérité rechercher et entreprendre de découvrir les fins impénétrables de Dieu.

De plus, il me vient encore en l'esprit qu'on ne doit pas considérer une seule créature séparément, lorsqu'on recherche si les ouvrages de Dieu sont parfaits, mais généralement toutes les créatures ensemble : car la même chose qui pourrait peut-être avec quelque sorte de raison sembler fort imparfaite si elle était seule dans le monde, ne laisse pas d'être très-parfaite étant considérée comme faisant partie de tout cet univers; et quoique, depuis que j'ai fait dessein de douter de toutes choses, je n'aie encore connu certainement que mon existence et celle de Dieu, toutefois aussi, depuis que j'ai reconnu l'infinie puissance de Dieu, je ne saurais nier qu'il n'ait produit beaucoup d'autres choses, ou du moins qu'il n'en puisse produire, en sorte que j'existe et sois placé dans le monde comme faisant partie de l'universalité de tous les êtres.

En suite de quoi, venant à me regarder de plus près et à considérer quelles sont mes erreurs, lesquelles seules témoignent qu'il y a en moi de l'imperfection, je trouve qu'elles dépendent du concours de deux causes, à savoir, de la faculté de connaître, qui est en moi, et de la faculté d'élire ou bien de mon libre arbitre, c'est-à-dire de mon entendement, et ensemble de ma volonté. Car par l'entendement seul je n'assure ni ne nie aucune chose, mais je conçois seulement les idées des choses que je puis assurer ou nier. Or, en le considérant ainsi précisément, on peut dire qu'il ne se trouve jamais en lui aucune erreur, pourvu qu'on prenne le mot d'erreur en sa propre signification. Et encore qu'il y ait peut-être une infinité de choses dans le monde dont je n'ai aucune idée en mon entendement, on ne peut pas dire pour cela qu'il soit privé de ces idées comme de quelque chose qui soit dû à sa nature, mais seulement qu'il ne les a pas; parce qu'en effet il n'y a aucune raison qui puisse prouver que Dieu ait dû me donner une plus grande et plus ample faculté de connaître que celle qu'il m'a donnée : et, quelque adroit et savant ouvrier que je me le représente, je ne dois pas pour cela penser qu'il ait dû mettre dans chacun de ses ouvrages toutes les perfections qu'il peut mettre dans quelques-uns. Je ne puis pas aussi me plaindre que Dieu ne m'ait pas donné un libre arbitre ou une volonté assez ample et assez parfaite, puisqu'en effet je l'expérimente si ample et si étendue qu'elle n'est renfermée dans aucunes bornes. Et ce qui me semble ici bien remarquable est que, de toutes les autres choses qui sont en moi, il n'y en a aucune si parfaite et si grande que je ne reconnaisse bien qu'elle pourrait être encore plus grande et plus parfaite. Car, par exemple, si je considère la faculté de concevoir qui est en moi, je trouve qu'elle est d'une fort petite étendue et grandement limitée, et tout ensemble je me représente l'idée d'une autre faculté beaucoup plus ample et même infinie ; et de cela seul que je ne puis me représenter son idée, je connais sans difficulté qu'elle appartient à la nature de Dieu. En même façon si j'examine la mémoire, ou l'imagination, ou quelque autre faculté qui soit en moi, je n'en trouve aucune qui ne soit très-petite et bornée, et qui en Dieu ne soit immense et infinie. Il n'y a que la volonté seule ou la seule liberté du franc arbitre que j'expérimente en moi être si grande que je ne conçois point l'idée d'aucune autre plus ample et plus étendue : en sorte que c'est elle principalement qui me fait connaître que je porte l'image et la ressemblance de Dieu. Car, encore qu'elle soit incomparablement plus grande dans Dieu que dans moi, soit à raison de la connaissance et de la puissance qui se trouvent jointes avec elle et qui la rendent plus ferme et plus efficace, soit à raison de l'objet, d'autant qu'elle se porte et s'étend infiniment à plus de choses, elle ne me semble pas toutefois plus grande si je la considère formellement et précisément en elle-même. Car elle consiste seulement en ce que nous pouvons faire une même chose ou ne la faire pas, c'est-à-dire affirmer ou nier, poursuivre ou fuir une même chose ; ou plutôt elle consiste seulement en ce que, pour affirmer ou nier, poursuivre ou fuir les choses que l'entendement nous propose, nous agissons de telle sorte que nous ne sentons point qu'aucune force extérieure nous y contraigne. Car, afin que je sois libre, il n'est pas nécessaire que je sois indifférent à choisir l'un ou l'autre des deux contraires; mais plutôt, d'autant plus que je penche vers l'un, soit que je connaisse évidemment que le bien et le vrai s'y rencontrent, soit que Dieu dispose ainsi l'intérieur de ma pensée, d'autant plus librement j'en fais choix et je l'embrasse : et, certes, la grâce divine et la connaissance naturelle, bien loin de diminuer ma liberté, l'augmentent plutôt et la fortifient; de façon que cette indifférence que je sens lorsque je ne suis point emporté vers un côté plutôt que vers un autre par le poids d'aucune raison, est le plus bas degré de la liberté, et fait plutôt paraître un défaut dans la connaissance qu'une perfection dans la volonté : car si je connaissais toujours clairement ce qui est vrai et ce qui est bon, je ne serais jamais en peine de délibérer quel jugement et quel choix je devrais faire, et ainsi je serais entièrement libre sans jamais être indifférent.

De tout ceci je reconnais que ni la puissance de vouloir, laquelle j'ai reçue de Dieu, n'est point d'elle-même la cause de mes erreurs, car elle est très-ample et très-parfaite en son genre; ni aussi la puissance d'entendre ou de concevoir, car ne concevant rien que par le moyen de cette puissance que Dieu m'a donnée pour concevoir, sans doute que tout ce que je conçois, je le conçois comme il faut, et il n'est pas possible qu'en cela je me trompe.

D'où est-ce donc que naissent mes erreurs? C'est, à savoir, de cela seul que la volonté étant beaucoup plus ample et plus étendue que l'entendement, je ne la contiens pas dans les mêmes limites, mais que je l'étends aussi aux choses que je n'entends pas; auxquelles étant de soi indifférente, elle s'égare fort aisément, et choisit le faux pour le vrai et le mal pour le bien : ce qui fait que je me trompe et que je pèche.

Par exemple, examinant ces jours passés si quelque chose existait véritablement dans le monde, et connaissant que de cela seul que j'examinais cette question il suivait très-évidemment que j'existais moi-même, je ne pouvais pas m'empêcher de juger qu'une chose que je concevais si clairement était vraie; non que je m'y trouvasse forcé par aucune cause extérieure, mais seulement parce que d'une grande clarté qui était en mon entendement a suivi une grande inclination en ma volonté; et je me suis porté à croire avec d'autant plus de liberté que je me suis trouvé avec moins d'indifférence. Au contraire, à présent je ne connais pas seulement que j'existe en tant que je suis quelque chose qui pense, mais il se présente aussi à mon esprit une certaine idée de la nature corporelle : ce qui fait que je doute si cette nature qui pense qui est en moi, ou plutôt que je suis moi-même, est différente de cette nature corporelle, ou bien si toutes deux ne sont qu'une même chose; et je suppose ici que je ne connais encore aucune raison qui me persuade plutôt l'un que l'autre; d'où il suit que je suis entièrement indifférent à le nier ou à l'assurer, ou bien même à m'abstenir d'en donner aucun jugement.

Et cette indifférence ne s'étend pas seulement aux choses dont l'entendement n'a aucune connaissance, mais généralement aussi à toutes celles qu'il ne découvre pas avec une parfaite clarté au moment que la volonté en délibère; car, pour probables que soient les conjectures qui me rendent enclin à juger quelque chose, la seule connaissance que j'ai que ce ne sont que des conjectures et non des raisons certaines et indubitables suffit pour me donner occasion de juger le contraire; ce que j'ai suffisamment expérimenté ces jours passés, lorsque j'ai posé pour faux tout ce que j'avais tenu auparavant pour très-véritable, pour cela seul que j'ai remarqué que l'on en pouvait en quelque façon douter. Or, si je m'abstiens de donner mon jugement sur une chose, lorsque je ne la conçois pas avec assez de clarté et de distinction, il est évident que je fais bien et que je ne suis point trompé; mais si je me détermine à la nier ou assurer, alors je ne me sers pas comme je dois de mon libre arbitre; et si j'assure ce qui n'est pas vrai, il est évident que je me trompe : même aussi, encore que je juge selon la vérité, cela n'arrive que par hasard, et je ne laisse pas de faillir et d'user mal de mon libre arbitre; car la lumière naturelle nous enseigne que la connaissance de l'entendement doit toujours précéder la détermination de la volonté.

Et c'est dans ce mauvais usage du libre arbitre que se rencontre la privation qui constitue la forme de l'erreur. La privation, dis-je, se rencontre dans l'opération en tant qu'elle procède de moi; mais elle ne se trouve pas dans la faculté que j'ai reçue de Dieu, ni même dans l'opération en tant qu'elle dépend de lui; car je n'ai certes aucun sujet de me plaindre de ce que Dieu ne m'a pas donné une intelligence plus ample ou une lumière naturelle plus parfaite que celle qu'il m'a donnée, puisqu'il est de la nature d'un entendement fini de ne pas entendre plusieurs choses, et de la nature d'un entendement créé d'être fini; mais j'ai tout sujet de lui rendre grâces de ce que ne m'ayant jamais rien dû, il m'a néanmoins donné tout le peu de perfections qui est en moi, bien loin de concevoir des sentiments si injustes que de m'imaginer qu'il m'ait ôté ou retenu injustement les autres perfections qu'il ne m'a point données.

Je n'ai pas aussi sujet de me plaindre de ce qu'il m'a donné une volonté plus ample que l'entendement, puisque, la volonté ne consistant que dans une seule chose et comme dans un indivisible, il semble que sa nature est telle qu'on ne lui saurait rien ôter sans la détruire; et, certes, plus elle a d'étendue, et plus ai-je à remercier la bonté de celui qui me l'a donnée.

Et enfin je ne dois pas aussi me plaindre de ce que Dieu concourt avec moi pour former les actes de cette volonté, c'est-à-dire les jugements dans lesquels je me trompe; parce que ces actes là sont entièrement vrais et absolument bons en tant qu'ils dépendent de Dieu; et il y a en quelque sorte plus de perfection en ma nature de ce que je les puis former que si je ne le pouvais pas. Pour la privation, dans laquelle seule consiste la raison formelle de l'erreur et du péché, elle n'a besoin d'aucun concours de Dieu, parce que ce n'est pas une chose ou un être, et que si on la rapporte à Dieu comme à sa cause, elle ne doit pas être nommée privation, mais seulement négation, selon la signification qu'on donne à ces mots dans l'école. Car, en effet, ce n'est point une imperfection en Dieu de ce qu'il m'a donné la liberté de donner mon jugement ou de ne le pas donner sur certaines choses dont il n'a pas mis une claire et distincte connaissance en mon entendement; mais sans doute c'est en moi une imperfection de ce que je n'use pas bien de cette liberté, et que je donne témérairement mon jugement sur des choses que je ne conçois qu'avec obscurité et confusion.

Je vois néanmoins qu'il était aisé à Dieu de faire en sorte que je ne me trompasse jamais, quoique je demeurasse libre et d'une connaissance bornée, à savoir, s'il eût donné à mon entendement une claire et distincte intelligence de toutes les choses dont je devais jamais délibérer, ou bien seulement s'il eût si profondément gravé dans ma mémoire la résolution de ne juger jamais d'aucune chose sans la concevoir clairement et distinctement que je ne la pusse jamais oublier. Et je remarque bien qu'en tant que je me considère tout seul, comme s'il n'y avait que moi au monde, j'aurais été beaucoup plus parfait que je ne suis, si Dieu m'avait créé tel que je ne faillisse jamais; mais je ne puis pas pour cela nier que ce ne soit en quelque façon une plus grande perfection dans l'univers, de ce que quelques-unes de ses parties ne sont pas exemptes de défauts, que d'autres le sont, que si elles étaient toutes semblables.

Et je n'ai aucun droit de me plaindre que Dieu, m'ayant mis au monde, n'ait pas voulu me mettre au rang des choses les plus nobles et les plus parfaites; même j'ai sujet de me contenter de ce que, s'il ne m'a pas donné la perfection de ne point faillir par le premier moyen que j'ai ci-dessus déclaré, qui dépend d'une claire et évidente connaissance de toutes les choses dont je puis délibérer, il a au moins laissé en ma puissance l'autre moyen, qui est de retenir fermement la résolution de ne jamais donner mon jugement sur les choses dont la vérité ne m'est pas clairement connue : car quoique j'expérimente en moi cette faiblesse de ne pouvoir attacher continuellement mon esprit à une même pensée, je puis toutefois, par une méditation attentive et souvent réitérée, me l'imprimer si fortement en la mémoire, que je ne manque jamais de m'en ressouvenir toutes les fois que j'en aurai besoin, et acquérir par cette façon l'habitude de ne point faillir; et d'autant que c'est en cela que consiste la plus grande et la principale perfection de l'homme, j'estime n'avoir pas aujourd'hui peu gagné par cette méditation d'avoir découvert la cause de l'erreur et de la fausseté.

Et certes, il n'y en peut avoir d'autres que celle que je viens d'expliquer : car toutes les fois que je retiens tellement ma volonté dans les bornes de ma connaissance, qu'elle ne fait aucun jugement que des choses qui lui sont clairement et distinctement représentées par l'entendement, il ne se peut faire que je me trompe; parce que toute conception claire et distincte est sans doute quelque chose, et, partant, elle ne peut tirer son origine du néant, mais doit nécessairement avoir Dieu pour son auteur : Dieu, dis-je, qui étant souverainement parfait ne peut être cause d'aucune erreur; et par conséquent il faut conclure qu'une telle conception ou un tel jugement est véritable. Au reste, je n'ai pas seulement appris aujourd'hui ce que je dois éviter pour ne plus faillir, mais aussi ce que je dois faire pour parvenir à la connaissance de la vérité. Car certainement j'y parviendrai si j'arrête suffisamment mon attention sur toutes les choses que je conçois parfaitement, et si je les sépare des autres que je ne conçois qu'avec confusion et obscurité : à quoi dorénavant je prendrai soigneusement garde.

MÉDITATION CINQUIÈME.

De l'essence des choses matérielles, et, derechef de Dieu, qu'il existe.

Il me reste beaucoup d'autres choses à examiner touchant les attributs de Dieu et touchant ma propre nature, c'est-à-dire celle de mon esprit; mais j'en reprendrai peut-être une autre fois la recherche. Maintenant, après avoir remarqué ce qu'il faut faire ou éviter pour parvenir à la connaissance de la vérité, ce que j'ai principalement à faire est d'essayer de sortir et me débarrasser de tous les doutes où je suis tombé ces jours passés, et de voir si l'on ne peut rien connaître de certain touchant les choses matérielles. Mais, avant que j'examine s'il y a de telles choses qui existent hors de moi, je dois considérer leurs idées en tant qu'elles sont en ma pensée, et voir quelles sont celles qui sont distinctes, et quelles sont celles qui sont confuses.

En premier lieu, j'imagine distinctement cette quantité que les philosophes appellent vulgairement la quantité continue, ou bien l'extension de longueur, largeur et profondeur, qui est en cette quantité, ou plutôt en la chose à qui on l'attribue. De plus, je puis nombrer en elle plusieurs diverses parties, et attribuer à chacune de ces parties toutes sortes de grandeurs, de figures, de situations et de mouvements; et, enfin, je puis assigner à chacun de ces mouvements toutes sortes de durées. Et je ne connais pas seulement ces choses avec distinction lorsque je les considère ainsi en général; mais aussi, pour peu que j'y applique mon attention, je viens à connaître une infinité de particularités touchant les nombres, les figures, les mouvements, et autres choses semblables, dont la vérité se fait paraître avec tant d'évidence et s'accorde si bien avec ma nature, que lorsque je commence à les découvrir il ne me semble pas que j'apprenne rien de nouveau, mais plutôt que je me ressouviens de ce que je savais déjà auparavant; c'est-à-dire que j'aperçois des choses qui étaient déjà dans mon esprit, quoique je n'eusse pas encore tourné ma pensée vers elles. Et ce que je trouve ici de plus considérable, c'est que je trouve en moi une infinité d'idées de certaines choses qui ne peuvent pas être estimées un pur néant, quoique peut-être elles n'aient aucune existence hors de ma pensée; et qui ne sont pas feintes par moi, bien qu'il soit en ma liberté de les penser ou de ne les penser pas, mais qui ont leurs vraies et immuables natures. Comme, par exemple, lorsque j'imagine un triangle, encore qu'il n'y ait peut-être en aucun lieu du monde hors de ma pensée une telle figure, et qu'il n'y en ait jamais eu, il ne laisse pas néanmoins d'y avoir une certaine nature, ou forme, ou essence déterminée de cette figure, laquelle est immuable et éternelle, que je n'ai point inventée et qui ne dépend en aucune façon de mon esprit; comme il paraît, de ce que l'on peut démontrer diverses propriétés de ce triangle, à savoir que ses trois angles sont égaux à deux droits, que le plus grand angle est soutenu par le plus grand côté, et autres semblables, lesquelles maintenant, soit que je le veuille ou non, je reconnais très-clairement et très-évidemment être en lui, encore que je n'y aie pensé auparavant en aucune façon lorsque je me suis imaginé la première fois un triangle; et, partant, on ne peut pas dire que je les aie feintes ni inventées. Et je n'ai que faire ici de m'objecter que peut-être cette idée du triangle est venue en mon esprit par l'entremise de mes sens, pour avoir vu quelquefois des corps de figure triangulaire; car je puis former en mon esprit une infinité d'autres figures, dont on ne peut avoir le moindre soupçon que jamais elles me soient tombées sous les sens, et je ne laisse pas toutefois de pouvoir démontrer diverses propriétés touchant leur nature, aussi bien que touchant celle du triangle; lesquelles, certes doivent être toutes vraies, puisque je les conçois clairement : et, partant, elles sont quelque chose, et non pas un pur néant; car il est très-évident que tout ce qui est vrai est quelque chose, la vérité étant une même chose avec l'être; et j'ai déjà amplement démontré ci-dessus que toutes les choses que je connais clairement et distinctement sont vraies. Et, quoique je ne l'eusse pas démontré, toutefois la nature de mon esprit est telle que je ne me saurais empêcher de les estimer vraies, pendant que je les conçois clairement et distinctement; et je me ressouviens que, lors même que j'étais encore fortement attaché aux objets des sens, j'avais tenu au nombre des plus constantes vérités celles que je concevais clairement et distinctement touchant les figures, les nombres et les autres choses qui appartiennent à l'arithmétique et à la géométrie.

Or, maintenant, si, de cela seul que je puis tirer de ma pensée l'idée de quelque chose, il s'ensuit que tout ce que je reconnais clairement et distinctement appartenir à cette chose lui appartient en effet, ne puis-je pas tirer de ceci un argument et une preuve démonstrative de l'existence de Dieu?

Il est certain que je ne trouve pas moins en moi son idée, c'est-à-dire l'idée d'un être souverainement parfait, que celle de quelque figure ou de quelque nombre que ce soit : et je ne connais pas moins clairement et distinctement qu'une actuelle et éternelle existence appartient à sa nature, que je connais que tout ce que je puis démontrer de quelque figure ou de quelque nombre appartient véritablement à la nature de cette figure ou de ce nombre; et, partant, encore que tout ce que j'ai conclu dans les Méditations précédentes ne se trouvât point véritable, l'existence de Dieu devrait passer en mon esprit au moins pour aussi certaine que j'ai estimé jusques ici toutes les vérités mathématiques qui ne regardent que les nombres et les figures, bien qu'à la vérité cela ne paraisse pas d'abord entièrement manifeste, mais semble avoir quelque apparence de sophisme. Car, ayant accoutumé dans toutes les autres choses de faire distinction entre l'existence et l'essence, je me persuade aisément que l'existence peut être séparée de l'essence de Dieu, et qu'ainsi on peut concevoir Dieu comme n'étant pas actuellement. Mais néanmoins, lorsque j'y pense avec plus d'attention, je trouve manifestement que l'existence ne peut non plus être séparée de l'essence de Dieu que de l'essence d'un triangle rectiligne la grandeur de ses trois angles égaux à deux droits, ou bien de l'idée d'une montagne l'idée d'une vallée; en sorte qu'il n'y a pas moins de répugnance de concevoir un Dieu, c'est-à-dire un être souverainement parfait, auquel manque l'existence, c'est-à-dire auquel manque quelque perfection, que de concevoir une montagne qui n'ait point de vallée.

Mais encore qu'en effet je ne puisse pas concevoir un Dieu sans existence, non plus qu'une montagne sans vallée, toutefois, comme de cela seul que je conçois une montagne avec une vallée il ne s'ensuit pas qu'il y ait aucune montagne dans le monde, de même aussi, quoique je conçoive Dieu comme existant, il ne s'ensuit pas, ce me semble, pour cela, que Dieu existe : car ma pensée n'impose aucune nécessité aux choses; et comme il ne tient qu'à moi d'imaginer un cheval ailé, encore qu'il n'y en ait aucun qui ait des ailes, ainsi je pourrais peut-être attribuer l'existence à Dieu, encore qu'il n'y eût aucun Dieu qui existât. Tant s'en faut; c'est ici qu'il y a un sophisme caché sous l'apparence de cette objection : car de ce que je ne puis concevoir une montagne sans une vallée il ne s'ensuit pas qu'il y ait au monde aucune montagne ni aucune vallée, mais seulement que la montagne et la vallée, soit qu'il y en ait, soit qu'il n'y en ait point, sont inséparables l'une de l'autre; au lieu que de cela seul que je ne puis concevoir Dieu que comme existant, il s'ensuit que l'existence est inséparable de lui, et, partant, qu'il existe véritablement. Non que ma pensée puisse faire que cela soit, ou qu'elle impose aux choses aucune nécessité; mais, au contraire, la nécessité qui est en la chose même, c'est-à-dire la nécessité de l'existence de Dieu, me détermine à avoir cette pensée : car il n'est pas en ma liberté de concevoir un Dieu sans existence, c'est-à-dire un être souverainement parfait sans une souveraine perfection, comme il m'est libre d'imaginer un cheval sans ailes ou avec des ailes.

Et l'on ne doit pas aussi dire ici qu'il est à la vérité nécessaire que j'avoue que Dieu existe, après que j'ai supposé qu'il possède toutes sortes de perfections, puisque l'existence en est une; mais que ma première supposition n'était pas nécessaire, non plus qu'il n'est point nécessaire de penser que toutes les figures de quatre côtés se peuvent inscrire dans le cercle, mais que, supposant que j'aie cette pensée, je suis contraint d'avouer que le rhombe y peut être inscrit, puisque c'est une figure de quatre côtés, et ainsi je serai contraint d'avouer une chose fausse. On ne doit point, dis-je, alléguer cela : car encore qu'il ne soit pas nécessaire que je tombe jamais dans aucune pensée de Dieu, néanmoins, toutes les fois qu'il m'arrive de penser à un Être premier et souverain, et de tirer, pour ainsi dire, son idée du trésor de mon esprit, il est nécessaire que je lui attribue toutes sortes de perfections, quoique je ne vienne pas à les nombrer toutes et à appliquer mon attention sur chacune d'elles en particulier. Et cette nécessité est suffisante pour faire que par après (sitôt que je viens à reconnaître que l'existence est une perfection) je conclue fort bien que cet Être premier et souverain existe, de même qu'il n'est pas nécessaire que j'imagine jamais aucun triangle; mais toutes les fois que je veux considérer une figure rectiligne composée seulement de trois angles, il est absolument nécessaire que je lui attribue toutes les choses qui servent à conclure que les trois angles ne sont pas plus grands que deux droits, encore que peut-être je ne considère pas alors cela en particulier. Mais quand j'examine quelles figures sont capables d'être inscrites dans le cercle, il n'est en aucune façon nécessaire que je pense que toutes les figures de quatre côtés sont de ce nombre; au contraire, je ne puis pas même feindre que cela soit tant que je ne voudrai rien recevoir en ma pensée que ce que je pourrai concevoir clairement et distinctement. Et par conséquent il y a une grande différence entre les fausses suppositions, comme est celle-ci, et les véritables idées qui sont nées avec moi, dont la première et principale est celle de Dieu. Car en effet je reconnais en plusieurs façons que cette idée n'est point quelque chose de feint ou d'inventé, dépendant seulement de ma pensée, mais que c'est l'image d'une vraie et immuable nature : premièrement, à cause que je ne saurais concevoir autre chose que Dieu seul à l'essence de laquelle l'existence appartienne avec nécessité; puis aussi, pour ce qu'il ne m'est pas possible de concevoir deux ou plusieurs dieux tels que lui; et, posé qu'il y en ait un maintenant qui existe, je vois clairement qu'il est nécessaire qu'il ait été auparavant de toute éternité, et qu'il soit éternellement à l'avenir; et enfin, parce que je conçois plusieurs autres choses en Dieu où je ne puis rien diminuer ni changer.

Au reste, de quelque preuve et argument que je me serve, il en faut toujours revenir là : qu'il n'y a que les choses que je conçois clairement et distinctement qui aient la force de me persuader entièrement. Et quoique entre les choses que je conçois de cette sorte il y en ait à la vérité quelques-unes manifestement connues d'un chacun, et qu'il y en ait d'autres aussi qui ne se découvrent qu'à ceux qui les considèrent de plus près et qui les examinent plus exactement, toutefois, après qu'elles sont une fois découvertes, elles ne sont pas estimées moins certaines les unes que les autres. Comme, par exemple, en tout triangle rectangle, encore qu'il ne paraisse pas d'abord si facilement que le carré de la base est égal aux carrés des deux autres côtés, comme il est évident que cette base est opposée au plus grand angle, néanmoins, depuis que cela a été une fois reconnu, on est autant persuadé de la vérité de l'un que de l'autre. Et pour ce qui est de Dieu, certes, si mon esprit n'était prévenu d'aucuns préjugés, et que ma pensée ne se trouvât point divertie par la présence continuelle des images des choses sensibles, il n'y aurait aucune chose que je ne connusse plus tôt ni plus facilement que lui. Car y a-t-il rien de soi plus clair et plus manifeste que de penser qu'il y a un Dieu, c'est-à-dire un être souverain et parfait, en l'idée duquel seul l'existence nécessaire ou éternelle est comprise, et par conséquent qui existe? Et quoique, pour bien concevoir cette vérité, j'aie eu besoin d'une grande application d'esprit, toutefois à présent je ne m'en tiens pas seulement aussi assuré que de tout ce qui me semble le plus certain; mais, outre cela, je remarque que la certitude de toutes les autres choses en dépend si absolument, que sans cette connaissance il est impossible de pouvoir jamais rien savoir parfaitement.

Car, encore que je sois d'une telle nature que, dès aussitôt que je comprends quelque chose fort clairement et fort distinctement, je ne puis m'empêcher de la croire vraie, néanmoins parce que je suis aussi d'une telle nature que je ne puis pas avoir l'esprit continuellement attaché à une même chose, et que souvent je me ressouviens d'avoir jugé une chose être vraie lorsque je cesse de considérer les raisons qui m'ont obligé à la juger telle, il peut arriver pendant ce temps-là que d'autres raisons se présentent à moi, lesquelles me feraient aisément changer d'opinion si j'ignorais qu'il y eût un Dieu, et ainsi je n'aurais jamais une vraie et certaine science d'aucune chose que ce soit, mais seulement de vagues et inconstantes opinions. Comme, par exemple, lorsque je considère la nature du triangle rectiligne, je connais évidemment, moi qui suis un peu versé dans la géométrie, que ses trois angles sont égaux à deux droits, et il ne m'est pas possible de ne le point croire pendant que j'applique ma pensée à sa démonstration; mais aussitôt que je l'en détourne, encore que je me ressouvienne de l'avoir clairement comprise, toutefois il se peut faire aisément que je doute de sa vérité, si j'ignore qu'il y ait un Dieu : car je puis me persuader d'avoir été fait tel par la nature que je me puisse aisément tromper, même dans les choses que je crois comprendre avec le plus d'évidence et de certitude; vu principalement que je me ressouviens d'avoir souvent estimé beaucoup de choses pour vraies et certaines, lesquelles d'autres raisons m'ont porté, par après, à juger absolument fausses.

Mais, après avoir reconnu qu'il y a un Dieu; pour ce qu'en même temps j'ai reconnu aussi que toutes choses dépendent de lui et qu'il n'est point trompeur, et qu'en suite de cela j'ai jugé que tout ce que je conçois clairement et distinctement ne peut manquer d'être vrai : encore que je ne pense plus aux raisons pour lesquelles j'ai jugé cela être véritable, pourvu seulement que je me ressouvienne de l'avoir clairement et distinctement compris, on ne peut apporter aucune raison contraire qui me le fasse jamais révoquer en doute; et ainsi j'en ai une vraie et certaine science. Et cette même science s'étend aussi à toutes les autres choses que je me ressouviens d'avoir autrefois démontrées, comme aux vérités de la géométrie et autres semblables : car qu'est-ce que l'on me peut objecter pour m'obliger à les révoquer en doute! Sera-ce que ma nature est telle que je suis fort sujet à me méprendre? Mais je sais déjà que je ne puis me tromper dans les jugements dont je connais clairement les raisons. Sera-ce que j'ai estimé autrefois beaucoup de choses pour vraies et pour certaines, que j'ai reconnues par après être fausses? Mais je n'avais connu clairement ni distinctement aucune de ces choses-là; et, ne sachant point encore cette règle par laquelle je m'assure de la vérité, j'avais été porté à les croire par des raisons que j'ai reconnues depuis être moins fortes que je ne me les étais pour lors imaginées. Que me pourra-t-on donc objecter davantage? Sera-ce que peut-être je dors (comme je me l'étais moi-même objecté ci-devant), ou bien que toutes les pensées que j'ai maintenant ne sont pas plus vraies que les rêveries que nous imaginons étant endormis? Mais quand bien même je dormirais, tout ce qui se présente à mon esprit avec évidence est absolument véritable.

Et ainsi je reconnais très-clairement que la certitude et la vérité de toute science dépend de la seule connaissance du vrai Dieu : en sorte qu'avant que je le connusse je ne pouvais savoir parfaitement aucune autre chose. Et à présent que je le connais, j'ai le moyen d'acquérir une science parfaite touchant une infinité de choses, non-seulement de celles qui sont en lui, mais aussi de celles qui appartiennent à la nature corporelle en tant qu'elle peut servir d'objet aux démonstrations des géomètres, lesquels n'ont point d'égard à son existence.

MÉDITATION SIXIÈME.

De l'existence des choses matérielles et de la distinction réelle qui est entre l'âme et le corps de l'homme.

Il ne me reste plus maintenant qu'à examiner s'il y a des choses matérielles : et, certes, au moins sais-je déjà qu'il y en peut avoir en tant qu'on les considère comme l'objet des démonstrations de géométrie, vu que de cette façon je les conçois fort clairement et fort distinctement. Car il n'y a point de doute que Dieu n'ait la puissance de produire toutes les choses que je suis capable de concevoir avec distinction ; et je n'ai jamais jugé qu'il lui fût impossible de faire quelque chose, que par cela seul que je trouvais de la contradiction à la pouvoir bien concevoir. De plus, la faculté d'imaginer qui est en moi, et de laquelle je vois par expérience que je me sers lorsque je m'applique à la considération des choses matérielles, est capable de me persuader leur existence : car, quand je considère attentivement ce que c'est que l'imagination, je trouve qu'elle n'est autre chose qu'une certaine application de la faculté qui connaît au corps qui lui est intimement présent, et partant qui existe.

Et pour rendre cela très-manifeste, je remarque premièrement la différence qui est entre l'imagination et la pure intellection ou conception. Par exemple, lorsque j'imagine un triangle, non-seulement je conçois que c'est une figure composée de trois lignes, mais avec cela j'envisage ces trois lignes comme présentes par la force et l'application intérieure de mon esprit; et c'est proprement ce que j'appelle imaginer. Que si je veux penser à un chiliogone, je conçois bien à la vérité que c'est une figure composée de mille côtés, aussi facilement que je conçois qu'un triangle est une figure composée de trois côtés seulement; mais je ne puis pas imaginer les mille côtés d'un chiliogone comme je fais les trois d'un triangle, ni pour ainsi dire les regarder comme présents avec les yeux de mon esprit. Et quoique, suivant la coutume que j'ai de me servir toujours de mon imagination lorsque je pense aux choses corporelles, il arrive qu'en concevant un chiliogone je me représente confusément quelque figure, toutefois il est très-évident que cette figure n'est point un chiliogone, puisqu'elle ne diffère nullement de celle que je me représenterais, si je pensais à un myriogone ou à quelque autre figure de beaucoup de côtés, et qu'elle ne sert en aucune façon à découvrir les propriétés qui font la différence du chiliogone d'avec les autres polygones. Que s'il est question de considérer un pentagone, il est bien vrai que je puis concevoir sa figure, aussi bien que celle d'un chiliogone, sans le secours de l'imagination; mais je la puis aussi imaginer en appliquant l'attention de mon esprit à chacun de ses cinq côtés, et tout ensemble à l'aire ou à l'espace qu'ils renferment. Ainsi je connais clairement que j'ai besoin d'une particulière contention d'esprit pour imaginer, de laquelle je ne me sers point pour concevoir ou pour entendre; et cette particulière contention d'esprit montre évidemment la différence qui est entre l'imagination et l'intellection ou conception pure. Je remarque outre cela que cette vertu d'imaginer qui est en moi, en tant qu'elle diffère de la puissance de concevoir, n'est en aucune façon nécessaire à ma nature ou à mon essence, c'est-à-dire à l'essence de mon esprit; car, encore que je ne l'eusse point, il est sans doute que je demeurerais toujours le même que je suis maintenant : d'où il semble que l'on puisse conclure qu'elle dépend de quelque chose qui diffère de mon esprit. Et je conçois facilement que si quelque corps existe auquel mon esprit soit tellement conjoint et uni qu'il se puisse appliquer à le considérer quand il lui plaît, il se peut faire que par ce moyen il imagine les choses corporelles : en sorte que cette façon de penser diffère seulement de la pure intellection en ce que l'esprit en concevant se tourne en quelque façon vers soi-même, et considère quelqu'une des idées qu'il a en soi; mais en imaginant il se tourne vers le corps et considère en lui quelque chose de conforme à l'idée qu'il a lui-même formée ou qu'il a reçue par les sens. Je conçois, dis-je, aisément que l'imagination se peut faire de cette sorte, s'il est vrai qu'il y ait des corps; et parce que je ne puis rencontrer aucune autre voie pour expliquer comment elle se fait, je conjecture de là probablement qu'il y en a; mais ce n'est que probablement; et quoique j'examine soigneusement toutes choses, je ne trouve pas néanmoins que, de cette idée distincte de la nature corporelle que j'ai en mon imagination, je puisse tirer aucun argument qui conclue avec nécessité l'existence de quelque corps.

Or, j'ai accoutumé d'imaginer beaucoup d'autres choses outre cette nature corporelle qui est l'objet de la géométrie, à savoir, les couleurs, les sons, les saveurs, la douceur et autres choses semblables, quoique moins distinctement; et d'autant que j'aperçois beaucoup mieux ces choses-là par les sens, par l'entremise desquels et de la mémoire elles semblent être parvenues jusqu'à mon imagination, je crois que, pour les examiner plus commodément, il est à propos que j'examine en même temps ce que c'est que sentir, et que je voie si de ces idées que je reçois en mon esprit par cette façon de penser que j'appelle sentir, je ne pourrai point tirer quelque preuve certaine de l'existence des choses corporelles.

Et, premièremet, je rappellerai en ma mémoire quelles sont les choses que j'ai ci-devant tenues pour vraies, comme les ayant reçues par les sens, et sur quels fondements ma créance était appuyée; après, j'examinerai les raisons qui m'ont obligé depuis à les révoquer en doute; et, enfin, je considérerai ce que j'en dois maintenant croire.

Premièrement donc, j'ai senti que j'avais une tête, des mains, des pieds, et tous les autres membres dont est composé ce corps que je considérais comme une partie de moi-même ou peut-être aussi comme le tout; de plus, j'ai senti que ce corps était placé entre beaucoup d'autres, desquels il était capable de recevoir diverses commodités et incommodités; et je remarquais ces commodités par un certain sentiment de plaisir ou de volupté, et ces incommodités par un sentiment de douleur. Et, outre ce plaisir et cette douleur, je ressentais aussi en moi la faim, la soif et d'autres semblables appétits, comme aussi de certaines inclinations corporelles vers la joie, la tristesse, la colère, et autres semblables passions. Et au-dehors, outre l'extension, les figures, les mouvements des corps, je remarquais en eux de la dureté, de la chaleur, et toutes les autres qualités qui tombent sous l'attouchement; de plus, j'y remarquais de la lumière, des couleurs, des odeurs, des saveurs et des sons, dont la variété me donnait moyen de distinguer le ciel, la terre, la mer, et généralement tous les autres corps les uns d'avec les autres. Et certes, considérant les idées de toutes ces qualités qui se présentaient à ma pensée, et lesquelles seules je sentais proprement et immédiatement, ce n'était pas sans raison que je croyais sentir des choses entièrement différentes de ma pensée, à savoir, des corps d'où procédaient ces idées : car j'expérimentais qu'elles se présentaient à elles sans que mon consentement y fût requis, en sorte que je ne pouvais sentir aucun objet, quelque volonté que j'en eusse, s'il ne se trouvait présent à l'organe d'un de mes sens; et il n'était nullement en mon pouvoir de ne le pas sentir lorsqu'il s'y trouvait présent. Et parce que les idées que je recevais par les sens étaient beaucoup plus vives, plus expresses, et même à leur façon plus distinctes qu'aucunes de celles que je pouvais feindre de moi-même en méditant, ou bien que je trouvais imprimées en ma mémoire, il semblait qu'elles ne pouvaient procéder de mon esprit; de façon qu'il était nécessaire qu'elles fussent causées en moi par quelques autres choses. Desquelles choses n'ayant aucune connaissance, sinon celles que me donnaient ces mêmes idées, il ne pouvait venir autre chose en l'esprit, sinon que ces choses-là étaient semblables aux idées qu'elles causaient. Et pour ce que je me ressouvenais aussi que je m'étais plutôt servi des sens que de ma raison, et que je reconnaissais que les idées que je formais de moi-même n'étaient pas si expresses que celles que je recevais par les sens, et même qu'elles étaient le plus souvent composées des parties de celles-ci, je me persuadais aisément que je n'avais aucune idée dans mon esprit qui n'eût passé auparavant par mes sens. Ce n'était pas aussi sans quelque raison que je croyais que ce corps, lequel par un certain droit particulier j'appelais mien, m'appartenait plus proprement et plus étroitement que pas un autre; car, en effet, je n'en pouvais jamais être séparé comme des autres corps : je ressentais en lui et pour lui tous mes appétits et toutes mes affections, et enfin j'étais touché des sentiments de plaisir et de douleur en ses parties, et non pas en celles des autres corps qui en sont séparés. Mais quand j'examinais pourquoi de ce que je ne sais quel sentiment de douleur suit la tristesse en l'esprit, et du sentiment de plaisir naît la joie, ou bien pourquoi ce je ne sais quelle émotion de l'estomac, que j'appelle faim, nous fait avoir envie de manger, et la sécheresse du gosier nous fait avoir envie de boire, et ainsi du reste, je n'en pouvais rendre aucune raison, sinon que la nature me l'enseignait de la sorte; car il n'y a certes aucune affinité ni aucun rapport, au moins que je puisse comprendre, entre cette émotion de l'estomac et le désir de manger, non plus qu'entre le sentiment de la chose qui cause de la douleur et la pensée de tristesse que fait naître ce sentiment. Et, en même façon, il me semblait que j'avais appris de la nature toutes les autres choses que je jugeais touchant les objets de mes sens; pour ce que je remarquais que les jugements que j'avais coutume de faire de ces objets se formaient en moi avant que j'eusse le loisir de peser et considérer aucunes raisons qui me pussent obliger à les faire.

Mais, par après, plusieurs expériences ont peu à peu ruiné toute la créance que j'avais ajoutée à mes sens[1]: car j'ai observé plusieurs fois que des tours qui de loin m'avaient semblé rondes me paraissaient de près être carrées, et que des colosses élevés sur les plus hauts sommets de ces tours me paraissaient de petites statues à les regarder d'en bas; et ainsi, dans une infinité d'autres rencontres, j'ai trouvé de l'erreur dans les jugements fondés sur les sens extérieurs; et non pas seulement sur les sens extérieurs, mais même sur les intérieurs : car y a-t-il chose plus intime ou plus intérieure que la douleur? et cependant j'ai autrefois appris de quelques personnes qui avaient les bras et les jambes coupés qu'il leur semblait encore quelquefois sentir de la douleur dans la partie qu'ils n'avaient plus; ce qui me donnait sujet de penser que je ne pouvais aussi être entièrement assuré d'avoir mal à quelqu'un de mes membres, quoique je sentisse en lui de la douleur. Et à ces raisons de douter, j'en ai encore ajouté depuis deux autres fort générales : la première est que je n'ai jamais rien cru sentir étant éveillé que je ne puisse quelquefois croire aussi sentir quand je dors; et comme je ne crois pas que les choses qu'il me semble que je sens en dormant procèdent de quelques objets hors de moi, je ne voyais pas pourquoi je devais plutôt avoir cette créance touchant celles qu'il me semble que je sens étant éveillé; et la seconde, que, ne connaissant pas encore, ou plutôt feignant de ne pas connaître l'auteur de mon être, je ne voyais rien qui pût empêcher que je n'eusse été fait tel par la nature, que je me trompasse même dans les choses qui me paraissaient les plus véritables. Et, pour les raisons qui m'avaient ci-devant persuadé la vérité des choses sensibles, je n'avais pas beaucoup de peine à y répondre; car la nature semblant me porter à beaucoup de choses dont la raison me détournait, je ne croyais pas me devoir confier beaucoup aux enseignements de cette nature. Et, quoique les idées que je reçois par les sens ne dépendent point de ma volonté, je ne pensais pas devoir pour cela conclure qu'elles procédaient de choses différentes de moi, puisque peut-être il se peut rencontrer en moi quelque faculté, bien qu'elle m'ait été jusques ici inconnue, qui en soit la cause et qui les produise.

Mais maintenant que je commence à me mieux connaître moi-même et à découvrir plus clairement l'auteur de mon origine, je ne pense pas à la vérité que je doive témérairement admettre toutes les choses que les sens semblent nous enseigner, mais je ne pense pas aussi que je les doive toutes généralement révoquer en doute.

Et premièrement, pour ce que je sais que toutes les choses que je conçois clairement et distinctement peuvent être produites par Dieu, telles que je les conçois, il suffit que je puisse concevoir clairement et distinctement une chose sans une autre pour être certain que l'une est distincte ou différente de l'autre, parce qu'elles peuvent être mises séparément, au moins par la toute-puissance de Dieu; et il n'importe par quelle puissance cette séparation se fasse pour être obligé à les juger différentes : et partant de cela même que je connais avec certitude que j'existe, et que cependant je ne remarque point qu'il appartienne nécessairement aucune autre chose à ma nature ou à mon essence, sinon que je suis une chose qui pense, je conclus fort bien que mon essence consiste en cela seul que je suis une chose qui pense, ou une substance dont toute l'essence ou la nature n'est que de penser. Et quoique peut-être, ou plutôt certainement, comme je le dirai tantôt, j'aie un corps auquel je suis très-étroitement conjoint, néanmoins, pour ce que d'un côté j'ai une claire et distincte idée de moi-même en tant que je suis seulement une chose qui pense et non étendue, et que d'un autre j'ai une idée distincte du corps en tant qu'il est seulement une chose étendue et qui ne pense point, il est certain que moi, c'est-à-dire mon âme, par laquelle je suis ce que je suis, est entièrement et véritablement distincte de mon corps, et qu'elle peut être ou exister sans lui.

De plus, je trouve en moi diverses facultés de penser qui ont chacune leur manière particulière : par exemple, je trouve en moi les facultés d'imaginer et de sentir, sans lesquelles je puis bien me concevoir clairement et distinctement tout entier, mais non pas réciproquement elle sans moi, c'est-à-dire sans une substance intelligente à qui elles soient attachées ou à qui elles appartiennent; car, dans la notion que nous avons de ces facultés, ou, pour me servir des termes de l'école, dans leur concept formel, elles enferment quelque sorte d'intellection : d'où je conçois qu'elles sont distinctes de moi comme les modes le sont des choses. Je connais aussi quelques autres facultés, comme celles de changer de lieu, de prendre diverses situations, et autres semblables qui ne peuvent être conçues, non plus que les précédentes, sans quelque substance à qui elles soient attachées, ni par conséquent exister sans elle; mais il est très-évident que ces facultés, s'il est vrai qu'elles existent, doivent appartenir à quelque substance corporelle ou étendue, et non pas à une substance intelligente, puisque dans leur concept clair et distinct il y a bien quelque sorte d'extension qui se trouve contenue, mais point du tout d'intelligence. De plus, je ne puis douter qu'il y ait en moi une certaine faculté passive de sentir, c'est-à-dire de recevoir et de reconnaître les idées des choses sensibles; mais elle me serait inutile, et je ne m'en pourrais aucunement servir, s'il n'y avait aussi en moi, ou en quelque autre chose, une autre faculté active, capable de former et produire ces idées. Or, cette faculté active ne peut être en moi en tant que je ne suis qu'une chose qui pense, vu qu'elle ne présuppose point ma pensée, et aussi que ces idées-là me sont souvent représentées sans que j'y contribue en aucune façon, et même souvent contre mon gré; il faut donc nécessairement qu'elle soit en quelque substance différente de moi, dans laquelle toute la réalité qui est objectivement dans les idées qui sont produites par cette faculté, soit contenue formellement ou éminemment, comme je l'ai remarqué ci-devant : et cette substance est ou un corps, c'est-à-dire une nature corporelle, dans laquelle est contenu formellement et en effet tout ce qui est objectivement et par représentation dans ces idées; ou bien c'est Dieu même, ou quelque autre créature plus noble que le corps dans laquelle cela même est contenu éminemment. Or, Dieu n'étant point trompeur, il est très-manifeste qu'il ne m'envoie point ces idées immédiatement par lui-même, ni aussi par l'entremise de quelque créature dans laquelle leur réalité ne soit pas connue formellement, mais seulement éminemment. Car ne m'ayant donné aucune faculté pour connaître que cela soit, mais au contraire une très-grande inclination à croire qu'elles partent des choses corporelles, je ne vois pas comment on pourrait l'excuser de tromperie si en effet ces idées partaient d'ailleurs, ou étaient produites par d'autres causes que par des choses corporelles : et partant il faut conclure qu'il y a des choses corporelles qui existent. Toutefois elles ne sont peut-être pas entièrement telles que nous les apercevons par les sens, car il y a bien des choses qui rendent cette perception des sens fort obscure et confuse; mais au moins faut-il avouer que toutes les choses que j'y conçois clairement et distinctement, c'est-à-dire toutes les choses, généralement parlant, qui sont comprises dans l'objet de la géométrie spéculative, s'y rencontrent véritablement.

Mais pour ce qui est des autres choses, lesquelles ou sont seulement particulières, par exemple, que le soleil soit de telle grandeur et de telle figure, etc.; ou bien sont conçues moins clairement et moins distinctement, comme la lumière, le son, la douleur, et autres semblables, il est certain qu'encore qu'elles soient fort douteuses et incertaines, toutefois, de cela seul que Dieu n'est point trompeur, et que par conséquent il n'a point permis qu'il pût y avoir aucune fausseté dans mes opinions qu'il ne m'ait aussi donné quelque faculté capable de la corriger, je crois pouvoir conclure assurément que j'ai en moi les moyens de les connaître avec certitude. Et premièrement, il n'y a point de doute que tout ce que la nature m'enseigne contient quelque vérité : car par la nature, considérée en général, je n'entends maintenant autre chose que Dieu même, ou bien l'ordre et la disposition que Dieu a établie dans les choses créées, et par ma nature en particulier je n'entends autre chose que la complexion ou l'assemblage de toutes les choses que Dieu m'a données.

Or, il n'y a rien que cette nature m'enseigne plus expressément ni plus sensiblement, sinon que j'ai un corps qui est mal disposé quand je sens de la douleur, qui a besoin de manger ou de boire quand j'ai les sentiments de la faim ou de la soif, etc. Et partant je ne dois aucunement douter qu'il y ait en cela quelque vérité.

La nature m'enseigne aussi par ces sentiments de douleur, de faim, de soif, etc., que je ne suis pas seulement logé dans mon corps, ainsi qu'un pilote en son navire, mais outre cela que je lui suis conjoint très-étroitement et tellement confondu et mêlé que je compose comme un seul tout avec lui. Car, si cela n'était, lorsque mon corps est blessé je ne sentirais pas pour cela de la douleur, moi qui ne suis qu'une chose qui pense; mais j'apercevrais cette blessure par le seul entendement, comme un pilote aperçoit par la vue si quelque chose se rompt dans son vaisseau; et lorsque mon corps a besoin de boire ou de manger, je connaîtrais simplement cela; même sans en être averti par des sentiments confus de faim et de soif : car, en effet, tous ces sentiments de faim, de soif, de douleur, etc., ne sont autre chose que de certaines façons confuses de penser, qui proviennent et dépendent de l'union et comme du mélange de l'esprit avec le corps.

Outre cela, la nature m'enseigne que plusieurs autres corps existent autour du mien, desquels j'ai à poursuivre les uns et à fuir les autres. Et certes, de ce que je sens différentes sortes de couleurs, d'odeurs, de saveurs, de sons, de chaleur, de dureté, etc., je conclus fort bien qu'il y a, dans les corps d'où procèdent toutes ces diverses perceptions des sens, quelques variétés qui leur répondent, quoique peut-être ces variétés ne leur soient point en effet semblables : et de ce qu'entre ces diverses perceptions des sens les unes me sont agréables, et les autres désagréables, il n'y a point de doute que mon corps, ou plutôt moi-même tout entier, en tant que je suis composé de corps et d'âme, ne puisse recevoir diverses commodités ou incommodités des autres corps qui l'environnent.

Mais il y a plusieurs autres choses qu'il semble que la nature m'ait enseignées, lesquelles toutefois je n'ai pas véritablement apprises d'elles, mais qui se sont introduites en mon esprit par une certaine coutume que j'ai de juger inconsidérément des choses; et ainsi il peut aisément arriver qu'elles contiennent quelque fausseté; comme, par exemple, l'opinion que j'ai que tout espace dans lequel il n'y a rien qui meuve et fasse impression sur mes sens soit vide; que dans un corps qui est chaud il y ait quelque chose de semblable à l'idée de la chaleur qui est en moi; que dans un corps blanc ou noir il y ait la même blancheur ou noirceur que je sens; que dans un corps amer ou doux il y ait le même goût ou la même saveur, et ainsi des autres; que les astres, les tours et tous les autres corps éloignés soient de la même figure et grandeur qu'ils paraissent de loin à nos yeux, etc. Mais afin qu'il n'y ait rien en ceci que je ne conçoive distinctement, je dois précisément définir ce que j'entends proprement lorsque je dis que la nature m'enseigne quelque chose. Car je prends ici la nature en une signification plus resserrée que lorsque je l'appelle un assemblage ou une complexion de toutes les choses que Dieu m'a données; vu que cet assemblage ou complexion comprend beaucoup de choses qui n'appartiennent qu'à l'esprit seul, desquelles je n'entends point ici parler en parlant de la nature, comme, par exemple, la notion que j'ai de cette vérité, que ce qui a une fois été fait ne peut plus n'avoir point été fait, et une infinité d'autres semblables que je connais par la lumière naturelle sans l'aide du corps; et qu'il en comprend aussi plusieurs autres qui n'appartiennent qu'au corps seul, et ne sont point ici non plus contenues sous le nom de nature, comme la qualité qu'il a d'être pesant, et plusieurs autres semblables desquelles je ne parle pas aussi, mais seulement des choses que Dieu m'a données comme étant composé d'esprit et de corps. Or, cette nature m'apprend bien à fuir les choses qui causent en moi le sentiment de la douleur, et à me porter vers celles qui me font avoir quelque sentiment de plaisir; mais je ne vois point qu'outre cela elle m'apprenne que de ces diverses perceptions des sens nous devions jamais rien conclure touchant les choses qui sont hors de nous sans que l'esprit les ait soigneusement et mûrement examinées : car c'est, ce me semble, à l'esprit seul, et non point au composé de l'esprit et du corps, qu'il appartient de connaître la vérité de ces choses-là. Ainsi, quoiqu'une étoile ne fasse pas plus d'impression en mon œil que le feu d'une chandelle, il n'y a toutefois en moi aucune faculté réelle ou naturelle qui me porte à croire qu'elle n'est pas plus grande que ce feu, mais je l'ai jugé ainsi dès mes premières années sans aucun raisonnable fondement. Et quoiqu'en approchant du feu je sente de la chaleur, et même que m'en approchant un peu trop près je ressente de la douleur, il n'y a toutefois aucune raison qui me puisse persuader qu'il y a dans le feu quelque chose de semblable à cette chaleur, non plus qu'à cette douleur; mais seulement j'ai raison de croire qu'il y a quelque chose en lui, quelle qu'elle puisse être, qui excite en moi ces sentiments de chaleur ou de douleur. De même aussi, quoiqu'il y ait des espaces dans lesquels je ne trouve rien qui excite et meuve mes sens, je ne dois pas conclure pour cela que ces espaces ne contiennent en eux aucun corps; mais je vois que, tant en ceci qu'en plusieurs autres choses semblables, j'ai accoutumé de pervertir et confondre l'ordre de la nature, parce que ces sentiments ou perceptions des sens n'ayant été mises en moi que pour signifier à mon esprit quelles choses sont convenables ou nuisibles au composé dont il est partie, et jusque-là étant assez claires et assez distinctes, je m'en sers néanmoins comme si elles étaient des règles très-certaines par lesquelles je pusse connaître immédiatement l'essence et la nature des corps qui sont hors de moi, de laquelle toutefois elles ne me peuvent rien enseigner que de fort obscur et confus.

Mais j'ai déjà ci-devant assez examiné comment, nonobstant la souveraine bonté de Dieu, il arrive qu'il y ait de la fausseté dans les jugements que je fais en cette sorte. Il se présente seulement encore ici une difficulté touchant les choses que la nature m'enseigne devoir être suivies ou évitées, et aussi touchant les sentiments intérieurs qu'elle a mis en moi; car il me semble y avoir quelquefois remarqué de l'erreur, et, ainsi, que je suis directement trompé par ma nature : comme, par exemple, le goût agréable de quelque viande en laquelle on aura mêlé du poison peut m'inviter à prendre ce poison, et ainsi me tromper. Il est vrai toutefois qu'en ceci la nature peut être excusée, car elle me porte seulement à désirer la viande dans laquelle se rencontre une saveur agréable et non point à désirer le poison, lequel lui est inconnu; de façon que je ne puis conclure de ceci autre chose sinon que ma nature ne connaît pas entièrement et universellement toutes choses : de quoi certes il n'y a pas lieu de s'étonner, puisque l'homme étant d'une nature finie ne peut aussi avoir qu'une connaissance d'une perfection limitée.

Mais nous nous trompons aussi assez souvent, même dans les choses auxquelles nous sommes directement portés par la nature, comme il arrive aux malades, lorsqu'ils désirent de boire ou de manger des choses qui leur peuvent nuire. On dira peut-être ici que ce qui est cause qu'ils se trompent est que leur nature est corrompue; mais cela n'ôte pas la difficulté, car un homme malade n'est pas moins véritablement la créature de Dieu qu'un homme qui est en pleine santé, et partant il répugne autant à la bonté de Dieu qu'il ait une nature trompeuse et fautive que l'autre. Et comme une horloge, composée de roues et de contre-poids, n'observe pas moins exactement toutes les lois de la nature lorsqu'elle est mal faite et qu'elle ne montre pas bien les heures que lorsqu'elle satisfait entièrement au désir de l'ouvrier, de même aussi, si je considère le corps de l'homme comme étant une machine tellement bâtie et composée d'os, de nerfs, de muscles, de veines, de sang et de peau, qu'encore bien qu'il n'y eût en lui aucun esprit, il ne laisserait pas de se mouvoir en toutes les mêmes façons qu'il fait à présent lorsqu'il ne se meut point par la direction de sa volonté, ni par conséquent par l'aide de l'esprit, mais seulement par la disposition de ses organes, je reconnais facilement qu'il serait aussi naturel à ce corps étant, par exemple, hydropique, de souffrir la sécheresse du gosier, qui a coutume de porter à l'esprit le sentiment de la soif, et d'être disposé par cette sécheresse à mouvoir ses nerfs et ses autres parties en la façon qui est requise pour boire, et ainsi d'augmenter son mal et se nuire à soi-même, qu'il lui est naturel, lorsqu'il n'a aucune indisposition d'être porté à boire pour son utilité par une semblable sécheresse de gosier; et quoique, regardant à l'usage auquel une horloge a été destinée par son ouvrier, je puisse dire qu'elle se détourne de sa nature lorsqu'elle ne marque pas bien les heures, et qu'en même façon, considérant la machine du corps humain comme ayant été formée de Dieu pour avoir en soi tous les mouvements qui ont coutume d'y être, j'ai sujet de penser qu'elle ne suit pas l'ordre de sa nature quand son gosier est sec, et que le boire nuit à sa conservation, je reconnais toutefois que cette dernière façon d'expliquer la nature est beaucoup différente de l'autre ; car celle-ci n'est autre chose qu'une certaine dénomination extérieure, laquelle dépend entièrement de ma pensée, qui compare un homme malade et une horloge mal faite, avec l'idée que j'ai d'un homme sain et d'une horloge bien faite, et laquelle ne signifie rien qui se trouve en effet dans la chose dont elle se dit ; au lieu que, par l'autre façon d'expliquer la nature, j'entends quelque chose qui se rencontre véritablement dans les choses, et partant qui n'est point sans quelque vérité.

Mais certes, quoique au regard d'un corps hydropique ce ne soit qu'une dénomination extérieure quand on dit que sa nature est corrompue lorsque, sans avoir besoin de boire, il ne laisse pas d'avoir le gosier sec et aride ; toutefois, au regard de tout le composé, c'est-à-dire de l'esprit ou de l'âme unie au corps, ce n'est pas une pure dénomination, mais bien une véritable erreur de nature, de ce qu'il a soif lorsqu'il lui est très-nuisible de boire ; et partant il reste encore à examiner comment la bonté de Dieu n'empêche pas que la nature de l'homme, prise de cette sorte, soit fautive et trompeuse.

Pour commencer donc cet examen, je remarque ici premièrement qu'il y a une grande différence entre l'esprit et le corps, en ce que le corps, de sa nature, est toujours divisible, et que l'esprit est entièrement indivisible ; car, en effet, quand je le considère, c'est-à-dire quand je me considère moi-même en tant que je suis seulement une chose qui pense, je ne puis distinguer en moi aucunes parties, mais je connais et conçois fort clairement que je suis une chose absolument une et entière ; et quoique tout l'esprit semble être uni à tout le corps, toutefois lorsqu'un pied ou un bras ou quelque autre partie vient à en être séparée, je connais fort bien que rien pour cela n'a été retranché de mon esprit : et les facultés de vouloir, de sentir, de concevoir, etc., ne peuvent pas non plus être dites proprement ses parties, car c'est le même esprit qui s'emploie *tout entier* à vouloir, et tout entier à sentir et à concevoir, etc. ; mais c'est tout le contraire dans les choses corporelles ou étendues, car je n'en puis imaginer aucune, pour petite qu'elle soit, que je ne mette aisément en pièces par ma pensée, ou que mon esprit ne divise fort facilement en plusieurs parties, et par conséquent que je ne connaisse être divisible. Ce qui suffirait pour m'enseigner que l'esprit ou l'âme de l'homme est entièrement différente du corps, si je ne l'avais déjà d'ailleurs assez appris.

Je remarque aussi que l'esprit ne reçoit pas immédiatement l'impression de toutes les parties du corps, mais seulement du cerveau ou peut-être même d'une de ses plus petites parties, à savoir, de celle où s'exerce cette faculté qu'ils appellent le sens commun, laquelle, toutes les fois qu'elle est disposée de même façon, fait sentir la même chose à l'esprit, quoique cependant les autres parties du corps puissent être diversement disposées, comme le témoignent une infinité d'expériences, lesquelles il n'est pas ici besoin de rapporter.

Je remarque, outre cela, que la nature du corps est telle qu'aucune de ses parties ne peut être mue par une autre partie un peu éloignée, qu'elle ne le puisse être aussi de la même sorte par chacune des parties qui sont entre deux, quoique cette partie plus éloignée n'agisse point. Comme, par exemple, dans la corde A B C D qui est toute tendue, si l'on vient à tirer et remuer la dernière partie D, la première A ne sera pas mue d'une autre façon qu'elle le pourrait aussi être si on tirait une des parties moyennes B ou C, et que la dernière D demeurât cependant immobile. Et, en même façon, quand je ressens de la douleur au pied, la physique m'apprend que ce sentiment se communique par le moyen des nerfs dispersés dans le pied, qui, se trouvant tendus comme des cordes depuis là jusqu'au cerveau, lorsqu'ils sont tirés dans le pied, tirent aussi en même temps l'endroit du cerveau d'où ils viennent et auquel ils aboutissent, et y excitent un certain mouvement que la nature a institué pour faire sentir de la douleur à l'esprit, comme si cette douleur était dans le pied; mais parce que ses nerfs doivent passer par la jambe, par la cuisse, par les reins, par le dos et par le cou, pour s'étendre depuis le pied jusqu'au cerveau, il peut arriver qu'encore bien que leurs extrémités qui sont dans le pied ne soient point remuées, mais seulement quelques-unes de leurs parties qui passent par les reins ou par le cou, cela néanmoins excite les mêmes mouvements dans le cerveau qui pourraient y être excités par une blessure reçue dans le pied. ensuite de quoi il sera nécessaire que l'esprit ressente dans le pied la même douleur que s'il y avait reçu une blessure; et il faut juger le semblable de toutes les autres perceptions de nos sens.

Enfin, je remarque que, puisque chacun des mouvements qui se font dans la partie du cerveau dont l'esprit reçoit immédiatement l'impression ne lui fait ressentir qu'un seul sentiment, on ne peut en cela souhaiter ni imaginer rien de mieux, sinon que ce mouvement fasse ressentir à l'esprit, entre tous les sentiments qu'il est capable de causer, celui qui est le plus propre et le plus ordinairement utile à la conservation du corps humain lorsqu'il est en pleine santé. Or l'expérience nous fait connaître que tous les sentiments que la nature nous a donnés sont tels que je viens de dire; et partant il ne se trouve rien en eux qui ne fasse paraître la puissance et la bonté de Dieu. Ainsi, par exemple, lorsque les nerfs qui sont dans le pied sont remués plus fortement et plus qu'à l'ordinaire, leur mouvement, passant par la moëlle de l'épine du dos jusqu'au cerveau, y fait là une impression à l'esprit qui lui fait sentir quelque chose, à savoir, de la douleur, comme étant dans le pied, par laquelle l'esprit est averti et excité à faire son possible pour en chasser la cause, comme très-dangereuse et nuisible au pied. Il est vrai que Dieu pouvait établir la nature de l'homme de telle sorte que ce même mouvement dans le cerveau fît sentir tout autre chose à l'esprit : par exemple, qu'il se fît sentir soi-même, ou en tant qu'il est dans le cerveau, ou en tant qu'il est dans le pied, ou bien en tant qu'il est en quelque autre endroit entre le pied et le cerveau, ou enfin quelque autre chose telle qu'elle peut être; mais rien de tout cela n'eût si bien contribué à la conservation du corps que ce qui lui fait sentir. De même, lorsque nous avons besoin de boire, il naît de là une certaine sécheresse dans le gosier qui remue ses nerfs, et par leur moyen les parties intérieures du cerveau; et ce mouvement fait ressentir à l'esprit le sentiment de la soif, parce qu'en cette occasion là, il n'y a rien qui nous soit plus utile que de savoir que nous avons besoin de boire pour la conservation de notre santé, et ainsi des autres.

D'où il est entièrement manifeste que, nonobstant la souveraine bonté de Dieu, la nature de l'homme, en tant qu'il est composé de l'esprit et du corps, ne peut qu'elle ne soit quelquefois fautive et trompeuse. Car s'il y a quelque cause qui excite, non dans le pied, mais en quelqu'une des parties du nerf qui est tendu depuis le pied jusqu'au cerveau, ou même dans le cerveau, le même mouvement qui se fait ordinairement quand le pied est mal disposé, on sentira de la douleur comme si elle était dans le pied, et le sens sera naturellement trompé; parce qu'un même mouvement dans le cerveau ne pouvant causer en l'esprit qu'un même sentiment, et ce sentiment étant beaucoup plus souvent excité par une cause qui blesse le pied que par une autre qui soit ailleurs, il est bien plus raisonnable qu'il porte toujours à l'esprit la douleur du pied que celle d'aucune autre partie. Et s'il arrive que parfois la sécheresse du gosier ne vienne pas comme à l'ordinaire de ce que le boire est nécessaire pour la santé du corps, mais de quelque cause toute contraire, comme il arrive à ceux qui sont hydropiques, toutefois il est beaucoup mieux qu'elle trompe en cette rencontre là, que si, au contraire, elle trompait toujours lorsque le corps est bien disposé, et ainsi des autres.

Et certes cette considération me sert beaucoup non-seulement pour reconnaître toutes les erreurs auxquelles ma nature est sujette, mais aussi pour les éviter ou pour les corriger plus facilement : car sachant que tous mes sens me signifient plus ordinairement le vrai que le faux touchant les choses qui regardent les commodités ou incommodités du corps, et pouvant presque toujours me servir de plusieurs d'entre eux pour examiner une même chose, et, outre cela, pouvant user de ma mémoire pour lier et joindre les connaissances présentes aux passées, et de mon entendement qui a déjà découvert toutes les causes de mes erreurs, je ne dois plus craindre désormais qu'il se rencontre de la fausseté dans les choses qui me sont le plus ordinairement représentées par mes sens. Et je dois rejeter tous les doutes de ces jours passés, comme hyperboliques et ridicules, particulièrement cette incertitude si générale touchant le sommeil, que je ne pouvais distinguer de la veille : car à présent j'y rencontre une très-notable différence, en ce que notre mémoire ne peut jamais lier et joindre nos songes les uns avec les autres et avec toute la suite de notre vie, ainsi qu'elle a de coutume de joindre les choses qui nous arrivent étant éveillés. Et, en effet, si quelqu'un, lorsque je veille, m'apparaissait tout soudain et disparaissait de même, comme font les images que je vois en dormant, en sorte que je ne pusse remarquer ni d'où il viendrait ni où il irait, ce ne serait pas sans raison que je l'estimerais un spectre ou un fantôme formé dans mon cerveau et semblable à ceux qui s'y forment quand je dors, plutôt qu'un vrai homme. Mais lorsque j'aperçois des choses dont je connais distinctement et le lieu d'où elles viennent, et celui où elles sont, et le temps auquel elles m'apparaissent, et que, sans aucune interruption, je puis lier le sentiment que j'en ai avec la suite du reste de ma vie, je suis entièrement assuré que je les aperçois en veillant et non point dans le sommeil. Et je ne dois en aucune façon douter de la vérité de ces choses-là, si, après avoir appelé tous mes sens, ma mémoire et mon entendement pour les examiner, il ne m'est rien rapporté par aucun d'eux qui ait de la répugnance avec ce qui m'est rapporté par les autres. Car de ce que Dieu n'est point trompeur, il suit nécessairement que je ne suis point, en cela, trompé; mais, parce que la nécessité des affaires nous oblige souvent à nous déterminer avant que nous ayons eu le loisir de les examiner si soigneusement, il faut avouer que la vie de l'homme est sujette à faillir fort souvent dans les choses particulières; enfin, il faut reconnaître l'infirmité et la faiblesse de notre nature.

LES

PASSIONS DE L'AME.

LES PASSIONS DE L'AME (1).

PREMIÈRE PARTIE.

Des passions en général et par occasion de toute la nature de l'homme.

ARTICLE PREMIER. *Que ce qui est passion au regard d'un sujet est toujours action à quelque autre égard.*

IL n'y a rien en quoi paraisse mieux combien les sciences que nous avons des anciens sont défectueuses qu'en ce qu'ils ont écrit des passions; car, bien que ce soit une matière dont la connaissance a toujours été fort recherchée, et qu'elle ne semble pas être des plus difficiles, à cause que chacun les sentant en soi-même on n'a pas besoin d'emprunter d'ailleurs aucune observation pour en découvrir la nature, toutefois ce que les anciens en ont enseigné est si peu de chose, et pour la plupart si peu croyable, que je ne puis avoir aucune espérance d'approcher de la vérité qu'en m'éloignant des chemins qu'ils ont suivis. C'est pourquoi je serai obligé d'écrire ici en même façon que si je traitais d'une matière que jamais personne avant moi n'eût touchée; et pour commencer, je consi-

(1) Ce traité fut écrit en français pour la princesse Élisabeth, vers 1646. Plus tard l'auteur le revit avec soin et l'augmenta de plus d'un tiers. Il fut imprimé pour la première fois à Amsterdam en 1649.

dère que tout ce qui se fait ou qui arrive de nouveau est généralement appelé par les philosophes une passion au regard du sujet auquel il arrive, et une action au regard de celui qui fait qu'il arrive; en sorte que, bien que l'agent et le patient soient souvent fort différents, l'action et la passion ne laissent pas d'être toujours une même chose qui a ces deux noms, à raison des deux divers sujets auxquels on la peut rapporter.

ART. 2. *Que pour connaître les passions de l'âme il faut distinguer ses fonctions d'avec celles du corps.*

Puis aussi je considère que nous ne remarquons point qu'il y ait aucun sujet qui agisse plus immédiatement contre notre âme que le corps auquel elle est jointe, et que par conséquent nous devons penser que ce qui est en elle une passion est communément en lui une action; en sorte qu'il n'y a point de meilleur chemin pour venir à la connaissance de nos passions que d'examiner la différence qui est entre l'âme et le corps, afin de connaître auquel des deux on doit attribuer chacune des fonctions qui sont en nous.

ART. 3. *Quelle règle on doit suivre pour cet effet.*

A quoi on ne trouvera pas grande difficulté si on prend garde que tout ce que nous expérimentons être en nous, et que nous voyons aussi pouvoir être en des corps tout à fait inanimés, ne doit être attribué qu'à notre corps; et au contraire, que tout ce qui est en nous, et que nous ne concevons en aucune façon pouvoir appartenir à un corps, doit être attribué à notre âme.

ART. 4. *Que la chaleur et le mouvement des membres procèdent du corps, les pensées de l'âme.*

Ainsi, à cause que nous ne concevons point que le corps pense en aucune façon, nous avons raison de croire que toutes sortes de pensées qui sont en nous appartiennent à l'âme; et à cause que nous ne doutons point qu'il y ait des corps inanimés qui se peuvent mouvoir en autant ou plus de diverses façons que les nôtres, et qui ont autant ou plus de chaleur (ce que l'expérience fait voir en la flamme, qui seul a beaucoup plus de chaleur et de mouvement qu'aucun de nos membres), nous devons croire que toute la chaleur et tous les mouvements qui sont en nous, en tant qu'ils ne dépendent point de la pensée, n'appartiennent qu'au corps.

ART. 5. *Que c'est erreur de croire que l'âme donne le mouvement et la chaleur au corps.*

Au moyen de quoi nous éviterons une erreur très-considérable en laquelle plusieurs sont tombés, en sorte que j'estime qu'elle est la première cause qui a empêché qu'on n'ait pu bien expliquer jusques ici les passions et les autres choses qui appartiennent à l'âme. Elle consiste en ce que, voyant que tous les corps morts sont privés de chaleur et ensuite de mouvement, on s'est imaginé que c'était l'absence de l'âme qui faisait cesser ces mouvements et cette chaleur; et ainsi on a cru sans raison que notre chaleur naturelle et tous les mouvements de nos corps dépendent de l'âme, au lieu qu'on devait penser au contraire que l'âme ne s'absente, lorsqu'on meurt, qu'à cause que cette chaleur cesse, et que les organes qui servent à mouvoir le corps se corrompent.

ART. 6. *Quelle différence il y a entre un corps vivant et un corps mort.*

Afin donc que nous évitions cette erreur, considérons que la mort n'arrive jamais par la faute de l'âme, mais seulement parce que quelqu'une des principales parties du corps se corrompt; et jugeons que le corps d'un homme vivant diffère autant de celui d'un homme mort que fait une montre, ou autre automate (c'est-à-dire autre machine qui se meut de soi-même), lorsqu'elle est montée et qu'elle a en soi le principe corporel des mouvements pour lesquels elle est instituée, avec tout ce qui est requis pour son action, et la même montre, ou autre machine, lorsqu'elle est rompue et que le principe de son mouvement cesse d'agir.

ART. 7. *Brève explication des parties du corps, et de quelques-unes de ses fonctions.*

Pour rendre cela plus intelligible, j'expliquerai ici en peu de mots toute la façon dont la machine de notre corps est composée. Il n'y a personne qui ne sache déjà qu'il y a en nous un cœur, un cerveau, un estomac, des muscles, des nerfs, des artères, des veines, et choses semblables; on sait aussi que les viandes qu'on mange descendent dans l'estomac et dans les boyaux, d'où leur suc, coulant dans le foie et dans toutes les veines, se mêle avec le sang qu'elles contiennent, et par ce moyen en augmente la quantité. Ceux qui ont tant soit peu ouï parler de la médecine savent, outre celá, comment le cœur est composé et comment tout le sang des veines peut facilement couler de la veine cave en son côté droit, et de là passer dans le poumon par le vaisseau qu'on nomme la veine artérieuse, puis retourner du poumon dans le côté gauche du cœur par le vaisseau nommé l'artère veineuse, et enfin passer de là dans la grande artère, dont les branches se répandent par tout le corps. Même tous ceux que l'autorité des anciens n'a point entièrement aveuglés, et qui ont voulu ouvrir les yeux pour examiner l'opinion d'Hervæus touchant la circulation du sang, ne doutent point que toutes les veines et les artères du corps ne soient comme des ruisseaux par où le sang coule sans cesse fort promptement, en prenant son cours de la cavité droite du cœur par la veine artérieuse, dont les branches sont éparses à tout le poumon et jointes à celles de l'artère veineuse, par laquelle il passe du poumon dans le côté gauche du cœur; puis de là il va dans la grande artère, dont les branches, éparses par tout le reste du corps, sont jointes aux branches de la veine qui portent derechef le même sang en la concavité droite du cœur; en sorte que ces deux cavités sont comme des écluses par chacune desquelles passe tout le sang à chaque tour qu'il fait dans le corps. De plus, on sait que tous les mouvements des membres dépendent des muscles, et que ces muscles sont opposés les uns aux autres, en telle sorte que, lorsque l'un d'eux s'accourcit, il tire vers soi la partie du corps à laquelle il est attaché, ce qui fait allonger au même temps le muscle qui lui est opposé; puis s'il arrive en un autre temps que ce dernier s'accourcisse, il fait que le premier se rallonge, et il retire vers soi la partie à laquelle ils sont attachés. Enfin on sait que tous ces mouvements des muscles, comme aussi tous les sens, dépendent des nerfs, qui sont comme de petits filets ou comme de petits tuyaux qui viennent tous du cerveau, et contiennent ainsi que lui un certain air ou vent très-subtil qu'on nomme les esprits animaux.

Art. 8. *Quel est le principe de toutes ces fonctions.*

Mais on ne sait pas communément en quelle façon ces esprits animaux et ces nerfs contribuent aux mouvements et aux sens, ni quel est le principe corporel qui les fait agir; c'est pourquoi, encore que j'en aie déjà touché quelque chose en d'autres écrits, je ne laisserai pas de dire ici succinctement que, pendant que nous vivons, il y a une chaleur continuelle en notre cœur, qui est une espèce de feu que le sang des veines y entretient, et que ce feu est le principe corporel de tous les mouvements de nos membres.

Art. 9. *Comment se fait le mouvement du cœur.*

Son premier effet est qu'il dilate le sang dont les cavités du cœur sont remplies; ce qui est cause que ce sang, ayant besoin d'occuper un plus grand lieu, passe avec impétuosité de la cavité droite dans la veine artérieuse, et de la gauche dans la grande artère; puis, cette dilatation cessant, il entre incontinent de nouveau sang de la veine cave en la cavité droite du cœur, et de l'artère veineuse en la gauche; car il y a de petites peaux aux entrées de ces quatre vaisseaux, tellement disposées qu'elles font que le sang ne peut entrer dans le cœur que par les deux derniers ni en sortir que par les deux autres. Le nouveau sang entré dans le cœur y est incontinent après raréfié en même façon que le précédent; et c'est en cela seul que consiste le pouls ou battement du cœur ou des artères; en sorte que ce battement se réitère autant de fois qu'il entre de nouveau sang dans le cœur. C'est aussi cela seul qui donne au sang son mouvement, et fait qu'il coule sans cesse très-vite en toutes les artères et les veines, au moyen de quoi il porte la chaleur qu'il acquiert dans le cœur à toutes les autres parties du corps, et il leur sert de nourriture.

Art. 10. *Comment les esprits animaux sont produits dans le cerveau.*

Mais ce qu'il y a ici de plus considérable, c'est que toutes les plus vives et les plus subtiles parties du sang que la chaleur a raréfiées dans le cœur entrent sans cesse en grande quantité dans les cavités du cerveau. Et la raison qui fait qu'elles y vont plutôt qu'en aucun autre lieu, est que tout le sang qui sort du cœur par la grande artère prend son cours en ligne droite vers ce lieu-là, et que, n'y pouvant pas tout entrer, à cause qu'il n'y a que des passages fort étroits, celles de ses parties qui sont les plus agitées et les plus subtiles y passent seules pendant que le reste se répand en tous les autres endroits du corps. Or ces parties du sang très-subtiles composent les esprits animaux; et elles n'ont besoin à cet effet de recevoir aucun autre changement dans le cerveau, sinon qu'elles y sont séparées des autres parties du sang moins subtiles; car ce que je nomme ici des esprits ne sont que des corps, et ils n'ont point d'autre propriété, sinon que ce sont des corps très-petits et qui se meuvent très-vite, ainsi que les parties de la flamme qui sort d'un flambeau; en sorte qu'ils ne s'arrêtent en aucun lieu, et qu'à mesure qu'il en entre quelques-uns dans les cavités du cerveau, il en sort aussi quelques autres par les pores qui sont en sa substance, lesquels pores les conduisent dans les nerfs, et de là dans les muscles, au moyen de quoi ils meuvent le corps en toutes les diverses façons qu'il peut être mû.

Art. 11. *Comment se font les mouvements des muscles.*

Car la seule cause de tous les mouvements des membres est que quelques muscles s'accourcissent et que leurs opposés s'allongent, ainsi qu'il a déjà été dit; et la seule cause qui fait qu'un muscle s'accourcit plutôt que son opposé est qu'il vient tant soit peu plus d'esprit du cerveau vers lui que vers l'autre. Non pas que les esprits qui viennent immédiatement du cerveau suffisent seuls pour mouvoir ces muscles, mais ils déterminent les autres esprits qui sont déjà dans ces deux muscles à sortir tous fort promptement de l'un d'eux et passer dans l'autre, au moyen de quoi celui d'où ils sortent devient plus long et plus lâche, et celui dans lequel ils entrent, étant promptement enflé par eux, s'accourcit et tire le membre auquel il est attaché. Ce qui est facile à concevoir, pourvu que l'on sache qu'il n'y a que fort peu d'esprits animaux qui viennent continuellement du cerveau vers chaque muscle, mais qu'il y en a toujours quantité d'autres enfermés dans le même muscle qui s'y meuvent très-vite, quelquefois en tournoyant seulement dans le lieu où ils sont, à savoir lorsqu'ils ne trouvent point de passages ouverts pour en sortir, et quelquefois en coulant dans le muscle opposé : et d'autant qu'il y a de petites ouvertures en chacun de ces muscles par où ces esprits peuvent couler de l'un dans l'autre, et qui sont tellement disposées que, lorsque les esprits qui viennent du cerveau vers l'un d'eux ont tant soit peu plus de force que ceux qui vont vers l'autre, ils ouvrent toutes les entrées par où les esprits de l'autre muscle peuvent passer en celui-ci, et ferment en même temps toutes celles par où les esprits de celui-ci peuvent passer en l'autre; au moyen de quoi tous les esprits contenus auparavant en ces deux muscles s'assemblent en l'un d'eux fort promptement, et ainsi l'enflent et l'accourcissent, pendant que l'autre s'allonge et se relâche.

Art. 12. *Comment les objets de dehors agissent contre les organes des sens.*

Il reste encore ici à savoir les causes qui font que les esprits ne coulent pas toujours du cerveau dans les muscles en même façon, et qu'il en vient quelquefois plus vers les uns que vers les autres. Car, outre l'action de l'âme, qui véritablement est en nous l'une de ces causes, ainsi que je dirai ci-après, il y en a encore deux autres qui ne dépendent que du corps, lesquelles il est besoin de remarquer. La première consiste en la diversité des mouvements qui sont excités dans les organes des sens par leurs objets, laquelle j'ai déjà expliquée assez amplement en la *Dioptrique;* mais afin que ceux qui verront cet écrit n'aient pas besoin d'en avoir lu d'autres, je répéterai ici qu'il y a trois choses à considérer dans les nerfs, à savoir : leur moëlle, ou substance intérieure, qui s'étend en forme de petits filets depuis le cerveau, d'où elle prend son origine, jusques aux extrémités des autres membres auxquelles ces filets sont attachés; puis les peaux qui les environnent et qui, étant contiguës avec celles qui enveloppent le cerveau, composent de petits tuyaux dans lesquels ces petits filets sont enfermés; puis enfin les esprits animaux qui, étant portés par ces mêmes tuyaux depuis le cerveau jusques aux muscles, sont cause que ces filets y demeurent entièrement libres et étendus, en telle sorte que la moindre chose qui meut la partie du corps où l'extrémité de quelqu'un d'eux est attachée fait mouvoir par même moyen la partie du cerveau d'où il vient, en même façon que lorsqu'on tire un des bouts d'une corde on fait mouvoir l'autre.

Art. 13. *Que cette action des objets de dehors peut conduire diversement les esprits dans les muscles.*

Et j'ai expliqué en la *Dioptrique* comment tous les objets de vue ne se communiquent à nous que par cela seul qu'ils meuvent localement, par l'entremise des corps transparents qui sont entre eux et nous, les petits filets des nerfs optiques qui sont au fond de nos yeux, et ensuite les endroits du cerveau d'où viennent ces nerfs; qu'ils les meuvent, dis-je, en autant de diverses façons qu'ils nous font voir de diversités dans les choses, et que ce ne sont pas immédiatement les mouvements qui se font en l'œil, mais ceux qui se font dans le cerveau, qui représentent à l'âme ces objets. A l'exemple de quoi il est aisé de concevoir que les sons, les odeurs, les saveurs, la chaleur, la douleur, la faim, la soif, et généralement tous les objets, tant de nos autres sens extérieurs que de nos appétits intérieurs, excitent aussi quelque mouvement en nos nerfs, qui passe par leur moyen jusqu'au cerveau; et outre que ces divers mouvements du cerveau font voir à notre âme divers sentiments, ils peuvent aussi faire sans elle que les esprits prennent leur cours vers certains muscles plutôt que vers d'autres, et ainsi qu'ils meuvent nos membres, ce que je prouverai seulement ici par un exemple. Si quelqu'un avance promptement sa main contre nos yeux, comme pour nous frapper, quoique nous sachions qu'il est notre ami, qu'il ne fait cela que par jeu et qu'il se gardera bien de nous faire aucun mal, nous avons toutefois de la peine à nous empêcher de les fermer; ce qui montre que ce n'est point par l'entremise de notre âme qu'ils se ferment, puisque c'est contre notre volonté, laquelle est sa seule ou du moins sa principale action; mais c'est à cause que la machine de notre corps est tellement composée que le mouvement de cette main vers nos yeux excite un autre mouvement en notre cerveau, qui conduit les esprits animaux dans les muscles qui font abaisser les paupières.

Art. 14. *Que la diversité qui est entre les esprits peut aussi diversifier leur cours.*

L'autre cause qui sert à conduire diversement les esprits animaux dans les muscles est l'inégale agitation de ces esprits et la diversité de leurs parties. Car lorsque quelques-unes de leurs parties sont plus grosses et plus agitées que les autres, elles passent plus avant en ligne droite dans les cavités et dans les pores du cerveau, et par ce moyen sont conduites en d'autres muscles qu'elles ne seraient si elles avaient moins de force.

Art. 15. *Quelles sont les causes de leur diversité.*

Et cette inégalité peut procéder des diverses matières dont ils sont composés, comme on voit en ceux qui ont bu beaucoup de vin que les vapeurs de ce vin, entrant promptement dans le sang, montent du cœur au cerveau, où elles se convertissent en esprits, qui, étant plus forts et plus abondants que ceux qui y sont d'ordinaire, sont capables de mouvoir le corps en plusieurs étranges façons. Cette inégalité des esprits peut aussi procéder des diverses dispositions du cœur, du foie, de l'estomac, de la rate et de toutes les autres parties qui contribuent à leur production; car il faut principalement ici remarquer certains petits nerfs insérés dans la base du cœur, qui servent à élargir et étrécir les entrées de ces concavités, au moyen de quoi le sang, s'y dilatant plus ou moins fort, produit des esprits diversement disposés. Il faut aussi remarquer que, bien que le sang qui entre dans le cœur y vienne de tous les autres endroits du corps, il arrive souvent néanmoins qu'il y est davantage poussé de quelques parties que des autres, à cause que les nerfs et les muscles qui répondent à ces parties-là le pressent ou l'agitent davantage, et que, selon la diversité des parties desquelles il vient le plus, il se dilate diversement dans le cœur, et ensuite produit des esprits qui ont des qualités différentes. Ainsi, par exemple, celui qui vient de la partie inférieure du foie, où est le fiel, se dilate d'autre façon dans le cœur que celui qui vient de la rate, et celui-ci autrement que celui qui vient des veines des bras ou des jambes, et enfin celui-ci tout autrement que le suc des viandes, lorsque, étant nouvellement sorti de l'estomac et des boyaux, il passe promptement par le foie jusques au cœur.

ART. 16. *Comment tous les membres peuvent être mus par les objets des sens et par les esprits sans l'aide de l'âme.*

Enfin il faut remarquer que la machine de notre corps est tellement composée que tous les changements qui arrivent au mouvement des esprits peuvent faire qu'ils ouvrent quelques pores du cerveau plus que les autres, et réciproquement que, lorsque quelqu'un de ces pores est tant soit peu plus ou moins ouvert que de coutume par l'action des nerfs qui servent aux sens, cela change quelque chose au mouvement des esprits, et fait qu'ils sont conduits dans les muscles qui servent à mouvoir le corps en la façon qu'il est ordinairement mû à l'occasion d'une telle action; en sorte que tous les mouvements que nous faisons sans que notre volonté y contribue (comme il arrive souvent que nous respirons, que nous marchons, que nous mangeons, et enfin que nous faisons toutes les actions qui nous sont communes avec les bêtes) ne dépendent que de la conformation de nos membres et du cours que les esprits, excités par la chaleur du cœur, suivent naturellement dans le cerveau, dans les nerfs et dans les muscles, en même façon que le mouvement d'une montre est produit par la seule force de son ressort et la figure de ses roues.

ART. 17. *Quelles sont les fonctions de l'âme?*

Après avoir ainsi considéré toutes les fonctions qui appartiennent au corps seul, il est aisé de connaître qu'il ne reste rien en nous que nous devions attribuer à notre âme, sinon nos pensées, lesquelles sont principalement de deux genres, à savoir : les unes sont les actions de l'âme, les autres sont ses passions. Celles que je nomme ses actions sont toutes nos volontés, à cause que nous expérimentons qu'elles viennent directement de notre âme, et semblent ne dépendre que d'elle; comme, au contraire, on peut généralement nommer ses passions toutes les sortes de perceptions ou connaissances qui se trouvent en nous, à cause que souvent ce n'est pas notre âme qui les fait telles qu'elles sont, et que toujours elles les reçoit des choses qui sont représentées par elles.

ART. 18. *De la volonté.*

Derechef nos volontés sont de deux sortes; car les unes sont des actions de l'âme qui se terminent en l'âme même, comme lorsque nous voulons aimer Dieu ou généralement appliquer notre pensée à quelque objet qui n'est point matériel; les autres sont des actions qui se terminent en notre corps, comme lorsque de cela seul que nous avons la volonté de nous promener, il suit que nos jambes se remuent et que nous marchons.

ART. 19. *Des perceptions.*

Nos perceptions sont aussi de deux sortes, et les unes ont l'âme pour cause, les autres le corps. Celles qui ont l'âme pour cause sont les perceptions de nos volontés et de toutes les imaginations ou autres pensées qui en dépendent; car il est certain que nous ne saurions vouloir aucune chose que nous n'apercevions par même moyen que nous la voulons; et bien qu'au regard de notre âme ce soit une action de vouloir quelque chose, on peut dire que c'est aussi en elle une passion d'apercevoir qu'elle veut; toutefois, à cause que cette perception et cette volonté ne sont en effet qu'une même chose, la dénomination se fait toujours par ce qui est le plus noble, et ainsi on n'a point coutume de la nommer une passion, mais seulement une action.

Art. 20. *Des imaginations et autres pensées qui sont formées par l'âme.*

Lorsque notre âme s'applique à imaginer quelque chose qui n'est point, comme à se représenter un palais enchanté ou une chimère, et aussi lorsqu'elle s'applique à considérer quelque chose qui est seulement intelligible et non point imaginable, par exemple, à considérer sa propre nature, les perceptions qu'elle a de ces choses dépendent principalement de la volonté qui fait qu'elle les aperçoit; c'est pourquoi on a coutume de les considérer comme des actions plutôt que comme des passions.

Art. 21. *Des imaginations qui n'ont pour cause que le corps.*

Entre les perceptions qui sont causées par le corps, la plupart dépendent des nerfs; mais il y en a aussi quelques-unes qui n'en dépendent point, et qu'on nomme des imaginations, ainsi que celles dont je viens de parler, desquelles néanmoins elles diffèrent en ce que notre volonté ne s'emploie point à les former, ce qui fait qu'elles ne peuvent être mises au nombre des actions de l'âme, et elles ne procèdent que de ce que les esprits étant diversement agités, et rencontrant les traces de diverses impressions qui ont précédé dans le cerveau, ils y prennent leur cours fortuitement par certains pores plutôt que par d'autres. Telles sont les illusions de nos songes et aussi les rêveries que nous avons souvent étant éveillés, lorsque notre pensée erre nonchalamment sans s'appliquer à rien de soi-même. Or, encore que quelques-unes de ces imaginations soient des passions de l'âme, en prenant ce mot en sa plus propre et plus parfaite signification, et qu'elles puissent être toutes ainsi nommées, si on le prend en une signification plus générale, toutefois, pour ce qu'elles n'ont pas une cause si notable et si déterminée que les perceptions que l'âme reçoit par l'entremise des nerfs, et qu'elles semblent n'en être que l'ombre et la peinture, avant que nous les puissions bien distinguer, il faut considérer la différence qui est entre ces autres.

Art. 22. *De la différence qui est entre les autres perceptions.*

Toutes les perceptions que je n'ai pas encore expliquées viennent à l'âme par l'entremise des nerfs, et il y a entre elles cette différence que nous les rapportons les unes aux objets de dehors qui frappent nos sens, les autres à notre âme.

ART. 23. *Des perceptions que nous rapportons aux objets qui sont hors de nous.*

Celles que nous rapportons à des choses qui sont hors de nous, à savoir aux objets de nos sens, sont causées, au moins lorsque notre opinion n'est point fausse, par ces objets qui, excitant quelques mouvements dans les organes des sens extérieurs, en excitent aussi par l'entremise des nerfs dans le cerveau, lesquels font que l'âme les sent. Ainsi lorsque nous voyons la lumière d'un flambeau et que nous oyons le son d'une cloche, ce son et cette lumière sont deux diverses actions qui, par cela seul qu'ils excitent deux divers mouvements en quelques-uns de nos nerfs, et par leur moyen dans leur cerveau, donnent à l'âme deux sentiments différents, lesquels nous rapportons tellement aux sujets que nous supposons être leurs causes, que nous pensons voir le flambeau même et ouïr la cloche, non pas sentir seulement des mouvements qui viennent d'eux.

ART. 24. *Des perceptions que nous rapportons à notre corps.*

Les perceptions que nous rapportons à notre corps ou à quelques-unes de ses parties sont celles que nous avons de la faim, de la soif et de nos autres appétits naturels, à quoi on peut joindre la douleur, la chaleur et les autres affections que nous sentons comme dans nos membres, et non pas comme dans les objets qui sont hors de nous : ainsi nous pouvons sentir en même temps, et par l'entremise des mêmes nerfs, la froideur de notre main et la chaleur de la flamme dont elle s'approche, ou bien au contraire la chaleur de la main et le froid de l'air auquel elle est exposée, sans qu'il y ait aucune différence entre les actions qui nous font sentir le chaud ou le froid qui est en notre main et celles qui nous font sentir celui qui est hors de nous, sinon que, l'une de ces actions survenant à l'autre, nous jugeons que la première est déjà en nous, et que celle qui survient n'y est pas encore, mais en l'objet qui la cause.

ART. 25. *Des perceptions que nous rapportons à notre âme.*

Les perceptions qu'on rapporte seulement à l'âme sont celles dont on sent les effets comme en l'âme même, et desquelles on ne connaît communément aucune cause prochaine à laquelle on les puisse rapporter : tels sont les sentiments de joie, de colère, et autres semblables, qui sont quelquefois excités en nous par les objets qui meuvent nos nerfs, et quelquefois aussi par d'autres causes. Or, encore que toutes nos perceptions, tant celles qu'on rapporte aux objets qui sont hors de nous que celles qu'on rapporte aux différentes affections de notre corps, soient véritablement des passions au regard de notre âme, lorsqu'on prend ce mot en sa plus générale signification, toutefois on a coutume de le restreindre à signifier seulement celles qui se rapportent à l'âme même, et ce ne sont que ces dernières que j'ai entrepris ici d'expliquer sous le nom des passions de l'âme.

Art. 26. *Que les imaginations qui ne dépendent que du mouvement fortuit des esprits, peuvent être d'aussi véritables passions que les perceptions qui dépendent des nerfs.*

Il reste ici à remarquer que toutes les mêmes choses que l'âme aperçoit par l'entremise des nerfs lui peuvent aussi être représentées par le cours fortuit des esprits, sans qu'il y ait autre différence sinon que les impressions qui viennent dans le cerveau par les nerfs ont coutume d'être plus vives et plus expresses que celles que les esprits y excitent : ce qui m'a fait dire en l'article 21 que celles-ci sont comme l'ombre et la peinture des autres. Il faut aussi remarquer qu'il arrive quelquefois que cette peinture est si semblable à la chose qu'elle représente, qu'on peut y être trompé touchant les perceptions qui se rapportent aux objets qui sont hors de nous, ou bien celles qui se rapportent à quelques parties de notre corps, mais qu'on ne peut pas l'être en même façon touchant les passions, d'autant qu'elles sont si proches et si intérieures à notre âme qu'il est impossible qu'elle les sente sans qu'elles soient véritablement telles qu'elle les sent. Ainsi souvent lorsqu'on dort, et même quelquefois étant éveillé, on imagine si fortement certaines choses qu'on pense les voir devant soi ou les sentir en son corps, bien qu'elles n'y soient aucunement; mais encore qu'on soit endormi et qu'on rêve, on ne saurait se sentir triste ou ému de quelque autre passion, qu'il ne soit très-vrai que l'âme a en soi cette passion.

Art. 27. *La définition des passions de l'âme.*

Après avoir considéré en quoi les passions de l'âme diffèrent de toutes ses autres pensées, il me semble qu'on peut généralement les définir des perceptions, ou des sentiments, ou des émotions de l'âme, qu'on rapporte particulièrement à elle, et qui sont causées, et entretenues, et fortifiées par quelques mouvements des esprits.

Art. 28. *Explication de la première partie de cette définition.*

On les peut nommer des perceptions lorsqu'on se sert généralement de ce mot pour signifier toutes les pensées qui ne sont point des actions de l'âme ou des volontés, mais non point lorsqu'on ne s'en sert que pour signifier des connaissances évidentes, car l'expérience fait voir que ceux qui sont le plus agités par leurs passions ne sont pas ceux qui les connaissent le mieux, et qu'elles sont du nombre des perceptions que l'étroite alliance qui est entre l'âme et le corps rend confuses et obscures. On les peut aussi nommer des sentiments, à cause qu'elles sont reçues en l'âme en même façon que les objets des sens extérieurs, et ne sont pas autrement connues par elle; mais on peut encore mieux les nommer des émotions de l'âme, non-seulement à cause que ce nom peut être attribué à tous les changements qui arrivent en elle, c'est-à-dire à toutes les diverses pensées qui lui viennent, mais particulièrement pour ce que, de toutes les sortes de pensées qu'elle peut avoir, il n'y en a point d'autres qui l'agitent et l'ébranlent si fort que font ses passions.

Art. 29. *Explication de son autre partie.*

J'ajoute qu'elles se rapportent particulièrement à l'âme, pour les distinguer des autres sentiments qu'on rapporte, les uns aux objets extérieurs, comme les odeurs, les sons, les couleurs; les autres à notre corps, comme la faim, la soif, la douleur. J'ajoute aussi qu'elles sont causées, entretenues et fortifiées par quelque mouvement des esprits, afin de les distinguer de nos volontés, qu'on peut nommer des émotions de l'âme qui se rapportent à elle, mais qui sont causées par elle-même, et aussi afin d'expliquer leur dernière et plus prochaine cause qui les distingue derechef des autres sentiments.

Art. 30. *Que l'âme est unie à toutes les parties du corps conjointement.*

Mais pour entendre plus parfaitement toutes ces choses, il est besoin de savoir que l'âme est véritablement jointe à tout le corps, et qu'on ne peut pas proprement dire qu'elle soit en quelqu'une de ses parties à l'exclusion des autres, à cause qu'il est un et en quelque façon indivisible, à raison de la disposition de ses organes qui se rapportent tellement tous l'un à l'autre que, lorsque quelqu'un d'eux est ôté, cela rend tout le corps défectueux; et à cause qu'elle est d'une nature qui n'a aucun rapport à l'étendue ni aux dimensions ou aux propriétés de la matière dont le corps est composé, mais seulement à tout l'assemblage de ses organes, comme il paraît de ce qu'on ne saurait aucunement concevoir la moitié ou le tiers d'une âme ni quelle étendue elle occupe, et qu'elle ne devient point plus petite de ce qu'on retranche quelque partie du corps, mais qu'elle s'en sépare entièrement lorsqu'on dissout l'assemblage de ses organes.

Art. 31. *Qu'il y a une petite glande dans le cerveau en laquelle l'âme exerce ses fonctions plus particulièrement que dans les autres parties.*

Il est besoin aussi de savoir que, bien que l'âme soit jointe à tout le corps, il y a néanmoins en lui quelque partie en laquelle elle exerce ses fonctions plus particulièrement qu'en toutes les autres; et on croit communément que cette partie est le cerveau, ou peut-être le cœur : le cerveau, à cause que c'est à lui que se rapportent les organes des sens; et le cœur, à cause que c'est comme en lui qu'on sent les passions. Mais, en examinant la chose avec soin, il me semble avoir évidemment reconnu que la partie du corps en laquelle l'âme exerce immédiatement ses fonctions n'est nullement le cœur, ni aussi tout le cerveau, mais seulement la plus intérieure de ses parties, qui est une certaine glande fort petite, située dans le milieu de sa substance, et tellement suspendue au-dessus du conduit par lequel les esprits de ses cavités antérieures ont communication avec ceux de la postérieure, que les moindres mouvements qui sont en elle peuvent beaucoup pour changer le cours de ces esprits, et réciproquement que les moindres changements qui arrivent au cours des esprits peuvent beaucoup pour changer les mouvements de cette glande.

Art. 32. *Comment on connaît que cette glande est le principal siège de l'âme.*

La raison qui me persuade que l'âme ne peut avoir en tout le corps aucun autre lieu que cette glande où elle exerce immédiatement ses fonctions est que je considère que les autres parties de notre cerveau sont toutes doubles, comme aussi nous avons deux yeux, deux mains, deux oreilles, et enfin tous les organes de nos sens extérieurs sont doubles; et que, d'autant que nous n'avons qu'une seule et simple pensée d'une même chose en même temps, il faut nécessairement qu'il y ait quelque lieu où les deux images qui viennent par les deux yeux, où les deux autres impressions qui viennent d'un seul objet par les doubles organes des autres sens, se puissent assembler en une avant qu'elles parviennent à l'âme, afin qu'elles ne lui représentent pas deux objets au lieu d'un; et on peut aisément concevoir que ces images ou autres impressions se réunissent en cette glande par l'entremise des esprits qui remplissent les cavités du cerveau, mais il n'y a aucun autre endroit dans le corps où elles puissent ainsi être unies, sinon ensuite de ce qu'elles le sont en cette glande.

Art. 33. *Que le siége des passions n'est pas dans le cœur.*

Pour l'opinion de ceux qui pensent que l'âme reçoit ses passions dans le cœur, elle n'est aucunement considérable, car elle n'est fondée que sur ce que les passions y font sentir quelque altération; et il est aisé à remarquer que cette altération n'est sentie, comme dans le cœur, que par l'entremise d'un petit nerf qui descend du cerveau vers lui, ainsi que la douleur est sentie comme dans le pied par l'entremise des nerfs du pied, et les astres sont aperçus comme dans le ciel par l'entremise de leur lumière et des nerfs optiques : en sorte qu'il n'est pas plus nécessaire que notre âme exerce immédiatement ses fonctions dans le cœur pour y sentir ses passions qu'il est nécessaire qu'elle soit dans le ciel pour y voir les astres.

Art. 34. *Comment l'âme et le corps agissent l'un contre l'autre.*

Concevons donc ici que l'âme a son siége principal dans la petite glande qui est au milieu du cerveau, d'où elle rayonne en tout le reste du corps par l'entremise des esprits, des nerfs et même du sang, qui, participant aux impressions des esprits, les peut porter par les artères en tous les membres; et nous souvenant de ce qui a été dit ci-dessus de la machine de notre corps, à savoir, que les petits filets de nos nerfs sont tellement distribués en toutes ses parties qu'à l'occasion des divers mouvements qui y sont excités par les objets sensibles ils ouvrent diversement les pores du cerveau, ce qui fait que les esprits animaux contenus en ces cavités entrent diversement dans les muscles, au moyen de quoi ils peuvent mouvoir les membres en toutes les diverses façons qu'ils sont capables d'être mus, et aussi que toutes les autres causes qui peuvent diversement mouvoir les esprits suffisent pour les conduire en divers muscles, ajoutons ici que la petite glande qui est le principal siége de l'âme est tellement supendue entre les cavités qui contiennent ces esprits, qu'elle peut être mue par eux en autant de diverses façons qu'il y a de diversités sensibles dans les objets; mais qu'elle peut aussi être diversement mue par l'âme, laquelle est de telle nature qu'elle reçoit autant de diverses perceptions qu'il arrive de divers mouvements en cette glande; comme aussi réciproquement la machine du corps est tellement composée que, de cela seul que cette glande est diversement mue par l'âme ou par telle autre cause que ce puisse être, elle pousse les esprits qui l'environnent vers les pores du cerveau, qui les conduisent par les nerfs dans les muscles, au moyen de quoi elle leur fait mouvoir les membres.

Art. 35. *Exemple de la façon que les impressions des objets s'unissent en la glande qui est au milieu du cerveau.*

Ainsi, par exemple, si nous voyons quelque animal venir vers nous, la lumière réfléchie de son corps en peint deux images, une en chacun de nos yeux, et ces deux images en forment deux autres, par l'entremise des nerfs optiques, dans la superficie intérieure du cerveau qui regarde ses cavités; puis, de là, par l'entremise des esprits dont ses cavités sont remplies, ces images rayonnent en telle sorte vers la petite glande que ces esprits environnent, que le mouvement qui compose chaque point de l'une des images tend vers le même point de la glande vers lequel tend le mouvement qui forme le point de l'autre image, laquelle représente la même partie de cet animal, au moyen de quoi les deux images qui sont dans le cerveau n'en composent qu'une seule sur la glande, qui, agissant immédiatement contre l'âme, lui fait voir la figure de cet animal.

Art. 36. *Exemple de la façon que les passions sont excitées en l'âme.*

Et, outre cela, si cette figure est fort étrange et fort effroyable, c'est-à-dire si elle a beaucoup de rapport avec les choses qui ont été auparavant nuisibles au corps, cela excite en l'âme la passion de la crainte, et ensuite celle de la hardiesse, ou bien celle de la peur et de l'épouvante, selon le divers tempérament du corps ou la force de l'âme, et selon qu'on s'est auparavant garanti par la défense ou par la fuite contre les choses nuisibles auxquelles l'impression présente a du rapport; car cela rend le cerveau tellement disposé en quelques hommes, que les esprits réfléchis de l'image ainsi formée sur la glande vont de là se rendre partie dans les nerfs qui servent à tourner le dos et remuer les jambes pour s'enfuir, et partie en ceux qui élargissent ou étrécissent tellement les orifices du cœur, ou bien qui agitent tellement les autres parties d'où le sang lui est envoyé, que ce sang y étant raréfié d'autre façon que de coutume, il envoie des esprits au cerveau qui sont propres à entretenir et fortifier la passion de la peur, c'est-à-dire qui sont propres à tenir ouverts ou bien à ouvrir derechef les pores du cerveau qui les conduisent dans les mêmes nerfs; car de cela seul que ces esprits entrent en ces pores ils excitent un mouvement particulier en cette glande, lequel est institué de la nature pour faire sentir à l'âme cette passion; et pour ce que ces pores se rapportent principalement aux petits nerfs qui servent à resserrer ou élargir les orifices du cœur, cela fait que l'âme la sent principalement comme dans le cœur.

ART. 37. *Comment il paraît qu'elles sont toutes causées par quelque mouvement des esprits.*

Et pour ce que le semblable arrive en toutes les autres passions, à savoir, qu'elles sont principalement causées par les esprits qui sont contenus dans les cavités du cerveau, en tant qu'ils prennent leur cours vers les nerfs qui servent à élargir ou étrécir les orifices du cœur, ou à pousser diversement vers lui le sang qui est dans les autres parties, ou, en quelque autre façon que ce soit, à entretenir la même passion, on peut clairement entendre de ceci pourquoi j'ai mis ci-dessus en leur définition qu'elles sont causées par quelque mouvement particulier des esprits.

ART. 38. *Exemple des mouvements du corps qui accompagnent les passions et ne dépendent point de l'âme.*

Au reste, en même façon que le cours que prennent ces esprits vers les nerfs du cœur suffit pour donner le mouvement à la glande par lequel la peur est mise dans l'âme, ainsi aussi, par cela seul que quelques esprits vont en même temps vers les nerfs qui servent à remuer les jambes pour fuir, ils causent un autre mouvement en la même glande par le moyen duquel l'âme sent et aperçoit cette fuite, laquelle peut en cette façon être excitée dans le corps par la seule disposition des organes et sans que l'âme y contribue.

ART. 39. *Comment une même cause peut exciter diverses passions en divers hommes.*

La même impression que la présence d'un objet effroyable fait sur la glande, et qui cause la peur en quelques hommes, peut exciter en d'autres le courage et la hardiesse, dont la raison est que tous les cerveaux ne sont pas disposés en même façon, et que le même mouvement de la glande qui en quelques-uns excite la peur fait dans les autres que les esprits entrent dans les pores du cerveau qui les conduisent partie dans les nerfs qui servent à remuer les mains pour se défendre, et partie en ceux qui agitent et poussent le sang vers le cœur, en la façon qui est requise pour produire des esprits propres à continuer cette défense et en retenir la volonté.

ART. 40. *Quel est le principal effet des passions.*

Car il est besoin de remarquer que le principal effet de toutes les passions dans les hommes est qu'elles incitent et disposent leur âme à vouloir les choses auxquelles elles préparent leur corps; en sorte que le sentiment de la peur l'incite à vouloir fuir, celui de la hardiesse à vouloir combattre, et ainsi des autres.

ART. 41. *Quel est le pouvoir de l'âme au regard du corps.*

Mais la volonté est tellement libre de sa nature, qu'elle ne peut jamais être contrainte; et des deux sortes de pensées que j'ai distinguées en l'âme, dont les unes sont ses actions, à savoir, ses volontés, les autres ses passions, en prenant ce mot en sa plus générale signification, qui comprend toutes sortes de perceptions, les premières sont absolument en son pouvoir et ne peuvent qu'indirectement être changées par le corps, comme au contraire les dernières dépendent absolument des actions qui les conduisent, et elles ne peuvent qu'indirectement être changées par l'âme, excepté lorsqu'elle est elle-même leur cause. Et toute l'action de l'âme consiste en ce que, par cela seul qu'elle veut quelque chose, elle fait que la petite glande à qui elle est étroitement jointe se meut en la façon qui est requise pour produire l'effet qui se rapporte à cette volonté.

Art. 42. *Comment on trouve en sa mémoire les choses dont on veut se souvenir.*

Ainsi, lorsque l'âme veut se souvenir de quelque chose, cette volonté fait que la glande, se penchant successivement vers divers côtés, pousse les esprits vers divers endroits du cerveau, jusques à ce qu'ils rencontrent celui où sont les traces que l'objet dont on veut se souvenir y a laissées; car ces traces ne sont autre chose sinon que les pores du cerveau, par où les esprits ont auparavant pris leur cours à cause de la présence de cet objet, ont acquis par cela une plus grande facilité que les autres à être ouverts derechef en même façon par les esprits qui viennent vers eux; en sorte que ces esprits rencontrant ces pores entrent dedans plus facilement que dans les autres, au moyen de quoi ils excitent un mouvement particulier en la glande, lequel représente à l'âme le même objet et lui fait connaître qu'il est celui duquel elle voulait se souvenir.

Art. 43. *Comment l'âme peut imaginer, être attentive et mouvoir le corps.*

Ainsi, quand on veut imaginer quelque chose qu'on n'a jamais vue, cette volonté a la force de faire que la glande se meut en la façon qui est requise pour pousser les esprits vers les pores du cerveau par l'ouverture desquels cette chose peut être représentée; ainsi, quand on veut arrêter son attention à considérer quelque temps un même objet, cette volonté retient la glande pendant ce temps-là penchée vers un même côté; ainsi, enfin, quand on veut marcher ou mouvoir son corps en quelque façon, cette volonté fait que la glande pousse les esprits vers les muscles qui servent à cet effet.

Art. 44. *Que chaque volonté est naturellement jointe à quelque mouvement de la glande; mais que, par industrie ou par habitude, on la peut joindre à d'autres.*

Toutefois ce n'est pas toujours la volonté d'exciter en nous quelque mouvement ou quelque autre effet qui peut faire que nous l'excitons; mais cela change selon que la nature ou l'habitude ont diversement joint chaque mouvement de la glande à chaque pensée. Ainsi, par exemple, si on veut disposer ses yeux à regarder un objet fort éloigné, cette volonté fait que leur prunelle s'élargit; et si on les veut disposer à regarder un objet fort proche, cette volonté fait qu'elle s'étrécit; mais si on pense seulement à élargir la prunelle, on a beau à en avoir la volonté, on ne l'élargit point pour cela, d'autant que la nature n'a pas joint le mouvement de la glande qui sert à pousser les esprits vers le nerf optique en la façon qui est requise pour élargir ou étrécir la prunelle avec la volonté de l'élargir ou étrécir, mais bien avec celle de regarder les objets éloignés ou proches. Et lorsqu'en parlant nous ne pensons qu'au sens de ce que nous voulons dire, cela fait que nous remuons la langue et les lèvres beaucoup plus promptement et beaucoup mieux que si nous pensions à les remuer en toutes les façons qui sont requises pour proférer les mêmes paroles, d'autant que l'habitude que nous avons acquise en apprenant à parler a fait que nous avons joint l'action de l'âme, qui, par l'entremise de la glande, peut mouvoir la langue et les lèvres, avec la signification des paroles qui suivent de ces mouvements, plutôt qu'avec les mouvements mêmes.

ART. 45. *Quel est le pouvoir de l'âme au regard de ses passions.*

Nos passions ne peuvent pas aussi directement être excitées ni ôtées par l'action de notre volonté, mais elles peuvent l'être indirectement par la représentation des choses qui ont coutume d'être jointes avec les passions que nous voulons avoir, et qui sont contraires à celles que nous voulons rejeter. Ainsi, pour exciter en soi la hardiesse et ôter la peur, il ne suffit pas d'en avoir la volonté, mais il faut s'appliquer à considérer les raisons, les objets ou les exemples qui persuadent que le péril n'est pas grand; qu'il y a toujours plus de sûreté en la défense qu'en la fuite; qu'on aura de la gloire et de la joie d'avoir vaincu, au lieu qu'on ne peut attendre que du regret et de la honte d'avoir fui, et choses semblables.

ART. 46. *Quelle est la raison qui empêche que l'âme ne puisse entièrement disposer de ses passions.*

Il y a une raison particulière qui empêche l'âme de pouvoir promptement changer ou arrêter ses passions, laquelle m'a donné sujet de mettre ci-dessus en leur définition qu'elles sont non-seulement causées, mais aussi entretenues et fortifiées par quelque mouvement particulier des esprits. Cette raison est qu'elles sont presque toutes accompagnées de quelque émotion qui se fait dans le cœur, et par conséquent aussi en tout le sang et les esprits, en sorte que, jusqu'à ce que cette émotion ait cessé, elles demeurent présentes à notre pensée en même façon que les objets sensibles y sont présents pendant qu'ils agissent contre les organes de nos sens. Et comme l'âme, en se rendant fort attentive à quelque autre chose, peut s'empêcher d'ouïr un petit bruit ou de sentir une petite douleur, mais ne peut s'empêcher en même façon d'ouïr le tonnerre ou de sentir le feu qui brûle la main, ainsi elle peut aisément surmonter les moindres passions, mais non pas les plus violentes et les plus fortes, sinon après que l'émotion du sang et des esprits est apaisée. Le plus que la volonté puisse faire pendant que cette émotion est en sa vigueur, c'est de ne pas consentir à ses effets et de retenir plusieurs des mouvements auxquels elle dispose le corps. Par exemple, si la colère fait lever la main pour frapper, la volonté peut ordinairement la retenir; si la peur incite les gens à fuir, la volonté les peut arrêter, et ainsi des autres.

ART. 47. *En quoi consistent les combats qu'on a coutume d'imaginer entre la partie inférieure et la supérieure de l'âme.*

Et ce n'est qu'en la répugnance qui est entre les mouvements que le corps par ses esprits et l'âme par sa volonté tendent à exciter en même temps dans la glande, que consistent tous les combats qu'on a coutume d'imaginer entre la partie inférieure de l'âme qu'on nomme sensitive et la supérieure, qui est raisonnable, ou bien entre les appétits naturels et la volonté; car il n'y a en nous qu'une seule âme, et cette âme n'a en soi aucune diversité de parties : la même qui est sensitive est raisonnable, et tous ses appétits sont des volontés. L'erreur qu'on a commise en lui faisant jouer divers personnages qui sont ordinairement contraires les uns aux autres ne vient que de ce qu'on n'a pas bien distingué ses fonctions d'avec celles du corps, auquel seul on doit attribuer tout ce qui peut être remarqué en nous qui répugne à notre raison; en sorte qu'il n'y a point en ceci d'autre combat sinon que la petite glande qui est au milieu du cerveau pouvant être poussée d'un côté par l'âme et de l'autre par les esprits animaux, qui ne sont que des corps, ainsi que j'ai dit ci-dessus, il arrive souvent que ces deux impulsions sont contraires, et que la plus forte empêche l'effet de l'autre. Or on peut distinguer deux sortes de mouvements excités par les esprits dans la glande : les uns représentent à l'âme les objets qui meuvent les sens, ou les impressions qui se rencontrent dans le cerveau et ne font aucun effort sur sa volonté; les autres y font quelque effort, à savoir ceux qui causent les passions ou les mouvements du corps qui les accompagnent; et, pour les premiers, encore qu'ils empêchent souvent les actions de l'âme ou bien qu'ils soient empêchés par elles, toutefois, à cause qu'ils ne sont pas directement contraires, on n'y remarque point de combats. On en remarque seulement entre les derniers et les volontés qui leur répugnent : par exemple, entre l'effort dont les esprits poussent la glande pour causer en l'âme le désir de quelque chose, et celui dont l'âme la repousse par la volonté qu'elle a de fuir la même chose; et ce qui fait principalement paraître ce combat, c'est que la volonté n'ayant pas le pouvoir d'exciter directement les passions, ainsi qu'il a déjà été dit, elle est contrainte d'user d'industrie et de s'appliquer à considérer successivement diverses choses dont, s'il arrive que l'une ait la force de changer pour un moment le cours des esprits, il peut arriver que celle qui suit ne l'a pas et qu'ils le reprennent aussitôt après, à cause que la disposition qui a précédé dans les nerfs, dans le cœur et dans le sang n'est pas changée, ce qui fait que l'âme se sent poussée presque en même temps à désirer et ne pas désirer une même chose; et c'est de là qu'on a pris occasion d'imaginer en elle deux puissances qui se combattent. Toutefois on peut encore concevoir quelque combat, en ce que souvent la même cause qui excite en l'âme quelque passion excite aussi certains mouvements dans le corps auxquels l'âme ne contribue point, et lesquels elle arrête ou tâche d'arrêter sitôt qu'elle les aperçoit, comme on éprouve lorsque ce qui excite la peur fait aussi que les esprits entrent dans les muscles qui servent à remuer les jambes pour fuir, et que la volonté qu'on a d'être hardi les arrête.

ART. 48. *En quoi on connaît la force ou la faiblesse des âmes, et quel est le mal des plus faibles.*

Or c'est par le succès de ces combats que chacun peut connaître la force ou la faiblesse de son âme; car ceux en qui naturellement la volonté peut le plus aisément vaincre les passions et arrêter les mouvements du corps qui les accompagnent ont sans doute les âmes les plus fortes; mais il y en a qui ne peuvent éprouver leur force, pour ce qu'ils ne font jamais combattre leur volonté avec ses propres armes, mais seulement avec celles que lui fournissent quelques passions pour résister à quelques autres. Ce que je nomme ses propres armes sont des jugements fermes et déterminés touchant la connaissance du bien et du mal, suivant lesquels elle a résolu de conduire les actions de sa vie; et les âmes les plus faibles de toutes sont celles dont la volonté ne se détermine point ainsi à suivre certains jugements, mais se laisse continuellement emporter aux passions présentes, lesquelles, étant souvent contraires les unes aux autres, la tirent tour à tour à leur parti, et, l'employant à combattre contre elle-même, mettent l'âme au plus déplorable état qu'elle puisse être. Ainsi, lorsque la peur représente la mort comme un mal extrême et qui ne peut être évité que par la fuite; l'ambition, d'autre côté, représente l'infamie de cette fuite comme un mal pire que la mort; ces deux passions agitent diversement la volonté, laquelle obéissant tantôt à l'une, tantôt à l'autre, s'oppose continuellement à soi-même, et ainsi rend l'âme esclave et malheureuse.

Art. 49. *Que la force de l'âme ne suffit pas sans la connaissance de la vérité.*

Il est vrai qu'il y a fort peu d'hommes si faibles et irrésolus qu'ils ne veulent rien que ce que leur passion leur dicte. La plupart ont des jugements déterminés, suivant lesquels ils règlent une partie de leurs actions; et, bien que souvent ces jugements soient faux, et même fondés sur quelques passions par lesquelles la volonté s'est auparavant laissé vaincre ou séduire, toutefois, à cause qu'elle continue de les suivre lorsque la passion qui les a causés est absente, on les peut considérer comme ses propres armes, et penser que les âmes sont plus fortes ou plus faibles à raison de ce qu'elles peuvent plus ou moins suivre ces jugements et résister aux passions présentes qui leur sont contraires. Mais il y a pourtant grande différence entre les résolutions qui procèdent de quelque fausse opinion et celles qui ne sont appuyées que sur la connaissance de la vérité; d'autant que si on suit ces dernières, on est assuré de n'en avoir jamais de regret ni de repentir, au lieu qu'on en a toujours d'avoir suivi les premières lorsqu'on en découvre l'erreur.

Art. 50. *Qu'il n'y a point d'âme si faible qu'elle ne puisse, étant bien conduite, acquérir un pouvoir absolu sur ses passions.*

Et il est utile ici de savoir que, comme il a déjà été dit ci-dessus, encore que chaque mouvement de la glande semble avoir été joint par la nature à chacune de nos pensées dès le commencement de notre vie, on les peut toutefois joindre à d'autres par habitude, ainsi que l'expérience fait voir aux paroles qui excitent des mouvements en la glande, lesquels, selon l'institution de la nature, ne représentent à l'âme que leur son lorsquelles sont proférées de la voix, ou la figure de leurs lettres lorsqu'elles sont écrites, et qui, néanmoins, par l'habitude qu'on a acquise en pensant à ce qu'elles signifient lorsqu'on a ouï leur son ou bien qu'on a vu leurs lettres, ont coutume de faire concevoir cette signification plutôt que la figure de leurs lettres ou bien le son de leurs syllabes. Il est utile aussi de savoir qu'encore que les mouvements, tant de la glande que des esprits du cerveau, qui représentent à l'âme certains objets, soient naturellement joints avec ceux qui excitent en elle certaines passions, ils peuvent toutefois par habitude en être séparés et joints à d'autres fort différents, et même que cette habitude peut être acquise par une seule action et ne requiert point un long usage. Ainsi, lorsqu'on rencontre inopinément quelque chose de fort sale en une viande qu'on mange avec appétit, la surprise de cette rencontre peut tellement changer la disposition du cerveau qu'on ne pourra plus voir par après de telle viande qu'avec horreur, au lieu qu'on la mangeait auparavant avec plaisir. Et on peut remarquer la même chose dans les bêtes; car encore qu'elles n'aient point de raison, ni peut-être aucune pensée, tous les mouvements des esprits et de la glande qui excitent en nous les passions ne laissent pas d'être en elles et d'y servir à entretenir et fortifier, et non pas comme en nous, les passions, mais les mouvements des nerfs et des muscles qui ont coutume de les accompagner. Ainsi, lorsqu'un chien voit une perdrix, il est naturellement porté à courir vers elle, et lorsqu'il oit tirer un fusil, ce bruit l'incite naturellement à s'enfuir; mais néanmoins on dresse ordinairement les chiens couchants en telle sorte que la vue d'une perdrix fait qu'ils s'arrêtent, et que le bruit qu'ils oient après, lorsqu'on tire sur elle, fait qu'ils y accourent. Or ces choses sont utiles à savoir pour donner le courage à un chacun d'étudier à regarder ses passions; car, puisqu'on peut, avec un peu d'industrie, changer les mouvements du cerveau dans les animaux dépourvus de raison, il est évident qu'on le peut encore mieux dans les hommes, et que ceux même qui ont les plus faibles âmes pourraient acquérir un empire absolu sur toutes leurs passions, si on employait assez d'industrie à les dresser et à les conduire.

SECONDE PARTIE.

Du nombre et de l'ordre des passions et l'explication des six primitives.

Art. 51. *Quelles sont les premières causes des passions.*

On connaît, de ce qui a été dit ci-dessus, que la dernière et plus prochaine cause des passions de l'âme n'est autre que l'agitation dont les esprits meuvent la petite glande qui est au milieu du cerveau. Mais cela ne suffit pas pour les pouvoir distinguer les unes des autres; il est besoin de rechercher leurs sources, et d'examiner leurs premières causes : or, encore qu'elles puissent quelquefois être causées par l'action de l'âme, qui se détermine à concevoir tels ou tels objets, et aussi par le seul tempérament du corps ou par les impressions qui se rencontrent fortuitement dans le cerveau, comme il arrive lorsqu'on se sent triste ou joyeux sans en pouvoir dire aucun sujet, il paraît néanmoins, par ce qui a été dit, que toutes les mêmes peuvent aussi être excitées par les objets qui meuvent les sens, et que ces objets sont leurs causes les plus ordinaires et principales; d'où il suit que, pour les trouver toutes, il suffit de considérer tous les effets de ces objets.

Art. 52. *Quel est leur usage, et comment on peut les dénombrer.*

Je remarque outre cela que les objets qui meuvent les sens n'excitent pas en nous diverses passions, à raison de toutes les diversités qui sont en eux, mais seulement à raison des diverses façons qu'ils nous peuvent nuire ou profiter, ou bien en général être importants; et que l'usage de toutes les passions consiste en cela seul qu'elles disposent l'âme à vouloir les choses que la nature dicte nous être utiles, et à persister en cette volonté, comme aussi la même agitation des esprits qui a coutume de les causer dispose le corps aux mouvements qui servent à l'exécution de ces choses; c'est pourquoi, afin de les dénombrer, il faut seulement examiner par ordre en combien de diverses façons qui nous importent nos sens peuvent être mus par leurs objets; et je ferai ici le dénombrement de toutes les principales passions selon l'ordre qu'elles peuvent ainsi être trouvées.

L'ordre et le dénombrement des passions.

Art. 53. *L'admiration.*

Lorsque la première rencontre de quelque objet nous surprend, et que nous le jugeons être nouveau, ou fort différent de ce que nous connaissions auparavant ou bien de ce que nous supposions qu'il devait être, cela fait que nous l'admirons et en sommes étonnés; et pour ce que cela peut arriver avant que nous connaissions aucunement si cet objet nous est convenable ou s'il ne l'est pas, il me semble que l'admiration est la première de toutes les passions; et elle n'a point de contraire, à cause que, si l'objet qui se présente n'a rien en soi qui nous surprenne, nous n'en sommes aucunement émus et nous le considérons sans passion.

Art. 54. *L'estime ou le mépris, la générosité ou l'orgueil, et l'humilité ou la bassesse.*

A l'admiration est jointe l'estime ou le mépris, selon que c'est la grandeur d'un objet ou sa petitesse que nous admirons. Et nous pouvons ainsi nous estimer ou nous mépriser nous-mêmes; d'où viennent les passions, et ensuite les habitudes de magnanimité ou d'orgueil et d'humilité ou de bassesse.

Art. 55. *La vénération et le dédain.*

Mais quand nous estimons ou méprisons d'autres objets que nous considérons comme des causes libres capables de faire du bien ou du mal, de l'estime vient la vénération, et du simple mépris le dédain.

Art. 56. *L'amour et la haine.*

Or, toutes les passions précédentes peuvent être excitées en nous sans que nous apercevions en aucune façon si l'objet qui les cause est bon ou mauvais. Mais lorsqu'une chose nous est présentée comme bonne à notre égard, c'est-à-dire comme nous étant convenable, cela nous fait avoir pour elle de l'amour; et lorsqu'elle nous est représentée comme mauvaise ou nuisible, cela nous excite à la haine.

Art. 57. *Le désir.*

De la même considération du bien et du mal naissent toutes les autres passions; mais afin de les mettre par ordre, je distingue les temps, et considérant qu'elles nous portent bien plus à regarder l'avenir que le présent ou le passé, je commence par le désir. Car non-seulement lorsqu'on désire acquérir un bien qu'on n'a pas encore, ou bien éviter un mal qu'on juge pouvoir arriver, mais aussi lorsqu'on ne souhaite que la conservation d'un bien ou l'absence d'un mal, qui est tout ce à quoi se peut étendre cette passion, il est évident qu'elle regarde toujours l'avenir.

Art. 58. *L'espérance, la crainte, la jalousie, la sécurité et le désespoir.*

Il suffit de penser que l'acquisition d'un bien ou la fuite d'un mal est possible pour être incité à la désirer. Mais quand on considère, outre cela, s'il y a beaucoup ou peu d'apparence qu'on obtienne ce qu'on désire, ce qui nous représente qu'il y en a beaucoup excite en nous l'espérance, et ce qui nous représente qu'il y en a peu excite la crainte, dont la jalousie est une espèce. Lorsque l'espérance est extrême, elle change de nature et se nomme sécurité ou assurance, comme au contraire l'extrême crainte devient désespoir.

Art. 59. *L'irrésolution, le courage, la hardiesse, l'émulation, la lâcheté et l'épouvante.*

Et nous pouvons ainsi espérer et craindre, encore que l'événement de ce que nous attendons ne dépende aucunement de nous; mais quand il nous est représenté comme dépendant, il peut y avoir de la difficulté en l'élection des moyens ou en l'exécution. De la première vient l'irrésolution, qui nous dispose à délibérer et prendre conseil. A la dernière s'oppose le courage ou la hardiesse, dont l'émulation est une espèce. Et la lâcheté est contraire au courage, comme la peur ou l'épouvante à la hardiesse.

Art. 60. *Le remords.*

Et si on est déterminé à quelque action avant que l'irrésolution fût ôtée, cela fait naître le remords de conscience, lequel ne regarde pas le temps à venir, comme les passions précédentes, mais le présent ou le passé.

Art. 61. *La joie et la tristesse.*

Et la considération du bien présent excite en nous de la joie; celle du mal, de la tristesse, lorsque c'est un bien ou un mal qui nous est représenté comme nous appartenant.

Art. 62. *La moquerie, l'envie, la pitié.*

Mais lorsqu'il nous est représenté comme appartenant à d'autres hommes, nous pouvons les en estimer dignes ou indignes; et lorsque nous les en estimons dignes, cela n'excite point en nous d'autre passion que la joie, en tant que c'est pour nous quelque bien de voir que les choses arrivent comme elles doivent. Il y a seulement cette différence que la joie qui vient du bien est sérieuse, au lieu que celle qui vient du mal est accompagnée de ris et de moquerie. Mais si nous les en estimons indignes, le bien excite l'envie, et le mal la pitié, qui sont des espèces de tristesse. Et il est à remarquer que les mêmes passions qui se rapportent aux biens ou aux maux présents peuvent souvent aussi être rapportées à ceux qui sont à venir, en tant que l'opinion qu'on a qu'ils adviendront les représente comme présents.

Art. 63. *La satisfaction de soi-même et le repentir.*

Nous pouvons aussi considérer la cause du bien ou du mal, tant présent que passé. Et le bien qui a été fait par nous-mêmes nous donne une satisfaction intérieure, qui est la plus douce de toutes les passions, au lieu que le mal excite le repentir, qui est la plus amère.

Art. 64. *La faveur et la reconnaissance.*

Mais le bien qui a été fait par d'autres est cause que nous avons pour eux de la faveur, encore que ce ne soit point à nous qu'il ait été fait, et si c'est à nous, à la faveur nous joignons la reconnaissance.

Art. 65. *L'indignation et la colère.*

Tout de même le mal fait par d'autres, n'étant point rapporté à nous, fait seulement que nous avons pour eux de l'indignation, et lorsqu'il y est rapporté, il émeut aussi la colère.

ART. 66. *La gloire et la honte.*

De plus, le bien qui est ou qui a été en nous, étant rapporté à l'opinion que les autres en peuvent avoir, excite en nous de la gloire, et le mal, de la honte.

ART. 67. *Le dégoût, le regret et l'allégresse.*

Et quelquefois la durée du bien cause l'ennui ou le dégoût, au lieu que celle du mal diminue la tristesse. Enfin, du bien passé vient le regret, qui est une espèce de tristesse, et du mal passé vient l'allégresse, qui est une espèce de joie.

ART. 68. *Pourquoi ce dénombrement des passions est différent de celui qui est communément reçu.*

Voilà l'ordre qui me semble être le meilleur pour dénombrer les passions. En quoi je sais bien que je m'éloigne de l'opinion de tous ceux qui en ont ci-devant écrit, mais ce n'est pas sans grande raison. Car ils tirent leur dénombrement de ce qu'ils distinguent en la partie sensitive de l'âme deux appétits, qu'ils nomment l'un *concupiscible*, l'autre *irascible*. Et pour ce que je ne connais en l'âme aucune distinction de parties, ainsi que j'ai dit ci-dessus, cela me semble ne signifier autre chose, sinon, qu'elle a deux facultés, l'une de désirer, l'autre de se fâcher; et à cause qu'elle a en même façon les facultés, d'admirer, d'aimer, d'espérer, de craindre, et ainsi de recevoir en soi chacune des autres passions, ou de faire les actions auxquelles ces passions la poussent, je ne vois pas pourquoi ils ont voulu les rapporter toutes à la concupiscence ou à la colère. Outre que leur dénombrement ne comprend point toutes les principales passions, comme je crois que fait celui-ci. Je parle seulement des principales, à cause qu'on en pourrait encore distinguer plusieurs autres plus particulières, et leur nombre est indéfini.

ART. 69. *Qu'il n'y a que six passions primitives.*

Mais le nombre de celles qui sont simples et primitives n'est pas fort grand. Car, en faisant une revue sur toutes celles que j'ai dénombrées, on peut aisément remarquer qu'il n'y en a que six qui soient telles; à savoir : l'admiration, l'amour, la haine, le désir, la joie et la tristesse; et que toutes les autres sont composées de quelques-unes de ces six, ou bien en sont des espèces. C'est pourquoi, afin que leur multitude n'embarrasse point les lecteurs, je traiterai ici séparément des six primitives; et par après je ferai voir en quelle façon toutes les autres en tirent leur origine.

Art. 70. *De l'admiration; sa définition et sa cause.*

L'admiration est une subite surprise de l'âme, qui fait qu'elle se porte à considérer avec attention les objets qui lui semblent rares et extraordinaires. Ainsi elle est causée premièrement, par l'impression qu'on a dans le cerveau, qui représente l'objet comme rare et par conséquent digne d'être fort considéré; puis ensuite par le mouvement des esprits, qui sont disposés par cette impression à tendre avec grande force vers l'endroit du cerveau où elle est pour l'y fortifier et conserver; comme aussi ils sont disposés par elle à passer de là dans les muscles qui servent à retenir les organes des sens en la même situation qu'ils sont, afin qu'elle soit encore entretenue par eux, si c'est par eux qu'elle a été formée.

Art. 71. *Qu'il n'arrive aucun changement dans le cœur ni dans le sang en cette passion.*

Et cette passion a cela de particulier qu'on ne remarque point qu'elle soit accompagnée d'aucun changement qui arrive dans le cœur et dans le sang, ainsi que les autres passions. Dont la raison est que, n'ayant pas le bien ni le mal pour objet, mais seulement la connaissance de la chose qu'on admire, elle n'a point de rapport avec le cœur et le sang, desquels dépend tout le bien du corps, mais seulement avec le cerveau, où sont les organes des sens qui servent à cette connaissance.

Art. 72. *En quoi consiste la force de l'admiration.*

Ce qui n'empêche pas qu'elle n'ait beaucoup de force à cause de la surprise, c'est-à-dire de l'arrivement subit et inopiné de l'impression qui change le mouvement des esprits, laquelle surprise est propre et particulière à cette passion; en sorte que lorsqu'elle se rencontre en d'autres, comme elle a coutume de se rencontrer presque en toutes et de les augmenter, c'est que l'admiration est jointe avec elles. Et la force dépend de deux choses, à savoir, de la nouveauté, et de ce que le mouvement qu'elle cause a dès son commencement toute sa force. Car il est certain qu'un tel mouvement a plus d'effet que ceux qui, étant faibles d'abord et ne croissant que peu à peu, peuvent aisément être détournés. Il est certain aussi que les objets des sens qui sont nouveaux touchent le cerveau en certaines parties auxquelles il n'a point coutume d'être touché; et que ces parties étant plus tendres ou moins fermes que celles qu'une agitation fréquente a endurcies, cela augmente l'effet des mouvements qu'ils y excitent. Ce qu'on ne trouvera pas incroyable si l'on considère que c'est une pareille raison qui fait que les plantes de nos pieds étant accoutumées à un attouchement assez rude par la pesanteur du corps qu'elles portent, nous ne sentons que fort peu cet attouchement quand nous marchons; au lieu qu'un autre beaucoup moindre et plus doux dont on les chatouille nous est presque insupportable, à cause qu'il ne nous est pas ordinaire.

ART. 73. *Ce que c'est que l'étonnement.*

Et cette surprise a tant de pouvoir pour faire que les esprits qui sont dans les cavités du cerveau y prennent leurs cours vers le lieu où est l'impression de l'objet qu'on admire, qu'elle les y pousse quelquefois tous, et fait qu'ils sont tellement occupés à conserver cette impression, qu'il n'y en a aucuns qui passent de là dans les muscles, ni même qui se détournent en aucune façon des premières traces qu'ils ont suivies dans le cerveau : ce qui fait que tout le corps demeure immobile comme une statue, et qu'on ne peut apercevoir de l'objet que la première face qui s'est présentée, ni par conséquent en acquérir une plus particulière connaissance. C'est cela qu'on appelle communément être étonné; et l'étonnement est un excès d'admiration qui ne peut jamais être que mauvais.

ART. 74. *A quoi servent toutes les passions, et à quoi elles nuisent.*

Or il est aisé à connaître, de ce qui a été dit ci-dessus, que l'utilité de toutes les passions ne consiste qu'en ce qu'elles fortifient et font durer en l'âme des pensées, lesquelles il est bon qu'elle conserve, et qui pourraient facilement, sans cela, en être effacées. Comme aussi tout le mal qu'elles peuvent causer consiste en ce qu'elles fortifient et conservent ces pensées plus qu'il n'est besoin, ou bien qu'elles en fortifient et conservent d'autres auxquelles il n'est pas bon de s'arrêter.

Art. 75. *A quoi consiste particulièrement l'admiration.*

Et on peut dire en particulier de l'admiration qu'elle est utile en ce qu'elle fait que nous apprenons et retenons en notre mémoire les choses que nous avons auparavant ignorées; car nous n'admirons que ce qui nous paraît rare et extraordinaire; et rien ne nous peut paraître tel que pour ce que nous l'avons ignoré, ou même aussi pour ce qu'il est différent des choses que nous avons sues; car c'est cette différence qui fait qu'on le nomme extraordinaire. Or, encore qu'une chose qui nous était inconnue se présente de nouveau à notre entendement ou à nos sens, nous ne la retenons point pour cela en notre mémoire, si ce n'est que l'idée que nous en avons soit fortifiée en notre cerveau par quelque passion, ou bien aussi par l'application de notre entendement, que notre volonté détermine à une attention et réflexion particulière. Et les autres passions peuvent servir pour faire qu'on remarque les choses qui paraissent bonnes ou mauvaises, mais nous n'avons que l'admiration pour celles qui paraissent seulement rares. Aussi voyons-nous que ceux qui n'ont aucune inclination naturelle à cette passion sont ordinairement fort ignorants.

Art. 76. *En quoi elle peut nuire, et comment on peut suppléer à son défaut, et corriger son excès.*

Mais il arrive bien plus souvent qu'on admire trop, et qu'on s'étonne en apercevant des choses qui ne méritent que peu ou point d'être considérées, que non pas qu'on admire trop peu. Et cela peut entièrement ôter ou pervertir l'usage de la raison. C'est pourquoi, encore qu'il soit bon d'être avec quelque inclination à cette passion, pour ce que cela nous dispose à l'acquisition des sciences, nous devons toutefois tâcher par après de nous en délivrer le plus qu'il est possible. Car il est aisé de suppléer à son défaut par une réflexion et attention particulière, à laquelle notre volonté peut toujours obliger notre entendement lorsque nous jugeons que la chose qui se présente en vaut la peine; mais il n'y a point d'autre remède pour s'empêcher d'admirer avec excès que d'acquérir la connaissance de plusieurs choses, et de s'exercer en la considération de toutes celles qui peuvent sembler les plus rares et les plus étranges.

Art. 77. *Que ce ne sont ni les plus stupides ni les plus habiles qui sont le plus portés à l'admiration*

Au reste, encore qu'il n'y ait que ceux qui sont hébétés et stupides qui ne sont point portés de leur nature à l'admiration, ce n'est pas à dire que ceux qui ont le plus d'esprit y soient toujours le plus enclins; mais ce sont principalement ceux qui, bien qu'ils aient un sens commun assez bon, n'ont pas toutefois grande opinion de leur suffisance.

Art. 78. *Que son excès peut passer en habitude lorsque l'on manque de le corriger.*

Et bien que cette passion semble se diminuer par l'usage, à cause que plus on rencontre de choses rares qu'on admire, plus on s'accoutume à cesser de les admirer et à penser que toutes celles qui se peuvent présenter par après sont vulgaires, toutefois, lorsqu'elle est excessive et qu'elle fait qu'on arrête seulement son attention sur la première image des objets qui se sont présentés, sans en acquérir d'autre connaissance, elle laisse après soi une habitude qui dispose l'âme à s'arrêter en même façon sur tous les autres objets qui se présentent, pourvu qu'ils lui paraissent tant soit peu nouveaux. Et c'est ce qui fait durer la maladie de ceux qui sont aveuglément curieux, c'est-à-dire qui recherchent les raretés seulement pour les admirer et non point pour les reconnaître : car ils deviennent peu à peu si admiratifs, que des choses de nulle importance ne sont pas moins capables de les arrêter que celles dont la recherche est plus utile.

Art. 79. *Les définitions de l'amour et de la haine.*

L'amour est une émotion de l'âme causée par le mouvement des esprits, qui l'incite à se joindre de volonté aux objets qui paraissent lui être convenables. Et la haine est une émotion causée par les esprits, qui incite l'âme à vouloir être séparée des objets qui se présentent à elle comme nuisibles. Je dis que ces émotions sont causées par les esprits, afin de distinguer l'amour et la haine, qui sont des passions et dépendent du corps, tant des jugements qui portent aussi l'âme à se joindre de volonté avec les choses qu'elle estime bonnes et à se séparer de celles qu'elle estime mauvaises, que des émotions que ces seuls jugements excitent en l'âme.

Art. 80. *Ce que c'est que se joindre ou séparer de volonté.*

Au reste, par le mot de volonté, je n'entends pas ici parler du désir, qui est une passion à part et se rapporte à l'avenir; mais du consentement par lequel on se considère dès à présent comme joint avec ce qu'on aime, en sorte qu'on imagine un tout duquel on pense être seulement une partie, et que la chose aimée en est une autre. Comme, au contraire, en la haine on se considère seul comme un tout entièrement séparé de la chose pour laquelle on a de l'aversion.

Art. 81. *De la distinction qu'on a coutume de faire entre l'amour de concupiscence et de bienveillance.*

Or, on distingue communément deux sortes d'amour, l'une desquelles est nommée amour de bienveillance, c'est-à-dire qui incite à vouloir du bien à ce qu'on aime; l'autre est nommée amour de concupiscence, c'est-à-dire qui fait désirer la chose qu'on aime. Mais il me semble que cette distinction regarde seulement les effets de l'amour, et non point son essence; car sitôt qu'on s'est joint de volonté à quelque objet, de quelque nature qu'il soit, on a pour lui de la bienveillance, c'est-à-dire on joint aussi à lui de volonté les choses qu'on croit lui être convenables : ce qui est un des principaux effets de l'amour. Et si on juge que ce soit un bien de le posséder ou d'être associé avec lui d'autre façon que de volonté, on le désire : ce qui est aussi l'un des plus ordinaires effets de l'amour.

Art. 82. *Comment des passions fort différentes conviennent en ce qu'elles participent de l'amour.*

Il n'est pas besoin aussi de distinguer autant d'espèces d'amour qu'il y a de divers objets qu'on peut aimer; car, par exemple, encore que les passions qu'un ambitieux a pour la gloire, un avaricieux pour l'argent, un ivrogne pour le vin, un homme d'honneur pour son ami, et un bon père pour ses enfants, soient bien différentes entre elles, toutefois en ce qu'elles participent de l'amour elles sont semblables. Mais les quatre premiers n'ont de l'amour que pour la possession des objets auxquels se rapporte leur passion, et n'en ont point pour les objets mêmes, pour lesquels ils ont seulement du désir mêlé avec d'autres passions particulières, au lieu que l'amour qu'un bon père a pour ses enfants est si pur qu'il ne désire rien avoir d'eux, et ne veut point les posséder autrement qu'il fait, ni être joint à eux plus étroitement qu'il est déjà; mais, les considérant comme d'autres soi-même, il recherche leur bien comme le sien propre, ou même avec plus de soin, pour ce que, se représentant que lui et eux font un tout dont il n'est pas la meilleure partie, il préfère souvent leurs intérêts aux siens et ne craint pas de se perdre pour les sauver. L'affection que les gens d'honneur ont pour leurs amis est de cette nature, bien qu'elle soit rarement si parfaite.

ART. 83. *De la différence qui est en la simple affection, l'amitié et la dévotion.*

On peut, ce me semble, avec meilleure raison, distinguer l'amour par l'estime qu'on fait de ce qu'on aime, à comparaison de soi-même; car lorsqu'on estime l'objet de son amour moins que soi, on n'a pour lui qu'une simple affection; lorsqu'on l'estime à l'égal de soi, cela se nomme amitié; et lorsqu'on l'estime davantage, la passion qu'on a peut être nommée dévotion. Ainsi on peut avoir de l'affection pour une fleur, pour un oiseau, pour un cheval; mais, à moins que d'avoir l'esprit fort déréglé, on ne peut avoir de l'amitié que pour des hommes. Et ils sont tellement l'objet de cette passion, qu'il n'y a point d'homme si imparfait qu'on ne puisse avoir pour lui une amitié très-parfaite lorsqu'on en est aimé et qu'on a l'âme véritablement noble et généreuse, suivant ce qui sera expliqué ci-après en l'article 154 et 156. Pour ce qui est de la dévotion, son principal objet est sans doute la souveraine Divinité, à laquelle on ne saurait manquer d'être dévot lorsqu'on la connaît comme il faut; mais on peut aussi avoir de la dévotion pour son prince, pour son pays, pour sa ville, et même pour un homme particulier, lorsqu'on l'estime beaucoup plus que soi. Or la différence qui est entre ces trois sortes d'amour paraît principalement par leurs effets; car, d'autant qu'en toutes on se considère comme joint et uni à la chose aimée, on est toujours prêt d'abandonner la moindre partie du tout qu'on compose avec elle pour conserver l'autre; ce qui fait qu'en la simple affection l'on se préfère toujours à ce qu'on aime, et qu'au contraire en la dévotion l'on préfère tellement la chose aimée à soi-même qu'on ne craint pas de mourir pour la conserver. De quoi on a vu souvent des exemples en ceux qui se sont exposés à une mort certaine pour la défense de leur prince ou de leur ville, et même aussi quelquefois pour des personnes particulières auxquelles ils s'étaient dévoués.

ART. 84. *Qu'il n'y a pas tant d'espèces de haine que d'amour.*

Au reste, encore que la haine soit directement opposée à l'amour, on ne la distingue pas toutefois en autant d'espèces, à cause qu'on ne remarque pas tant la différence qui est entre les maux desquels on est séparé de volonté, qu'on fait celle qui est entre les biens auxquels on est joint.

ART. 85. *De l'agrément et de l'horreur.*

Et je ne trouve qu'une seule distinction considérable qui soit pareille en l'une et en l'autre. Elle consiste en ce que les objets tant de l'amour que de la haine peuvent être représentés à l'âme par les sens extérieurs, ou bien par les intérieurs et sa propre raison; car nous appelons communément bien ou mal ce que nos sens intérieurs ou notre raison nous font juger convenable ou contraire à notre nature; mais nous appelons beau ou laid ce qui nous est ainsi représenté par nos sens extérieurs, principalement par celui de la vue, lequel seul est plus considéré que tous les autres; d'où naissent deux espèces d'amour, à savoir, celle qu'on a pour les choses bonnes, et celle qu'on a pour les belles, à laquelle on peut donner le nom d'agrément, afin de ne la pas confondre avec l'autre, ni aussi avec le désir, auquel on attribue souvent le nom d'amour; et de là naissent en même façon deux espèces de haine, l'une desquelles se rapportent aux choses mauvaises, l'autre à celles qui sont laides; et cette dernière peut être appelée horreur ou aversion, afin de la distinguer. Mais ce qu'il y a ici de plus remarquable, c'est que ces passions d'agrément et d'horreur ont coutume d'être plus violentes que les autres espèces d'amour ou de haine, à cause que ce qui vient à l'âme par les sens la touche plus fort que ce qui lui est représenté par sa raison, et que toutefois elles ont ordinairement moins de vérité; en sorte que de toutes les passions ce sont celles-ci qui trompent le plus, et dont on doit le plus soigneusement se garder.

ART. 86. *La définition du désir.*

La passion du désir est une agitation de l'âme causée par les esprits qui la disposent à vouloir pour l'avenir les choses qu'elle se représente lui être convenables. Ainsi on ne désire pas seulement la présence du bien absent, mais aussi la conservation du présent, et de plus l'absence du mal, tant de celui qu'on a déjà que de celui qu'on croit pouvoir recevoir au temps à venir.

Art. 87. *Que c'est une passion qui n'a point de contraire.*

Je sais bien que communément dans l'école on oppose la passion qui tend à la recherche du bien, laquelle seule on nomme désir, à celle qui tend à la fuite du mal, laquelle on nomme aversion. Mais, d'autant qu'il n'y a aucun bien dont la privation ne soit un mal, ni aucun mal considéré comme une chose positive dont la privation ne soit un bien, et qu'en recherchant, par exemple, les richesses, on fuit nécessairement la pauvreté, en fuyant les maladies on recherche la santé, et ainsi des autres, il me semble que c'est toujours un même mouvement qui porte à la recherche du bien, et ensemble à la fuite du mal qui lui est contraire. J'y remarque seulement cette différence, que le désir qu'on a lorsqu'on tend vers quelque bien est accompagné d'amour et ensuite d'espérance et de joie; au lieu que le même désir, lorsqu'on tend à s'éloigner du mal contraire à ce bien, est accompagné de haine, de crainte et de tristesse; ce qui est cause qu'on le juge contraire à soi-même. Mais si on veut le considérer lorsqu'il se rapporte également en même temps à quelque bien pour le rechercher, et au mal opposé pour l'éviter, on peut voir très-évidemment que ce n'est qu'une seule passion qui fait l'un et l'autre.

Art. 88. *Quelles sont ses diverses espèces.*

Il y aurait plus de raison de distinguer le désir en autant de diverses espèces qu'il y a de divers objets qu'on recherche; car, par exemple, la curiosité, qui n'est autre chose qu'un désir de connaître, diffère beaucoup du désir de gloire, et celui-ci du désir de vengeance, et ainsi des autres. Mais il suffit ici de savoir qu'il y en a autant que d'espèces d'amour ou de haine, et que les plus considérables et les plus forts sont ceux qui naissent de l'agrément et de l'horreur.

Art. 89. *Quel est le désir qui naît de l'horreur.*

Or, encore que ce ne soit qu'un même désir qui tend à la recherche d'un bien et à la fuite du mal qui lui est contraire, ainsi qu'il a été dit, le désir qui naît de l'agrément ne laisse pas d'être fort différent de celui qui naît de l'horreur ; car cet agrément et cette horreur, qui véritablement sont contraires, ne sont pas le bien et le mal qui servent d'objets à ces désirs, mais seulement deux émotions de l'âme qui la disposent à rechercher deux choses fort différentes ; à savoir : l'horreur est instituée de la nature pour représenter à l'âme une mort subite et inopinée, en sorte que, bien que ce ne soit quelquefois que l'attouchement d'un vermisseau, ou le bruit d'une feuille tremblante, ou son ombre, qui fait avoir de l'horreur, on sent d'abord autant d'émotion que si un péril de mort très-évident s'offrait aux sens, ce qui fait subitement naître l'agitation qui porte l'âme à employer toutes ses forces pour éviter un mal si présent ; et c'est cette espèce de désir qu'on appelle communément la fuite et l'aversion.

Art. 90. *Quel est celui qui naît de l'agrément.*

Au contraire, l'agrément est particulièrement institué de la nature pour représenter la jouissance de ce qui agrée comme le plus grand de tous les biens qui appartiennent à l'homme, ce qui fait qu'on désire très-ardemment cette jouissance. Il est vrai qu'il y a diverses sortes d'agréments, et que les désirs qui en naissent ne sont pas tous également puissants ; car, par exemple, la beauté des fleurs nous incite seulement à les regarder, et celle des fruits à les manger.

Art. 91. *La définition de la joie.*

La joie est une agréable émotion de l'âme, en laquelle consiste la jouissance qu'elle a du bien que les impressions du cerveau lui représentent comme sien. Je dis que c'est en cette émotion que consiste la jouissance du bien ; car en effet l'âme ne reçoit aucun autre fruit de tous les biens qu'elle possède ; et pendant qu'elle n'en a aucune joie, on peut dire qu'elle n'en jouit pas plus que si elle ne les possédait point. J'ajoute aussi que c'est du bien que les impressions du cerveau lui représentent comme sien, afin de ne pas confondre cette joie, qui est une passion, avec la joie purement intellectuelle, qui vient en l'âme par la seule action de l'âme, et qu'on peut dire être une agréable émotion excitée en elle-même, en laquelle consiste la jouissance qu'elle a du bien que son entendement lui représente comme sien. Il est vrai que pendant que l'âme est jointe au corps, cette joie intellectuelle ne peut guère manquer d'être accompagnée de celle qui est une passion, car sitôt que notre entendement s'aperçoit que nous possédons quelque bien, encore que ce bien puisse être si différent de tout ce qui appartient au corps qu'il ne soit point du tout imaginable, l'imagination ne laisse pas de faire incontinent quelque impression dans le cerveau, de laquelle suit le mouvement des esprits qui excite la passion de la joie.

Art. 92. *La définition de la tristesse.*

La tristesse est une langueur désagréable en laquelle consiste l'incommodité que l'âme reçoit du mal, ou du défaut que les impressions du cerveau lui représentent comme lui appartenant. Et il y a aussi une tristesse intellectuelle qui n'est pas la passion, mais qui ne manque guère d'en être accompagnée.

Art. 93. *Quelles sont les causes de ces deux passions.*

Or, lorsque la joie ou la tristesse intellectuelle excite ainsi celle qui est une passion, leur cause est assez évidente; et on voit de leurs définitions que la joie vient de l'opinion qu'on a de posséder quelque bien, et la tristesse, de l'opinion qu'on a d'avoir quelque mal ou quelque défaut. Mais il arrive souvent qu'on se sent triste ou joyeux sans qu'on puisse ainsi distinctement remarquer le bien ou le mal qui en sont les causes, à savoir, lorsque ce bien ou ce mal font leurs impressions dans le cerveau sans l'entremise de l'âme, quelquefois à cause qu'ils n'appartiennent qu'au corps, et quelquefois aussi, encore qu'ils appartiennent à l'âme, à cause qu'elle ne les considère pas comme bien et mal, mais sous quelque autre forme dont l'impression est jointe avec celle du bien et du mal dans le cerveau.

Art. 94. *Comment ces passions sont excitées par des biens et des maux qui ne regardent que le corps, et en quoi consistent le chatouillement et la douleur.*

Ainsi lorsqu'on est en pleine santé et que le temps est plus serein que de coutume, on sent en soi une gaieté qui ne vient d'aucune fonction de l'entendement, mais seulement des impressions que le mouvement des esprits fait dans le cerveau; et l'on se sent triste en même façon que lorsque le corps est indisposé, encore qu'on ne sache point qu'il le soit. Ainsi le chatouillement des sens est suivi de si près par la joie, et la douleur par la tristesse, que la plupart des hommes ne les distinguent point. Toutefois ils diffèrent si fort qu'on peut quelquefois souffrir des douleurs avec joie, et recevoir des chatouillements qui déplaisent. Mais la cause qui fait que pour l'ordinaire la joie suit du chatouillement est que tout ce qu'on nomme chatouillement ou sentiment agréable consiste en ce que les objets des sens excitent quelque mouvement dans les nerfs qui serait capable de leur nuire s'ils n'avaient pas assez de force pour lui résister ou que le corps ne fût pas bien disposé; ce qui fait une impression dans le cerveau, laquelle étant instituée de nature pour témoigner cette bonne disposition et cette force, la représente à l'âme comme un bien qui lui appartient, en tant qu'elle est unie avec le corps, et ainsi excite en elle la joie. C'est presque la même raison qui fait qu'on prend naturellement plaisir à se sentir émouvoir à toutes sortes de passions, même à la tristesse et à la haine, lorsque ces passions ne sont causées que par les aventures étranges qu'on voit représenter sur un théâtre, ou par d'autres pareils sujets, qui, ne pouvant nous nuire en aucune façon, semblent chatouiller notre âme en la touchant. Et la cause qui fait que la douleur produit ordinairement la tristesse, est que le sentiment qu'on nomme douleur, vient toujours de quelque action si violente qu'elle offense les nerfs; en sorte qu'étant institué de la nature pour signifier à l'âme le dommage que reçoit le corps par cette action, et sa faiblesse en ce qu'il ne lui a pu résister, il lui représente l'un et l'autre comme des maux qui lui sont toujours désagréables, excepté lorsqu'ils causent quelques biens qu'elle estime plus qu'eux.

ART. 95. *Comment elles peuvent aussi être excitées par des biens et des maux que l'âme ne remarque point, comme sont le plaisir qu'on prend à se hasarder ou à se souvenir du mal passé.*

Ainsi le plaisir que prennent souvent les jeunes gens à entreprendre des choses difficiles et à s'exposer à de grands périls, encore même qu'ils n'en espèrent aucun profit ni aucune gloire, vient en eux de ce que la pensée qu'ils ont que ce qu'ils entreprennent est difficile fait une impression dans leur cerveau qui, étant jointe avec celle qu'ils pourraient former s'ils pensaient que c'est un bien de se sentir assez courageux, assez heureux, assez adroit ou assez fort pour oser se hasarder à tel point, est cause qu'ils y prennent plaisir, et le contentement qu'ont les vieillards lorsqu'ils se souviennent des maux qu'ils ont soufferts vient de ce qu'ils se représentent que c'est un bien d'avoir pu nonobstant cela subsister.

ART. 96. *Quels sont les mouvements du sang et des esprits qui causent les cinq passions précédentes.*

Les cinq passions que j'ai ici commencé à expliquer sont tellement jointes ou opposées les unes aux autres, qu'il est plus aisé de les considérer toutes ensemble que de traiter séparément de chacune, ainsi qu'il a été traité de l'admiration; et leur cause n'est pas comme la sienne dans le cerveau seul, mais aussi dans le cœur, dans la rate, dans le foie et dans toutes les autres parties du corps, en tant qu'elles servent à la production du sang et ensuite des esprits : car, encore que toutes les veines conduisent le sang qu'elles contiennent vers le cœur, il arrive néanmoins quelquefois que celui de quelques-unes y est poussé avec plus de force que celui des autres; il arrive aussi que les ouvertures par où il entre dans le cœur, ou bien celles par où il en sort, sont plus élargies ou plus resserrées une fois que l'autre.

ART. 97. *Les principales expériences qui servent à connaître ces mouvements en l'amour.*

Or, en considérant les diverses altérations que l'expérience fait voir de notre corps pendant que notre âme est agitée de diverses passions, je remarque en l'amour, quand elle est seule, c'est-à-dire quand elle n'est accompagnée d'aucune forte joie, ou désir, ou tristesse, que le battement du pouls est égal et beaucoup plus grand et plus fort que de coutume; qu'on sent une douce chaleur dans la poitrine, et que la digestion des viandes se fait fort promptement dans l'estomac, en sorte que cette passion est utile pour la santé.

ART. 98. *En la haine.*

Je remarque, au contraire, en la haine, que le pouls est inégal et plus petit, et souvent plus vite; qu'on sent des froideurs entremêlées de je ne sais quelle chaleur âpre et piquante dans la poitrine; que l'estomac cesse de faire son office et est enclin à vomir et rejeter les viandes qu'on a mangées, ou du moins à les corrompre et convertir en mauvaises humeurs.

ART. 99. *En la joie.*

En la joie, que le pouls est égal et plus vite qu'à l'ordinaire, mais qu'il n'est pas si fort ou si grand qu'en l'amour; et qu'on sent une chaleur agréable qui n'est pas seulement en la poitrine, mais qui se répand aussi en toutes les parties extérieures du corps avec le sang qu'on y voit venir en abondance; et que cependant on perd quelquefois l'appétit, à cause que la digestion se fait moins que de coutume.

Art. 100. *En la tristesse.*

En la tristesse que le pouls est faible et lent, et qu'on sent comme des liens autour du cœur, qui le serrent, et des glaçons qui le gèlent et communiquent leur froideur au reste du corps; et que cependant on ne laisse pas d'avoir quelquefois bon appétit et de sentir que l'estomac ne manque point à faire son devoir, pourvu qu'il n'y ait point de haine mêlée avec la tristesse.

Art. 101. *Au désir.*

Enfin je remarque cela de particulier dans le désir, qu'il agite le cœur plus violemment qu'aucune des autres passions, et fournit au cerveau plus d'esprits, lesquels, passant de là dans les muscles, rendent tous les sens plus aigus et toutes les parties du corps plus mobiles.

Art. 102. *Le mouvement du sang et des esprits en l'amour.*

Ces observations, et plusieurs autres qui seraient trop longues à écrire, m'ont donné sujet de juger que, lorsque l'entendement se représente quelque objet d'amour, l'impression que cette pensée fait dans le cerveau conduit les esprits animaux, par les nerfs de la sixième paire, vers les muscles qui sont autour des intestins et de l'estomac, en la façon qui est requise pour faire que le suc des viandes, qui se convertit en nouveau sang, passe promptement vers le cœur sans s'arrêter dans le foie, et qu'y étant poussé avec plus de force que celui qui est dans les autres parties du corps, il y entre en plus grande abondance et y excite une chaleur plus forte, à cause qu'il est plus grossier que celui qui a déjà été raréfié plusieurs fois en passant et repassant par le cœur; ce qui fait qu'il envoie aussi des esprits vers le cerveau, dont les parties sont plus grosses et plus agitées qu'à l'ordinaire; et ces esprits, fortifiant l'impression que la première pensée de l'objet aimable y a faite, obligent l'âme à s'arrêter sur cette pensée; et c'est en cela que consiste la passion d'amour.

ART. 103. *En la haine.*

Au contraire, en la haine, la première pensée de l'objet qui donne de l'aversion conduit tellement les esprits qui sont dans le cerveau vers les muscles de l'estomac et des intestins, qu'ils empêchent que le suc des viandes ne se mêle avec le sang en resserrant toutes les ouvertures par où il a coutume d'y couler; et elle les conduit aussi tellement vers les petits nerfs de la rate et de la partie inférieure du foie, où est le réceptacle de la bile, que les parties du sang qui ont coutume d'être rejetées vers ces endroits-là en sortent et coulent avec celui qui est dans les rameaux de la veine cave vers le cœur; ce qui cause beaucoup d'inégalités en sa chaleur, d'autant que le sang qui vient de la rate ne s'échauffe et se raréfie qu'à peine, et qu'au contraire, celui qui vient de la partie inférieure du foie, où est toujours le fiel, s'embrase et se dilate fort promptement; ensuite de quoi les esprits qui vont au cerveau ont aussi des parties fort inégales et des mouvements fort extraordinaires; d'où vient qu'ils y fortifient les idées de haine qui s'y trouvent déjà imprimées, et disposent l'âme à des pensées qui sont pleines d'aigreur et d'amertume.

ART. 104. *En la joie.*

En la joie ce ne sont pas tant les nerfs de la rate, du foie, de l'estomac ou des intestins qui agissent, que ceux qui sont en tout le reste du corps, et particulièrement celui qui est autour des orifices du cœur, lequel, ouvrant et élargissant ces orifices, donne moyen au sang que les autres nerfs chassent des veines vers le cœur d'y entrer et d'en sortir en plus grande quantité que de coutume; et pour ce que le sang qui entre alors dans le cœur y a déjà passé et repassé plusieurs fois, étant venu des artères dans les veines, il se dilate fort aisément et produit des esprits dont les parties, étant fort égales et subtiles, sont propres à former et fortifier les impressions du cerveau qui donnent à l'âme des pensées gaies et tranquilles.

ART. 105. *En la tristesse.*

Au contraire, en la tristesse les ouvertures du cœur sont fort rétrécies par le petit nerf qui les environne, et le sang des veines n'est aucunement agité, ce qui fait qu'il en va fort peu vers le cœur; et cependant les passages par où le suc des viandes coule de l'estomac et des intestins vers le foie demeurent ouverts, ce qui fait que l'appétit ne diminue point, excepté lorsque la haine, laquelle est souvent jointe à la tristesse, les ferme.

Art. 106. *Au désir.*

Enfin, la passion du désir a cela de propre, que la volonté qu'on a d'obtenir quelque bien ou de fuir quelque mal envoie promptement les esprits du cerveau vers toutes les parties du corps qui peuvent servir aux actions requises pour cet effet, et particulièrement vers le cœur et les parties qui lui fournissent le plus de sang, afin qu'en recevant plus grande abondance que de coutume, il envoie plus grande quantité d'esprit vers le cerveau, tant pour y entretenir et fortifier l'idée de cette volonté que pour passer de là dans tous les organes des sens et tous les muscles qui peuvent être employés pour obtenir ce qu'on désire.

Art. 107. *Quelle est la cause de ses mouvements en l'amour.*

Et je déduis les raisons de tout ceci de ce qui a été dit ci-dessus, qu'il y a telle liaison entre notre âme et notre corps, que lorsque nous avons une fois joint quelque action corporelle avec quelque pensée, l'une des deux ne se présente point à nous par après que l'autre ne s'y présente aussi : comme on voit en ceux qui ont pris avec grande aversion quelque breuvage étant malades, qu'ils ne peuvent rien boire ou manger par après qui en approche du goût, sans avoir derechef la même aversion; et pareillement qu'ils ne peuvent penser à l'aversion qu'on a des médecines, que le même oût ne leur revienne en la pensée. Car il me semble que les premières passions que notre âme a eues lorsqu'elle a commencé d'être jointe à notre corps ont dû être que quelquefois le sang, ou autre suc qui entrait dans le cœur, était un aliment plus convenable que l'ordinaire pour y entretenir la chaleur, qui est le principe de la vie; ce qui était cause que l'âme joignait à soi de volonté cet aliment, c'est-à-dire l'aimait, et en même temps les esprits coulaient du cerveau vers les muscles, qui pouvaient presser ou agiter les parties d'où il était venu vers le cœur, pour faire qu'elles lui en envoyassent davantage; et ces parties étaient l'estomac et les intestins, dont l'agitation augmente l'appétit, ou bien aussi le foie et le poumon, que les muscles du diaphragme peuvent presser : c'est pourquoi ce même mouvement des esprits a toujours accompagné depuis la passion d'amour.

Art. 108. *En la haine.*

Quelquefois, au contraire, il venait quelque suc étranger vers le cœur, qui n'était pas propre à entretenir la chaleur, ou même qui la pouvait éteindre ; ce qui était cause que les esprits qui montaient du cœur au cerveau excitaient en l'âme la passion de la haine ; et en même temps aussi ces esprits allaient du cerveau vers les nerfs qui pouvaient pousser du sang vers la rate et des petites veines du foie vers le cœur pour empêcher ce suc nuisible d'y entrer, et de plus vers ceux qui pouvaient repousser ce même suc vers les intestins et vers l'estomac, ou aussi quelquefois obliger l'estomac à le vomir : d'où vient que ces mêmes mouvements ont coutume d'accompagner la passion de la haine. Et on peut voir à l'œil qu'il y a dans le foie quantité de veines ou conduits assez larges par où le suc des viandes peut passer de la veine porte en la veine cave, et de là au cœur, sans s'arrêter aucunement au foie ; mais il y en a aussi une infinité d'autres plus petites où il peut s'arrêter, et qui contiennent toujours du sang de réserve, ainsi que fait aussi la rate ; lequel sang, étant plus grossier que celui qui est dans les autres parties du corps, peut mieux servir d'aliment au feu qui est dans le cœur quand l'estomac et les intestins manquent de lui en fournir.

Art. 109. *En la joie.*

Il est aussi quelquefois arrivé au commencement de notre vie que le sang contenu dans les veines était un aliment assez convenable pour entretenir la chaleur au cœur, et qu'elles en contenaient en telle quantité qu'il n'avait pas besoin de tirer aucune nourriture d'ailleurs ; ce qui a excité en l'âme la passion de la joie, et a fait en même temps que les orifices du cœur se sont plus ouverts que de coutume, et que les esprits coulant abondamment du cerveau, non-seulement dans les nerfs qui servent à ouvrir ces orifices, mais aussi généralement en tous les autres qui poussent le sang des veines vers le cœur, empêchent qu'il n'y en vienne de nouveau du foie, de la rate, des intestins et de l'estomac ; c'est pourquoi ces mêmes mouvements accompagnent la joie.

ART. 110. *En la tristesse.*

Quelquefois, au contraire, il est arrivé que le corps a eu faute de nourriture, et c'est ce qui doit faire sentir à l'âme sa première tristesse, au moins qui n'a point été jointe à la haine. Cela même a fait aussi que les orifices du cœur se sont étrécis, à cause qu'ils ne reçoivent que peu de sang, et qu'une assez notable partie de sang est venue de la rate, à cause qu'elle est comme le dernier réservoir qui sert à en fournir au cœur lorsqu'il ne lui en vient pas assez d'ailleurs : c'est pourquoi les mouvements des esprits et des nerfs qui servent à étrécir ainsi les orifices du cœur et à y conduire du sang de la rate accompagnent toujours la tristesse.

ART. 111. *Au désir.*

Enfin, tous les premiers désirs que l'âme peut avoir eus lorsqu'elle était nouvellement jointe au corps ont été de recevoir les choses qui lui étaient convenables, et de repousser celles qui lui étaient nuisibles; et c'a été pour ces mêmes effets que les esprits ont commencé dès lors à mouvoir tous les muscles et tous les organes des sens en toutes les façons qu'ils les peuvent mouvoir; ce qui est cause que maintenant, lorsque l'âme désire quelque chose, tout le corps devient plus agile et plus disposé à se mouvoir qu'il n'a coutume d'être sans cela. Et lorsqu'il arrive d'ailleurs que le corps est ainsi disposé, cela rend les désirs de l'âme plus forts et plus ardents.

ART. 112. *Quels sont les signes extérieurs de ces passions.*

Ce que j'ai mis ici fait assez entendre la cause des différences du pouls et de toutes les autres propriétés que j'ai ci-dessus attribuées à ces passions, sans qu'il soit besoin que je m'arrête à les expliquer davantage. Mais, pour ce que j'ai seulement remarqué en chacune ce qui s'y peut observer lorsqu'elle est seule, et qui sert à connaître les mouvements du sang et des esprits qui les produisent, il me reste encore à traiter de plusieurs signes extérieurs qui ont coutume de les accompagner, et qui se remarquent bien mieux lorsqu'elles sont mêlées plusieurs ensemble, ainsi qu'elles ont coutume d'être, que lorsqu'elles sont séparées. Les principaux de ces signes sont les actions des yeux et du visage, les changements de couleur, les tremblements, la langueur, la pâmoison, les ris, les larmes, les gémissements et les soupirs.

ART. 113. *Des actions des yeux et du visage.*

Il n'y a aucune passion que quelque particulière action des yeux ne déclare : et cela est si manifeste en quelques-unes, que même les valets les plus stupides peuvent remarquer à l'œil de leur maître s'il est fâché contre eux ou s'il ne l'est pas. Mais encore qu'on aperçoive aisément ces actions des yeux et qu'on sache ce qu'elles signifient, il n'est pas aisé pour cela de les décrire, à cause que chacune est composée de plusieurs changements qui arrivent au mouvement et en la figure de l'œil, lesquelles sont si particulières et si petites, que chacune d'elles ne peut être aperçue séparément, bien que ce qui résulte de leur conjonction soit fort aisé à remarquer. On peut dire quasi le même des actions du visage qui accompagnent aussi les passions ; car, bien qu'elles soient plus grandes que celles des yeux, il est toutefois malaisé de les distinguer, et elles sont si peu différentes, qu'il y a des hommes qui font presque la même mine lorsqu'ils pleurent que les autres lorsqu'ils rient. Il est vrai qu'il y en a quelques-unes qui sont assez remarquables, comme sont les rides du front en la colère, et certains mouvements du nez et des lèvres en l'indignation et en la moquerie ; mais elles ne semblent pas tant être naturelles que volontaires. Et généralement toutes les actions, tant du visage que des yeux, peuvent être changées par l'âme lorsque, voulant cacher sa passion, elle en imagine fortement une contraire ; en sorte qu'on s'en peut aussi bien servir à dissimuler ses passions qu'à les déclarer.

ART. 114. *Des changements de couleur.*

On ne peut pas si facilement s'empêcher de rougir ou de pâlir lorsque quelque passion y dispose, pour ce que ces changements ne dépendent pas des nerfs et des muscles, ainsi que les précédents, et qu'ils viennent plus immédiatement du cœur, lequel on peut nommer la source des passions, en tant qu'il prépare le sang et les esprits à les produire. Or il est certain que la couleur du visage ne vient que du sang, lequel, coulant continuellement du cœur par les artères en toutes les veines, et de toutes les veines dans le cœur, colore plus ou moins le visage, selon qu'il remplit plus ou moins les petites veines qui sont vers sa superficie.

ART. 115. *Comment la joie fait rougir.*

Ainsi la joie rend la couleur plus vive et plus vermeille, pour ce qu'en ouvrant les écluses du cœur elle fait que le sang coule plus vite en toutes les veines, et que, devenant plus chaud et plus subtil, il enfle médiocrement toutes les parties du visage, ce qui en rend l'air plus riant et plus gai.

ART. 116. *Comment la tristesse fait pâlir.*

La tristesse, au contraire, en étrécissant les orifices du cœur, fait que le sang coule plus lentement dans les veines, et que, devenant plus froid et plus épais, il a besoin d'y occuper moins de place; en sorte que, se retirant dans les plus larges, qui sont les plus proches du cœur, il quitte les plus éloignées, dont les plus apparentes étant celles du visage, cela le fait paraître pâle et décharné, principalement lorsque la tristesse est grande ou qu'elle survient promptement, comme on voit en l'épouvante, dont la surprise augmente l'action qui serre le cœur.

ART. 117. *Comment on rougit souvent étant triste.*

Mais il arrive souvent qu'on ne pâlit point étant triste, et qu'au contraire on devient rouge; ce qui doit être attribué aux autres passions qui se joignent à la tristesse, à savoir, ou au désir, et quelquefois aussi à la haine. Ces passions, échauffant ou agitant le sang qui vient du foie, des intestins et des autres parties intérieures, le poussent vers le cœur, et de là, par la grande artère, vers les veines du visage, sans que la tristesse qui serre de part et d'autre les orifices du cœur le puissent empêcher, excepté lorsqu'elle est fort excessive. Mais, encore qu'elle ne soit que médiocre, elle empêche aisément que le sang ainsi venu dans les veines du visage ne descende vers le cœur pendant que l'amour, le désir ou la haine y en poussent d'autres des parties intérieures; c'est pourquoi ce sang étant arrêté autour de la face, il la rend rouge, et même plus rouge que pendant la joie, à cause que la couleur du sang paraît d'autant mieux qu'il coule moins vite, et aussi à cause qu'il s'en peut ainsi assembler davantage dans les veines de la face que lorsque les orifices du cœur sont plus ouverts. Ceci paraît principalement en la honte, laquelle est composée de l'amour de soi-même et d'un désir pressant d'éviter l'infamie présente, ce qui fait venir le sang des parties intérieures vers le cœur, puis de là par les artères vers la face, et avec cela d'une médiocre tristesse qui empêche ce sang de retourner vers le cœur. Le même paraît aussi ordinairement lorsqu'on pleure; car, comme je dirai ci-après, c'est l'amour joint à la tristesse qui cause la plupart des larmes; et le même paraît en la colère, où souvent un prompt désir de vengeance est mêlé avec l'amour, la haine et la tristesse.

ART. 118. *Des tremblements.*

Les tremblements ont deux diverses causes : l'une est qu'il vient quelquefois trop peu d'esprit du cerveau dans les nerfs, et l'autre qu'il y en vient quelquefois trop pour pouvoir fermer bien justement les petits passages des muscles qui, suivant ce qui a été dit en l'article 11, doivent être fermés pour déterminer les mouvements des membres. La première cause paraît en la tristesse et en la peur, comme aussi lorsqu'on tremble de froid, car ces passions peuvent, aussi bien que la froideur de l'air, tellement épaissir le sang, qu'il ne fournisse pas assez d'esprits au cerveau pour en envoyer dans les nerfs. L'autre cause paraît souvent en ceux qui désirent ardemment quelque chose, et en ceux qui sont fort émus de colère, comme aussi en ceux qui sont ivres : car ces deux passions, aussi bien que le vin, font aller quelquefois tant d'esprits dans le cerveau qu'ils ne peuvent pas être réglément conduits de là dans les muscles.

ART. 119. *De la langueur.*

La langueur est une disposition à se relâcher et être sans mouvement, qui est sentie en tous les membres; elle vient, ainsi que le tremblement, de ce qu'il ne va pas assez d'esprits dans les nerfs, mais d'une façon différente : car la cause du tremblement est qu'il n'y en a pas assez dans le cerveau pour obéir aux déterminations de la glande lorsqu'elle les pousse vers quelque muscle, au lieu que la langueur vient de ce que la glande ne les détermine point à aller vers aucuns muscles plutôt que vers d'autres.

ART. 120. *Comment elle est causée par l'amour et par le désir.*

Et la passion qui cause le plus ordinairement cet effet est l'amour, jointe au désir d'une chose dont l'acquisition n'est pas imaginée comme possible pour le temps présent; car l'amour occupe tellement l'âme à considérer l'objet aimé, qu'elle emploie tous les esprits qui sont dans le cerveau à lui en représenter l'image, et arrête tous les mouvements de la glande qui ne servent point à cet effet. Et il faut remarquer, touchant le désir, que la propriété que je lui ai attribuée de rendre le corps plus mobile ne lui convient que lorsqu'on imagine l'objet désiré être tel qu'on peut dès ce temps-là faire quelque chose qui serve à l'acquérir; car, si, au contraire, on imagine qu'il est impossible pour lors de rien faire qui y soit utile, toute agitation du désir demeure dans le cerveau, sans passer aucunement dans les nerfs, et étant entièrement employée à y fortifier l'idée de l'objet désiré, elle laisse le reste du corps languissant.

Art. 121. *Qu'elle peut aussi être causée par d'autres passions.*

Il est vrai que la haine, la tristesse et même la joie peuvent causer aussi quelque langueur lorsqu'elles sont fort violentes, à cause qu'elles occupent entièrement l'âme à considérer leur objet, principalement lorsque le désir d'une chose à l'acquisition de laquelle on ne peut rien contribuer au temps présent est joint avec elle. Mais pour ce qu'on s'arrête bien plus à considérer les objets qu'on joint à soi de volonté que ceux qu'on en sépare et qu'aucuns autres, et que la langueur ne dépend point d'une surprise, mais a besoin de quelque temps pour être formée, elle se rencontre bien plus en l'amour qu'en toutes les autres passions.

Art. 122. *De la pâmoison.*

La pâmoison n'est pas fort éloignée de la mort, car on meurt lorsque le feu qui est dans le cœur s'éteint tout à fait, et on tombe seulement en pâmoison lorsqu'il est étouffé en telle sorte qu'il demeure encore quelques restes de chaleur qui peuvent par après le rallumer. Or il y a plusieurs indispositions du corps qui peuvent faire qu'on tombe ainsi en défaillance; mais entre les passions il n'y a que l'extrême joie qu'on remarque en avoir le pouvoir; et la façon dont je crois qu'elle cause cet effet est qu'ouvrant extraordinairement les orifices du cœur, le sang des veines y entre si à coup et en si grande quantité, qu'il n'y peut être raréfié par la chaleur assez promptement pour lever les petites peaux qui ferment les entrées de ces veines : au moyen de quoi il étouffe le feu, lequel il a coutume d'entretenir lorsqu'il n'entre dans le cœur que par mesure.

ART. 123. *Pourquoi on ne pâme point de tristesse.*

Il semble qu'une grande tristesse qui survient inopinément doit tellement serrer les orifices du cœur qu'elle en peut aussi éteindre le feu; mais néanmoins on n'observe point que cela arrive, ou s'il arrive c'est très-rarement; dont je crois que la raison est qu'il ne peut guère y avoir si peu de sang dans le cœur qu'il ne suffise pour entretenir la chaleur lorsque ses orifices sont presque fermés.

ART. 124. *Du ris.*

Le ris consiste en ce que le sang qui vient de la cavité droite du cœur par la veine artérieuse, enflant les poumons subitement et à diverses reprises, fait que l'air qu'ils contiennent est contraint d'en sortir avec impétuosité par le sifflet, où il forme une voix inarticulée et éclatante; et tant les poumons en s'enflant, que cet air en sortant, poussent tous les muscles du diaphragme, de la poitrine et de la gorge, au moyen de quoi ils font mouvoir ceux du visage qui ont quelque connexion avec eux; et ce n'est que cette action du visage, avec cette voix inarticulée et éclatante, qu'on nomme le ris.

ART. 125. *Pourquoi il n'accompagne point les plus grandes joies.*

Or, encore qu'il semble que le ris soit un des principaux signes de la joie, elle ne peut toutefois le causer que lorsqu'elle est seulement médiocre et qu'il y a quelque admiration ou quelque haine mêlée avec elle : car on trouve, par expérience, que lorsqu'on est extraordinairement joyeux, jamais le sujet de cette joie ne fait qu'on éclate de rire, et même on ne peut pas si aisément y être invité par quelque autre cause que lorsqu'on est triste; dont la raison est que, dans les grandes joies, le poumon est toujours si plein de sang qu'il ne peut être davantage enflé par reprises.

ART. 126. *Quelles sont ses principales causes.*

Et je ne puis remarquer que deux causes qui fassent ainsi subitement enfler le poumon. La première est la surprise de l'admiration, laquelle, étant jointe à la joie, peut ouvrir si promptement les orifices du cœur, qu'une grande abondance de sang, entrant tout à coup en son côté droit par la veine cave, s'y raréfie, et passant de là par la veine artérieuse, enfle le poumon. L'autre est le mélange de quelque liqueur qui augmente la raréfaction du sang; et je n'en trouve point propre à cela que la plus coulante partie de celui qui vient de la rate, laquelle partie du sang étant poussée vers le cœur par quelque légère émotion de haine, aidée par la surprise de l'admiration, et s'y mêlant avec le sang qui vient des autres endroits du corps, lequel la joie y fait entrer en abondance, peut faire que ce sang s'y dilate beaucoup plus que l'ordinaire; en même façon qu'on voit quantité d'autres liqueurs s'enfler tout à coup, étant sur le feu, lorsqu'on jette un peu de vinaigre dans le vaisseau où elles sont; car la plus coulante partie du sang qui vient de la rate est de nature semblable au vinaigre. L'expérience aussi nous fait voir qu'en toutes les rencontres qui peuvent produire ce ris éclatant qui vient du poumon, il y a toujours quelque petit sujet de haine, ou du moins d'admiration. Et ceux dont la rate n'est pas bien saine sont sujets à être non-seulement plus tristes, mais aussi, par intervalles, plus gais et plus disposés à rire que les autres : d'autant que la rate envoie deux sortes de sang vers le cœur, l'un fort épais et grossier, qui cause la tristesse; l'autre fort fluide et subtil, qui cause la joie. Et souvent, après avoir beaucoup ri, on se sent naturellement enclin à la tristesse, pour ce que, la plus fluide partie du sang de la rate étant épuisée, l'autre, plus grossière, la suit vers le cœur.

Art. 127. *Quelle est sa cause en l'indignation.*

Pour le ris qui accompagne quelquefois l'indignation, il est ordinairement artificiel et feint; mais lorsqu'il est naturel, il semble venir de la joie qu'on a de ce qu'on voit ne pouvoir être offensé par le mal dont on est indigné, et, avec cela, de ce qu'on se trouve surpris par la nouveauté ou par la rencontre inopinée de ce mal; de façon que la joie, la haine et l'admiration y contribuent. Toutefois je veux croire qu'il peut aussi être produit, sans aucune joie, par le seul mouvement de l'aversion, qui envoie du sang de la rate vers le cœur, où il est raréfié et poussé de là dans le poumon, lequel il enfle facilement lorsqu'il le rencontre presque vide; et généralement tout ce qui peut enfler subitement le poumon en cette façon cause l'action extérieure du ris, excepté lorsque la tristesse la change en celle des gémissements et des cris qui accompagnent les larmes. A propos de quoi Vivès (1) écrit de soi-même que, lorsqu'il avait été longtemps sans manger, les premiers morceaux qu'il mettait en sa bouche l'obligeaient à rire; ce qui pouvait venir de ce que son poumon, vide de sang par faute de nourriture, était promptement enflé par le premier suc qui passait de son estomac vers le cœur, et que la seule imagination de manger y pouvait conduire, avant même que celui des viandes qu'il mangeait y fût parvenu.

ART. 128. *De l'origine des larmes.*

Comme le ris n'est jamais causé par les plus grandes joies, ainsi les larmes ne viennent point d'une extrême tristesse, mais seulement de celle qui est médiocre et accompagnée ou suivie de quelque sentiment d'amour, ou aussi de joie. Et, pour bien entendre leur origine, il faut remarquer que, bien qu'il sorte continuellement quantité de vapeurs de toutes les parties de notre corps, il n'y en a toutefois aucune dont il en sorte tant que des yeux, à cause de la grandeur des nerfs optiques et de la multitude des petites artères par où elles y viennent; et que, comme la sueur n'est composée que des vapeurs qui, sortant des autres parties, se convertissent en eau sur leur superficie, ainsi les larmes se font des vapeurs qui sortent des yeux.

ART. 129. *De la façon que les vapeurs se changent en eau.*

Or, comme j'ai écrit dans les Météores, en expliquant en quelle façon les vapeurs de l'air se convertissent en pluie, que cela vient de ce qu'elles sont moins agitées ou plus abondantes qu'à l'ordinaire, ainsi je crois que lorsque celles qui sortent du corps sont beaucoup moins agitées que de coutume, encore qu'elles ne soient pas si abondantes, elles ne laissent pas de se convertir en eau, ce qui cause les sueurs froides qui viennent quelquefois de faiblesse quand on est malade; et je crois que lorsqu'elles sont beaucoup plus abondantes, pourvu qu'elles ne soient pas avec cela plus agitées, elles se convertissent aussi en eau, ce qui est cause de la sueur qui vient quand on fait quelque exercice. Mais alors les yeux ne suent point, pour ce que, pendant les exercices du

(1) Vivès est un des auteurs de la réaction contre Aristote et la scholastique; il eut pour amis Erasme et Budé. Né à Valence, en 1492, il mourut à Bruges en 1540.

corps, la plupart des esprits allant dans les muscles qui servent à le mouvoir, il en va moins par le nerf optique vers les yeux. Et ce n'est qu'une même matière qui compose le sang pendant qu'elle est dans les veines ou dans les artères, et les esprits lorsqu'elle est dans le cerveau, dans les nerfs ou dans les muscles, et les vapeurs lorsqu'elle en sort en forme d'air, et enfin la sueur ou les larmes lorsqu'elle s'épaissit en eau sur la superficie du corps ou des yeux.

ART. 130. *Comment ce qui fait de la douleur à l'œil l'excite à pleurer.*

Et je ne puis remarquer que deux causes qui fassent que les vapeurs qui sortent des yeux se changent en larmes. La première est quand la figure des pores par où elles passent est changée par quelque accident que ce puisse être : car cela, retardant le mouvement de ces vapeurs et changeant leur ordre, peut faire qu'elles se convertissent en eau. Ainsi il ne faut qu'un fétu qui tombe dans l'œil pour en tirer quelques larmes, à cause qu'en y excitant de la douleur il change la disposition de ses pores; en sorte que, quelques-uns devenant plus étroits, les petites parties des vapeurs y passent moins vite, et qu'au lieu qu'elles en sortaient auparavant également distantes les unes des autres, et ainsi demeuraient séparées, elles viennent à se rencontrer, à cause que l'ordre de ces pores est troublé, au moyen de quoi elles se joignent et ainsi se convertissent en larmes.

ART. 131. *Comment on pleure de tristesse.*

L'autre cause est la tristesse suivie d'amour ou de joie, ou généralement de quelque cause qui fait que le cœur pousse beaucoup de sang par les artères. La tristesse y est requise, à cause que, refroidissant tout le sang, elle étrécit les pores des yeux; mais, pour ce qu'à mesure qu'elle les étrécit, elle diminue aussi la quantité des vapeurs auxquelles ils doivent donner passage, cela ne suffit pas pour produire des larmes si la quantité de ces vapeurs n'est à même temps augmentée par quelque autre cause; et il n'y a rien qui l'augmente davantage que le sang qui est envoyé vers le cœur en la passion de l'amour. Aussi voyons-nous que ceux qui sont tristes ne jettent pas continuellement des larmes, mais seulement par intervalles, lorsqu'ils font quelque nouvelle réflexion sur les objets qu'ils affectionnent.

ART. 132. *Des gémissements qui accompagnent les larmes.*

Et alors les poumons sont aussi quelquefois enflés tout à coup par l'abondance du sang qui entre dedans et qui en chasse l'air qu'ils contenaient, lequel, sortant par le sifflet engendre les gémissements et les cris qui ont coutume d'accompagner les larmes; et ces cris sont ordinairement plus aigus que ceux qui accompagnent le ris, bien qu'ils soient produits quasi en même façon; dont la raison est que les nerfs qui servent à élargir ou étrécir les organes de la voix, pour la rendre plus grosse ou plus aiguë, étant joints avec ceux qui ouvrent les orifices du cœur pendant la joie et les étrécissent pendant la tristesse, ils font que ces organes s'élargissent ou s'étrécissent au même temps.

ART. 133. *Pourquoi les enfants et les vieillards pleurent aisément.*

Les enfants et les vieillards sont plus enclins à pleurer que ceux de moyen âge, mais c'est pour diverses raisons. Les vieillards pleurent souvent d'affection et de joie; car ces deux passions jointes ensemble envoient beaucoup de sang à leur cœur, et de là beaucoup de vapeurs à leurs yeux; et l'agitation de ces vapeurs est tellement retardée par la froideur de leur naturel, qu'elles se convertissent aisément en larmes, encore qu'aucune tristesse n'ait précédé. Que si quelques vieillards pleurent aussi fort aisément de fâcherie, ce n'est pas tant le tempérament de leur corps que celui de leur esprit qui les y dispose, et cela n'arrive qu'à ceux qui sont si faibles qu'ils se laissent entièrement surmonter par de petits sujets de douleur, de crainte ou de pitié. Le même arrive aux enfants, lesquels ne pleurent guère de joie, mais bien plus de tristesse, même quand elle n'est point accompagnée d'amour; car ils ont toujours assez de sang pour produire beaucoup de vapeurs; le mouvement desquelles étant retardé par la tristesse, elles se convertissent en larmes.

ART. 134. *Pourquoi quelques enfants pâlissent au lieu de pleurer.*

Toutefois il y en a quelques-uns qui pâlissent au lieu de pleurer quand ils sont fâchés; ce qui peut témoigner en eux un jugement et un courage extraordinaires, à savoir, lorsque cela vient de ce qu'ils considèrent la grandeur du mal et se préparent à une forte résistance, en même façon que ceux qui sont plus âgés; mais c'est plus ordinairement une marque de mauvais naturel, à savoir, lorsque cela vient de ce qu'ils sont enclins à la haine ou à la peur; car ce sont des passions qui diminuent la matière des larmes, et on voit, au contraire, que ceux qui pleurent fort aisément sont enclins à l'amour et à la pitié.

ART. 135. *Des soupirs.*

La cause des soupirs est fort différente de celle des larmes, encore qu'ils présupposent comme elles la tristesse; car, au lieu qu'on est incité à pleurer quand les poumons sont pleins de sang, on est incité à soupirer quand ils sont presque vides, et que quelque imagination d'espérance ou de joie ouvre l'orifice de l'artère veineuse, que la tristesse avait étrécie, pour ce qu'alors le peu de sang qui reste dans les poumons tombant tout à coup dans le côté gauche du cœur par cette artère veineuse, et y étant poussé par le désir de parvenir à cette joie, lequel agite en même temps tous les muscles du diaphragme et de la poitrine, l'air est poussé promptement par la bouche dans les poumons, pour y remplir la place que laisse ce sang; et c'est cela qu'on nomme soupirer.

ART. 136. *D'où viennent les effets des passions qui sont particulières à certains hommes.*

Au reste, afin de suppléer ici en peu de mots à tout ce qui pourrait y être ajouté touchant les divers effets ou les diverses causes des passions, je me contenterai de répéter le principe sur lequel tout ce que j'en ai écrit est appuyé, à savoir qu'il y a telle liaison entre notre âme et notre corps, que lorsque nous avons une fois joint quelque action corporelle avec quelque pensée, l'une des deux ne se présente point à nous par après que l'autre ne s'y présente aussi, et que ce ne sont pas toujours les mêmes actions qu'on joint aux mêmes pensées; car cela suffit pour rendre raison de tout ce qu'un chacun peut remarquer de particulier en soi ou en d'autres, touchant cette matière, qui n'a point été expliquée. Et pour exemple, il est aisé de penser que les étranges aversions de quelques-uns, qui les empêchent de souffrir l'odeur des roses, ou la présence d'un chat, ou choses semblables, ne viennent que de ce qu'au commencement de leur vie ils ont été fort offensés par quelques pareils objets. Ainsi l'odeur des roses peut avoir causé un grand mal de tête à un enfant lorsqu'il était encore au berceau, ou bien un chat le peut avoir fort épouvanté, sans que personne y ait pris garde ni qu'il en ait eu après aucune mémoire, bien que l'idée de l'aversion qu'il avait alors pour ces roses ou pour ce chat demeure imprimée en son cerveau jusques à la fin de sa vie.

Art. 137. *De l'usage des cinq passions ici expliquées, en tant qu'elles se rapportent au corps.*

Après avoir donné les définitions de l'amour, de la haine, du désir, de la joie, de la tristesse, et traité de tous les mouvements corporels qui les causent ou accompagnent, nous n'avons plus ici à considérer que leur usage. Touchant quoi il est à remarquer que, selon l'institution de la nature, elles se rapportent toutes au corps, et ne sont données à l'âme qu'en tant qu'elle est jointe avec lui; en sorte que leur usage naturel est d'inciter l'âme à consentir et contribuer aux actions qui peuvent servir à conserver le corps ou à le rendre en quelque façon plus parfait; et en ce sens la tristesse et la joie sont les deux premières qui sont employées. Car l'âme n'est immédiatement avertie des choses qui nuisent au corps que par le sentiment qu'elle a de la douleur, lequel produit en elle premièrement la passion de la tristesse, puis ensuite la haine de ce qui cause cette douleur, et en troisième lieu le désir de s'en délivrer; comme aussi l'âme n'est immédiatement avertie des choses utiles au corps que par quelque sorte de chatouillement qui excite en elle de la joie, fait ensuite naître l'amour de ce qu'on croit en être la cause, et enfin le désir d'acquérir ce qui peut faire qu'on continue en cette joie ou bien qu'on jouisse encore après d'une semblable. Ce qui fait voir qu'elles sont toutes cinq très-utiles au regard du corps, et même que la tristesse est en quelque façon première et plus nécessaire que la joie, et la haine que l'amour, à cause qu'il importe davantage de repousser les choses qui nuisent et peuvent détruire que d'acquérir celles qui ajoutent quelque perfection sans laquelle on peut subsister.

Art. 138. *De leurs défauts, et des moyens de les corriger.*

Mais, encore que cet usage des passions soit le plus naturel qu'elles puissent avoir, et que tous les animaux sans raison ne conduisent leur vie que par des mouvements corporels semblables à ceux qui ont coutume en nous de les suivre, et auxquels elles incitent notre âme à consentir, il n'est pas néanmoins toujours bon, d'autant qu'il y a plusieurs choses nuisibles au corps qui ne causent au commencement aucune tristesse ou même qui donnent de la joie, et d'autres qui lui sont utiles, bien que d'abord elles soient incommodes. Et outre cela, elles font paraître presque toujours, tant les biens que les maux qu'elles représentent, beaucoup plus grands et plus importants qu'ils ne sont, en sorte qu'elles nous incitent à rechercher les uns et fuir les autres avec plus d'ardeur et plus de soin qu'il n'est convenable, comme nous voyons aussi que les bêtes sont souvent trompées par des appâts, et que pour éviter de petits maux elles se précipitent en de plus grands; c'est pourquoi nous devons nous servir de l'expérience et de la raison pour distinguer le bien d'avec le mal et connaître leur juste valeur, afin de ne prendre pas l'un pour l'autre, et de ne nous porter à rien avec excès.

ART. 139. *De l'usage des mêmes passions, en tant qu'elles appartiennent à l'âme, et premièrement de l'amour.*

Ce qui suffirait si nous n'avions en nous que le corps ou qu'il fût notre meilleure partie ; mais, d'autant qu'il n'est que la moindre, nous devons principalement considérer les passions en tant qu'elles appartiennent à l'âme, au regard de laquelle l'amour et la haine viennent de la connaissance et précèdent la joie et la tristesse, excepté lorsque ces deux dernières tiennent le lieu de la connaissance, dont elles sont des espèces. Et lorsque cette connaissance est vraie, c'est-à-dire que les choses qu'elle nous porte à aimer sont véritablement bonnes, et celles qu'elle nous porte à haïr sont véritablement mauvaises, l'amour est incomparablement meilleur que la haine; elle ne saurait être trop grande, et elle ne manque jamais de produire la joie. Je dis que cette amour est extrêmement bonne, pour ce que, joignant à nous de vrais biens, elle nous perfectionne d'autant. Je dis aussi qu'elle ne saurait être trop grande, car tout ce que la plus excessive peut faire, c'est de nous joindre si parfaitement à ces biens, que l'amour que nous avons particulièrement pour nous-mêmes n'y mette aucune distinction, ce que je crois ne pouvoir jamais être mauvais : et elle est nécessairement suivie de la joie, à cause qu'elle nous représente ce que nous aimons comme un bien qui nous appartient.

Art. 140. *De la haine.*

La haine, au contraire, ne saurait être si petite qu'elle ne nuise ; et elle n'est jamais sans tristesse. Je dis qu'elle ne saurait être trop petite, à cause que nous ne sommes incités à aucune action par la haine du mal que nous ne le puissions être encore mieux par l'amour du bien, auquel il est contraire, au moins lorsque ce bien et ce mal sont assez connus ; car j'avoue que la haine du mal qui n'est manifestée que par la douleur est nécessaire au regard du corps; mais je ne parle ici que de celle qui vient d'une connaissance plus claire, et je ne la rapporte qu'à l'âme. Je dis aussi qu'elle n'est jamais sans tristesse, à cause que le mal n'étant qu'une privation, il ne peut être conçu sans quelque sujet réel dans lequel il soit; et il n'y a rien de réel qui n'ait en soit quelque bonté, de façon que la haine qui nous éloigne de quelque mal nous éloigne par même moyen du bien auquel il est joint, et la privation de ce bien, étant représentée à notre âme comme un défaut qui lui appartient, excite en elle la tristesse : par exemple, la haine qui nous éloigne des mauvaises mœurs de quelqu'un nous éloigne par même moyen de sa conversation, en laquelle nous pourrions sans cela trouver quelque bien duquel nous sommes fâchés d'être privés. Et ainsi en toutes les autres haines on peut remarquer quelque sujet de tristesse.

Art. 141. *Du désir, de la joie et de la tristesse.*

Pour le désir, il est évident que lorsqu'il procède d'une vraie connaissance il ne peut être mauvais, pourvu qu'il ne soit point excessif et que cette connaissance le règle. Il est évident aussi que la joie ne peut manquer d'être bonne, ni la tristesse d'être mauvaise, au regard de l'âme, pour ce que c'est en la dernière que consiste toute l'incommodité que l'âme reçoit du mal, et en la première que consiste toute la jouissance du bien qui lui appartient; de façon que si nous n'avions point de corps, j'oserais dire que nous ne pourrions trop nous abandonner à l'amour et à la joie, ni trop éviter la haine et la tristesse; mais les mouvements corporels qui les accompagnent peuvent tous être nuisibles à la santé lorsqu'ils sont fort violents, et au contraire lui être utiles lorsqu'ils ne sont que modérés.

ART. 142. *De la joie et de l'amour, comparées avec la tristesse et la haine.*

Au reste, puisque la haine et la tristesse doivent être rejetées par l'âme, lors même qu'elles procèdent d'une vraie connaissance, elles doivent l'être à plus forte raison lorsqu'elles viennent de quelque fausse opinion. Mais on peut douter si l'amour et la joie sont bonnes ou non lorsqu'elles sont ainsi mal fondées; et il semble que si on ne les considère précisément que ce qu'elles sont en elles-mêmes, au regard de l'âme, on peut dire que, bien que la joie soit moins solide et l'amour moins avantageuse que lorsqu'elles ont un meilleur fondement, elles ne laissent pas d'être préférables à la tristesse et à la haine aussi mal fondées : en sorte que, dans les rencontres de la vie où nous ne pouvons éviter le hasard d'être trompés, nous faisons toujours beaucoup mieux de pencher vers les passions qui tendent au bien que vers celles qui regardent le mal, encore que ce ne soit que pour l'éviter; et même souvent une fausse joie vaut mieux qu'une tristesse dont la cause est vraie. Mais je n'ose pas dire de même de l'amour au regard de la haine; car, lorsque la haine est juste, elle ne nous éloigne que du sujet qui contient le mal dont il est bon d'être séparé, au lieu que l'amour qui est injuste nous joint à des choses qui peuvent nuire, ou du moins qui ne méritent pas d'être tant considérées par nous qu'elles sont, ce qui nous avilit et nous abaisse.

ART. 143. *Des mêmes passions, en tant qu'elles se rapportent au désir.*

Et il faut exactement remarquer que ce que je viens de dire de ces quatre passions n'a lieu que lorsqu'elles sont considérées précisément en elles-mêmes, et qu'elles ne nous portent à aucune action; car, en tant qu'elles excitent en nous le désir, par l'entremise duquel elles règlent nos mœurs, il est certain que toutes celles dont la cause est fausse peuvent nuire, et qu'au contraire toutes celles dont la cause est juste peuvent servir, et même que, lorsqu'elles sont également mal fondées, la joie est ordinairement plus nuisible que la tristesse, pour ce que celle-ci, donnant de la retenue et de la crainte, dispose en quelque façon à la prudence, au lieu que l'autre rend inconsidérés et téméraires ceux qui s'abandonnent à elle.

ART. 144. *Des désirs dont l'événement ne dépend que de nous.*

Mais, pour que ces passions ne nous peuvent porter à aucune action que par l'entremise du désir qu'elles excitent, c'est particulièrement ce désir que nous devons avoir soin de régler; et c'est en cela que consiste la principale utilité de la morale : or, comme j'ai tantôt dit qu'il est toujours bon lorsqu'il suit une vraie connaissance, ainsi il ne peut manquer d'être mauvais lorsqu'il est fondé sur quelque erreur. Et il me semble que l'erreur qu'on commet le plus ordinairement touchant les désirs est qu'on ne distingue pas assez les choses qui dépendent entièrement de nous de celles qui n'en dépendent point : car, pour celles qui ne dépendent que de nous, c'est-à-dire de notre libre arbitre, il suffit de savoir qu'elles sont bonnes pour ne les pouvoir désirer avec trop d'ardeur, à cause que c'est suivre la vertu que de faire les choses bonnes qui dépendent de nous, et il est certain qu'on ne saurait avoir un désir trop ardent pour la vertu, outre que ce que nous désirons en cette façon ne pouvant manquer de nous réussir, puisque c'est de nous seul qu'il dépend, nous en recevrons toujours toute la satisfaction que nous en avons attendue. Mais la faute qu'on a coutume de commettre en ceci, n'est jamais qu'on désire trop, c'est seulement qu'on désire trop peu; et le souverain remède contre cela est de se délivrer l'esprit, autant qu'il se peut, de toutes sortes d'autres désirs moins utiles, puis de tâcher de connaître bien clairement et de considérer avec attention la bonté de ce qui est à désirer.

ART. 145. *De ceux qui ne dépendent que des autres choses, et ce que c'est que la fortune.*

Pour les choses qui ne dépendent aucunement de nous, tant bonnes qu'elles puissent être, on ne les doit jamais désirer avec passion, non-seulement à cause qu'elles peuvent n'arriver pas, et par ce moyen nous affliger d'autant plus que nous les aurons plus souhaitées, mais principalement à cause qu'en occupant notre pensée elles nous détournent de porter notre affection à d'autres choses dont l'acquisition dépend de nous. Et il y a deux remèdes généraux contre ces vains désirs : le premier est la générosité, de laquelle je parlerai ci-après; le second est que nous devons souvent faire réflexion sur la Providence divine, et nous représenter qu'il est impossible qu'aucune chose arrive d'autre façon qu'elle a été déterminée de toute éternité par cette Providence; en sorte qu'elle est comme une fatalité ou une nécessité immuable qu'il faut opposer à la fortune, pour la détruire comme une chimère qui ne vient que de l'erreur de notre entendement. Car nous ne pouvons désirer que ce que nous estimons en quelque façon être possible, et nous ne pouvons estimer possibles les choses qui ne dépendent point de nous qu'en tant que nous pensons qu'elles dépendent de la fortune, c'est-à-dire que nous jugeons qu'elles peuvent arriver, et qu'il en est arrivé autrefois de semblables. Or cette opinion n'est fondée que sur ce que nous ne connaissons pas toutes les choses qui contribuent à chaque effet; car, lorsqu'une chose que nous avons estimée dépendre de la fortune n'arrive pas, cela témoigne que quelqu'une des causes qui étaient nécessaires pour la produire a manqué, et par conséquent qu'elle était absolument impossible, et qu'il n'en est jamais arrivé de semblable, c'est-à-dire à la production de laquelle une pareille cause ait aussi manqué : en sorte que si nous n'eussions point ignoré cela auparavant, nous ne l'eussions jamais estimée possible, ni par conséquent ne l'eussions désirée.

Art. 146. *De ceux qui dépendent de nous et d'autrui.*

Il faut donc entièrement rejeter l'opinion vulgaire qu'il y a hors de nous une fortune qui fait que les choses arrivent ou n'arrivent pas, selon son plaisir, et savoir que tout est conduit par la Providence divine, dont le décret éternel est tellement infaillible et immuable, qu'excepté les choses que ce même décret a voulu dépendre de notre libre arbitre, nous devons penser qu'à notre égard il n'arrive rien qui ne soit nécessaire et comme fatal, en sorte que nous ne pouvons sans erreur désirer qu'il arrive d'autre façon. Mais pour ce que la plupart de nos désirs s'étendent à des choses qui ne dépendent pas toutes de nous ni toutes d'autrui, nous devons exactement distinguer en elles ce qui ne dépend que de nous, afin de n'étendre notre désir qu'à cela seul; et pour le surplus, encore que nous en devions estimer le succès entièrement fatal et immuable, afin que notre désir ne s'y occupe point, nous ne devons pas laisser de considérer les raisons qui le font plus ou moins espérer, afin qu'elles servent à régler nos actions : car, par exemple, si nous avons affaire en quelque lieu où nous puissions aller par deux divers chemins, l'un desquels ait coutume d'être beaucoup plus sûr que l'autre, bien que peut-être le décret de la Providence soit tel que si nous allons par le chemin qu'on estime le plus sûr nous ne manquerons pas d'y être volés, et qu'au contraire nous pourrons passer par l'autre sans aucun danger, nous ne devons pas pour cela être indifférents à choisir l'un ou l'autre, ni nous reposer sur la fatalité immuable de ce décret; mais la raison veut que nous choisissions le chemin qui a coutume d'être le plus sûr; et notre désir doit être accompli touchant cela lorsque nous l'avons suivi, quelque mal qu'il nous en soit arrivé, à cause que ce mal ayant été à notre égard inévitable, nous n'avons eu aucun sujet de souhaiter d'en être exempts, mais seulement de faire tout le mieux que notre entendement a pu connaître, ainsi que je suppose que nous avons fait. Et il est certain que lorsqu'on s'exerce à distinguer ainsi la fatalité de la fortune, on s'accoutume aisément à régler ses désirs en telle sorte que, d'autant que leur accomplissement ne dépend que de nous, ils peuvent toujours nous donner une entière satisfaction.

ART. 147. *Des émotions intérieures de l'âme.*

J'ajouterai seulement encore ici une considération qui me semble beaucoup servir pour nous empêcher de recevoir aucune incommodité des passions; c'est que notre bien et notre mal dépendent principalement des émotions intérieures qui ne sont excitées en l'âme que par l'âme même, en quoi elles diffèrent de ses passions, qui dépendent toujours de quelque mouvement des esprits; et bien que ces émotions de l'âme soient souvent jointes avec les passions qui leur sont semblables, elles peuvent souvent aussi se rencontrer avec d'autres, et même naître de celles qui leur sont contraires. Par exemple, lorsqu'un mari pleure sa femme morte, laquelle (ainsi qu'il arrive quelquefois) il serait fâché de voir ressuscitée, il se peut faire que son cœur est serré par la tristesse, que l'appareil des funérailles et l'absence d'une personne à la conversation de laquelle il était accoutumé excitent en lui; et il se peut faire que quelques restes d'amour ou de pitié qui se présentent à son imagination tirent de véritables larmes de ses yeux, nonobstant qu'il sente cependant une joie secrète dans le plus intérieur de son âme, l'émotion de laquelle a tant de pouvoir que la tristesse et les larmes qui l'accompagnent ne peuvent rien diminuer de sa force. Et lorsque nous lisons des aventures étranges dans un livre, ou que nous les voyons représenter sur un théâtre, cela excite quelquefois en nous la tristesse, quelquefois la joie, ou l'amour, ou la haine, et généralement toutes les passions, selon la diversité des objets qui s'offrent à notre imagination ; mais avec cela nous avons du plaisir de les sentir exciter en nous, et ce plaisir est une joie intellectuelle qui peut aussi bien naître de la tristesse que de toutes les autres passions.

ART. 148. *Que l'exercice de la vertu est un souverain remède contre les passions.*

Or, d'autant que ces émotions intérieures nous touchent de plus près et ont, par conséquent, beaucoup plus de pouvoir sur nous que les passions, dont elles diffèrent, qui se rencontrent avec elles, il est certain que, pourvu que notre âme ait toujours de quoi se contenter en son intérieur, tous les troubles qui viennent d'ailleurs n'ont aucun pouvoir de lui nuire; mais plutôt ils servent à augmenter sa joie, en ce que, voyant qu'elle ne peut être offensée par eux, cela lui fait connaître sa perfection. Et afin que notre âme ait ainsi de quoi être contente, elle n'a besoin que de suivre exactement la vertu. Car quiconque a vécu en telle sorte que sa conscience ne lui peut reprocher qu'il n'ait jamais manqué à faire toutes les choses qu'il a jugé être les meilleures (qui est ce que je nomme ici suivre la vertu), il en reçoit une satisfaction qui est si puissante pour le rendre heureux, que les plus violents efforts des passions n'ont jamais assez de pouvoir pour troubler la tranquillité de son âme.

TROISIÈME PARTIE.

Des passions particulières.

ART. 149. *De l'estime et du mépris.*

APRÈS avoir expliqué les six passions primitives, qui sont comme les genres dont toutes les autres sont des espèces, je remarquerai ici succinctement ce qu'il y a de particulier en chacune de ces autres, et je tiendrai le même ordre suivant lequel je les ai ci-dessus dénombrées. Les deux premières sont l'estime et le mépris; car, bien que ces noms ne signifient ordinairement que les opinions qu'on a sans passion de la valeur de chaque chose, toutefois, à cause que, de ces opinions, il naît souvent des passions auxquelles on n'a point donné de noms particuliers, il me semble que ceux-ci leur peuvent être attribués. Et l'estime, en tant qu'elle est une passion, est une inclination qu'a l'âme à se représenter la valeur de la chose estimée, laquelle inclination est causée par un mouvement particulier des esprits tellement conduits dans le cerveau qu'ils fortifient les impressions qui servent à ce sujet; comme, au contraire, la passion du mépris est une inclination qu'a l'âme à considérer la bassesse ou petitesse de ce qu'elle méprise, causée par le mouvement des esprits qui fortifient l'idée de cette petitesse.

ART. 150. *Que ces deux passions ne sont que des espèces d'admiration.*

Ainsi ces deux passions ne sont que des espèces d'admiration; car lorsque nous n'admirons point la grandeur ni la petitesse d'un objet, nous n'en faisons ni plus ni moins d'état que la raison nous dicte que nous en devons faire, de façon que nous l'estimons ou le méprisons alors sans passion; et, bien que souvent l'estime soit excitée en nous par l'amour, et le mépris par la haine, cela n'est pas universel et ne vient que de ce qu'on est plus ou moins enclin à considérer la grandeur ou la petitesse d'un objet, à raison de ce qu'on a plus ou moins d'affection pour lui.

ART. 151. *Qu'elles sont plus remarquables quand nous les rapportons à nous-mêmes.*

Or ces deux passions se peuvent généralement rapporter à toutes sortes d'objets; mais elles sont principalement remarquables quand nous les rapportons à nous-mêmes, c'est-à-dire quand c'est notre propre mérite que nous estimons ou méprisons; et le mouvement des esprits qui les cause est alors si manifeste, qu'il change même la mine, les gestes, la démarche et généralement toutes les actions de ceux qui conçoivent une meilleure ou une plus mauvaise opinion d'eux-mêmes qu'à l'ordinaire.

ART. 152. *Pour quelle cause on peut s'estimer.*

Et pour ce que l'une des principales parties de la sagesse est de savoir en quelle façon et pour quelle cause chacun se doit estimer ou mépriser, je tâcherai ici d'en dire mon opinion. Je ne remarque en nous qu'une seule chose qui nous puisse donner juste raison de nous estimer, à savoir l'usage de notre libre arbitre, et l'empire que nous avons sur nos volontés; car il n'y a que les seules actions qui dépendent de ce libre arbitre pour lesquelles nous puissions avec raison être loués ou blâmés, et il nous rend en quelque façon semblables à Dieu en nous faisant maîtres de nous-mêmes, pourvu que nous ne perdions point par lâcheté les droits qu'il nous donne.

ART. 153. *En quoi consiste la générosité.*

Ainsi je crois que la vraie générosité, qui fait qu'un homme s'estime au plus haut point qu'il se peut légitimement estimer, consiste seulement partie en ce qu'il connaît qu'il n'y a rien qui véritablement lui appartienne que cette libre disposition de ses volontés, ni pourquoi il doive être loué ou blâmé sinon pour ce qu'il en use bien ou mal, et partie en ce qu'il sent en soi-même une ferme et constante résolution d'en bien user, c'est-à-dire de ne manquer jamais de volonté pour entreprendre et exécuter toutes les choses qu'il jugera être les meilleures; ce qui est suivre parfaitement la vertu.

ART. 154. *Qu'elle empêche qu'on ne méprise les autres.*

Ceux qui ont cette connaissance et sentiment d'eux-mêmes se persuadent facilement que chacun des autres hommes les peut aussi avoir de soi, pour ce qu'il n'y a rien en cela qui dépende d'autrui. C'est pourquoi ils ne méprisent jamais personne; et, bien qu'ils voient souvent que les autres commettent des fautes qui font paraître leur faiblesse, ils sont toutefois plus enclins à les excuser qu'à les blâmer, et à croire que c'est plutôt par manque de connaissance que par manque de bonne volonté qu'ils les commettent; et, comme ils ne peuvent point être de beaucoup inférieurs à ceux qui ont plus de bien ou d'honneurs, ou même qui ont plus d'esprit, plus de savoir, plus de beauté, ou généralement qui les surpassent en quelques autres perfections, aussi ne s'estiment-ils point beaucoup au-dessus de ceux qu'ils surpassent, à cause que toutes ces choses leur semblent être fort peu considérables à comparaison de la bonne volonté, pour laquelle seule ils s'estiment, et laquelle ils supposent aussi être ou du moins pouvoir être en chacun des autres hommes.

ART. 155. *En quoi consiste l'humilité vertueuse.*

Ainsi les plus généreux ont coutume d'être les plus humbles; et l'humilité vertueuse ne consiste qu'en ce que la réflexion que nous faisons sur l'infirmité de notre nature et sur les fautes que nous pouvons autrefois avoir commises ou sommes capables de commettre, qui ne sont pas moindres que celles qui peuvent être commises par d'autres, est cause que nous ne nous préférons à personne, et que nous pensons que les autres ayant leur libre arbitre aussi bien que nous, ils en peuvent aussi bien user.

ART. 156. *Quelles sont les propriétés de la générosité, et comment elle sert de remède contre tous les déréglements des passions.*

Ceux qui sont généreux en cette façon sont naturellement portés à faire de grandes choses, et toutefois à ne rien entreprendre dont ils ne se sentent capables; et pour ce qu'ils n'estiment rien de plus grand que de faire du bien aux autres hommes et de mépriser son propre intérêt, pour ce sujet ils sont toujours parfaitement courtois, affables et officieux envers un chacun. Et avec cela ils sont entièrement maîtres de leurs passions, particulièrement des désirs, de la jalousie et de l'envie, à cause qu'il n'y a aucune chose dont l'acquisition ne dépende pas d'eux qu'ils pensent valoir assez pour mériter d'être beaucoup souhaitée; et de la haine envers les hommes, à cause qu'ils les estiment tous; et de la peur, à cause que la confiance qu'ils ont en leur vertu les assure; et enfin de la colère, à cause que, n'estimant que fort peu toutes les choses qui dépendent d'autrui, jamais ils ne donnent tant d'avantage à leurs ennemis que de reconnaître qu'ils en sont offensés.

ART. 157. *De l'orgueil.*

Tous ceux qui conçoivent bonne opinion d'eux-mêmes pour quelque autre cause, telle qu'elle puisse être, n'ont pas une vraie générosité, mais seulement un orgueil qui est toujours fort vicieux, encore qu'il le soit d'autant plus que la cause pour laquelle on s'estime est plus injuste; et la plus injuste de toutes est lorsqu'on est orgueilleux sans aucun sujet; c'est-à-dire sans qu'on pense pour cela qu'il y ait en soi aucun mérite pour lequel on doive être prisé, mais seulement pour ce qu'on ne fait point d'état du mérite, et que, s'imaginant que la gloire n'est autre chose qu'une usurpation, l'on croit que ceux qui s'en attribuent le plus en ont le plus. Ce vice est si déraisonnable et si absurde, que j'aurais de la peine à croire qu'il y eût des hommes qui s'y laissassent aller, si jamais personne n'était loué injustement; mais la flatterie est si commune partout qu'il n'y a point d'homme si défectueux qu'il ne se voie souvent estimer pour des choses qui ne méritent aucune louange, ou même qui méritent du blâme; ce qui donne occasion aux plus ignorants et aux plus stupides de tomber en cette espèce d'orgueil.

ART. 158. *Que ces effets sont contraires à ceux de la générosité.*

Mais, quelle que puisse être la cause pour laquelle on s'estime, si elle est autre que la volonté qu'on sent soi-même d'user toujours bien de son libre arbitre, de laquelle j'ai dit que vient la générosité, elle produit toujours un orgueil très-blâmable, et qui est si différent de cette vraie générosité qu'il a des effets entièrement contraires; car tous les autres biens, comme l'esprit, la beauté, les richesses, les honneurs, etc., ayant coutume d'être d'autant plus estimés qu'ils se trouvent en moins de personnes, et même étant pour la plupart de telle nature qu'ils ne peuvent être communiqués à plusieurs, cela fait que les orgueilleux tâchent d'abaisser tous les autres hommes, et qu'étant esclaves de leurs désirs, ils ont l'âme incessamment agitée de haine, d'envie, de jalousie ou de colère.

ART. 159. *De l'humilité vicieuse.*

Pour la bassesse ou l'humilité vicieuse, elle consiste principalement en ce qu'on se sent faible ou peu résolu, et que, comme si on n'avait pas l'usage entier de son libre arbitre, on ne se peut empêcher de faire des choses dont on sait qu'on se repentira par après; puis aussi en ce qu'on croit ne pouvoir subsister par soi-même ni se passer de plusieurs choses dont l'acquisition dépend d'autrui. Ainsi elle est directement opposée à la générosité; et il arrive souvent que ceux qui ont l'esprit le plus bas sont les plus arrogants et superbes, en même façon que les plus généreux sont les plus modestes et les plus humbles. Mais, au lieu que ceux qui ont l'esprit fort et généreux ne changent point d'humeur pour les prospérités ou adversités qui leur arrivent, ceux qui l'ont faible et abject ne sont conduits que par la fortune, et la prospérité ne les enfle pas moins que l'adversité les rend humbles. Même on voit souvent qu'ils s'abaissent honteusement auprès de ceux dont ils attendent quelque profit ou craignent quelque mal, et qu'au même temps ils s'élèvent insolemment au-dessus de ceux desquels ils n'espèrent ni ne craignent aucune chose.

ART. 160. *Quel est le mouvement des esprits en ces passions.*

Au reste, il est aisé à connaître que l'orgueil et la bassesse ne sont pas seulement des vices, mais aussi des passions, à cause que leur émotion paraît fort à l'extérieur en ceux qui sont subitement enflés ou abattus par quelque nouvelle occasion; mais on peut douter si la générosité et l'humilité, qui sont des vertus, peuvent aussi être des passions, pour ce que leurs mouvements paraissent moins, et qu'il semble que la vertu ne sympathise pas tant avec la passion que fait le vice. Toutefois je ne vois point de raison qui empêche que le même mouvement des esprits qui sert à fortifier une pensée lorsqu'elle a un fondement qui est mauvais, ne la puisse aussi fortifier lorsqu'elle en a un qui est juste; et pour ce que l'orgueil et la générosité ne consistent qu'en la bonne opinion qu'on a de soi-même, et ne diffèrent qu'en ce que cette opinion est injuste en l'un et juste en l'autre, il me semble qu'on les peut rapporter à une même passion, laquelle est excitée par un mouvement composé de ceux de l'admiration, de la joie et de l'amour, tant de celle qu'on a pour soi que de celle qu'on a pour la chose qui fait qu'on s'estime : comme, au contraire, le mouvement qui excite l'humilité, soit vertueuse, soit vicieuse, est composé de ceux de l'admiration, de la tristesse, et de l'amour qu'on a pour soi-même, mêlée avec la haine qu'on a pour ses défauts, qui font qu'on se méprise; et toute la différence que je remarque en ces mouvements est que celui de l'admiration a deux propriétés : la première, que la surprise le rend fort dès son commencement; et l'autre, qu'il est égal en sa continuation, c'est-à-dire que les esprits continuent à se mouvoir d'une même teneur dans le cerveau : desquelles propriétés la première se rencontre bien plus en l'orgueil et en la bassesse qu'en la générosité et en l'humilité vertueuse; et au contraire, la dernière se remarque mieux en celles-ci qu'aux deux autres; dont la raison est que le vice vient ordinairement de l'ignorance, et que ce sont ceux qui se connaissent le moins qui sont le plus sujets à s'enorgueillir et à s'humilier plus qu'ils ne doivent, à cause que tout ce qui leur arrive de nouveau les surprend et fait que, se l'attribuant à eux-mêmes, ils s'admirent, et qu'ils s'estiment ou se méprisent selon qu'ils jugent que ce qui leur arrive est à leur avantage ou n'y est pas. Mais, pour ce que souvent après une chose qui les a enorgueillis il en survient une autre qui les humilie, le mouvement de leurs passions est variable; au contraire, il n'y a rien en la générosité qui ne soit compatible avec l'humilité vertueuse, ni rien ailleurs qui les puisse changer, ce qui fait que leurs mouvements sont fermes, constants et toujours fort semblables à eux-mêmes. Mais ils ne viennent pas tant de surprise, pour ce que ceux qui s'estiment en cette façon connaissent assez quelles sont les causes qui font qu'ils s'estiment; toutefois on peut dire que ces causes sont si merveilleuses (à savoir, la puissance d'user de son libre arbitre, qui fait qu'on se prise soi-même, et les infirmités du sujet en qui est cette puissance, qui font qu'on ne s'estime pas trop) qu'à toutes les fois qu'on se les représente de nouveau, elles donnent toujours une nouvelle admiration.

Art. 161. *Comment la générosité peut être acquise.*

Et il faut remarquer que ce qu'on nomme communément des vertus sont des habitudes en l'âme qui la disposent à certaines pensées, en sorte qu'elles sont différentes de ces pensées, mais qu'elles les peuvent produire, et réciproquement être produites par elles. Il faut remarquer aussi que ces pensées peuvent être produites par l'âme seule, mais qu'il arrive souvent que quelque mouvement des esprits les fortifie, et que pour lors elles sont des actions de vertu et ensemble des passions de l'âme : ainsi, encore qu'il n'y ait point de vertu à laquelle il semble que la bonne naissance contribue tant qu'à celle qui fait qu'on ne s'estime que selon sa juste valeur, et qu'il soit aisé à croire que toutes les âmes que Dieu met en nos corps ne sont pas également nobles et fortes (ce qui est cause que j'ai nommé cette vertu générosité, suivant l'usage de notre langue, plutôt que magnanimité, suivant l'usage de l'école, où elle n'est pas fort connue), il est certain néanmoins que la bonne institution sert beaucoup pour corriger les défauts de la naissance, et que si on s'occupe souvent à considérer ce que c'est que le libre arbitre, et combien sont grands les avantages qui viennent de ce qu'on a une ferme résolution d'en bien user, comme aussi, d'autre côté, combien sont vains et inutiles tous les soins qui travaillent les ambitieux, on peut exciter en soi la passion et ensuite acquérir la vertu de générosité, laquelle étant comme la clef de toutes les autres vertus et un remède général contre tous les déréglements des passions, il me semble que cette considération mérite bien d'être remarquée.

ART. 162. *De la vénération.*

La vénération ou le respect est une inclination de l'âme non-seulement à estimer l'objet qu'elle révère, mais aussi à se soumettre à lui avec quelque crainte, pour tâcher de se le rendre favorable; de façon que nous n'avons de la vénération que pour les causes libres que nous jugeons capables de nous faire du bien ou du mal, sans que nous sachions lequel des deux elles feront; car nous avons de l'amour et de la dévotion plutôt qu'une simple vénération pour celles de qui nous n'attendons que du bien, et nous avons de la haine pour celles de qui nous n'attendons que du mal; et si nous ne jugeons point que la cause de ce bien ou de ce mal soit libre, nous ne nous soumettons point à elle pour tâcher de l'avoir favorable. Ainsi, quand les païens avaient de la vénération pour des bois, des fontaines ou des montagnes, ce n'était pas proprement ces choses mortes qu'ils révéraient, mais les divinités qu'ils pensaient y présider. Et le mouvement des esprits qui excite la vénération est composé de celui qui excite l'admiration et de celui qui excite la crainte, de laquelle je parlerai ci-après.

ART. 163. *Du dédain.*

Tout de même, ce que je nomme le dédain est l'inclination qu'a l'âme à mépriser une cause libre en jugeant que, bien que de sa nature elle soit capable de faire du bien ou du mal, elle est néanmoins si fort au-dessous de nous qu'elle ne nous peut faire ni l'un ni l'autre. Et le mouvement des esprits qui l'excite est composé de ceux qui excitent l'admiration et la sécurité ou la hardiesse.

ART. 164. *De l'usage de ces deux passions.*

Et c'est la générosité et la faiblesse de l'esprit ou la bassesse qui déterminent le bon et le mauvais usage de ces deux passions : car d'autant qu'on a l'âme plus noble et plus généreuse, d'autant a-t-on plus d'inclination à rendre à chacun ce qui lui appartient; et ainsi on n'a pas seulement une très-profonde humilité au regard de Dieu, mais aussi on rend sans répugnance tout l'honneur et le respect qui est dû aux hommes, à chacun selon le rang et l'autorité qu'il a dans le monde, et on ne méprise rien que les vices. Au contraire, ceux qui ont l'esprit bas et faible sont sujets à pécher par excès, quelquefois en ce qu'ils révèrent et craignent des choses qui ne sont dignes que de mépris, et quelquefois en ce qu'ils dédaignent insolemment celles qui méritent le plus d'être révérées; et ils passent souvent fort promptement de l'extrême impiété à la superstition, puis de la superstition à l'impiété, en sorte qu'il n'y a aucun vice ni aucun déréglement d'esprit dont ils ne soient capables.

Art. 165. *De l'espérance et de la crainte.*

L'espérance est une disposition de l'âme à se persuader que ce qu'elle désire adviendra, laquelle est causée par un mouvevent particulier des esprits, à savoir, par celui de la joie et du désir mêlés ensemble; et la crainte est une autre disposition de l'âme qui lui persuade qu'il n'adviendra pas; et il est à remarquer que bien que ces deux passions soient contraires, on les peut néanmoins avoir toutes deux ensemble, à savoir, lorsqu'on se représente en même temps diverses raisons dont les unes font juger que l'accomplissement du désir est facile, les autres le font paraître difficile.

Art. 166. *De la sécurité et du désespoir.*

Et jamais l'une de ces passions n'accompagne le désir qu'elle ne laisse quelque place à l'autre : car, lorsque l'espérance est si forte qu'elle chasse entièrement la crainte, elle change de nature et se nomme sécurité ou assurance; et, quand on est assuré que ce qu'on désire adviendra, qu'on continue à vouloir qu'il advienne, on cesse néanmoins d'être agité de la passion du désir, qui en faisait rechercher l'événement avec inquiétude; tout de même, lorsque la crainte est si extrême qu'elle ôte tout lieu à l'espérance, elle se convertit en désespoir; et ce désespoir, représentant la chose comme impossible, éteint entièrement le désir, lequel ne se porte qu'aux choses possibles.

Art. 167. *De la jalousie.*

La jalousie est une espèce de crainte qui se rapporte au désir qu'on a de se conserver la possession de quelque bien;

et elle ne vient pas tant de la force des raisons qui font juger qu'on le peut perdre que de la grande estime qu'on en fait, laquelle est cause qu'on examine jusques aux moindres sujets de soupçon, et qu'on les prend pour des raisons fort considérables.

ART. 168. *En quoi cette passion peut être honnête.*

Et pour ce qu'on doit avoir plus de soin de conserver les biens qui sont fort grands que ceux qui sont moindres, cette passion peut être juste et honnête en quelques occasions. Ainsi, par exemple, un capitaine qui garde une place de grande importance a droit d'en être jaloux; c'est-à-dire de se défier de tous les moyens par lesquels elle pourrait être surprise; et une honnête femme n'est pas blâmée d'être jalouse de son honneur, c'est-à-dire de ne se garder pas seulement de mal faire, mais aussi d'éviter jusques aux moindres sujets de médisance.

ART. 169. *En quoi elle est blâmable.*

Mais on se moque d'un avaricieux lorsqu'il est jaloux de son trésor, c'est-à-dire lorsqu'il le couve des yeux et ne s'en veut jamais éloigner de peur qu'il lui soit dérobé; car l'argent ne vaut pas la peine d'être gardé avec tant de soin : et on méprise un homme qui est jaloux de sa femme, pour ce que c'est un témoignage qu'il ne l'aime pas de la bonne sorte, et qu'il a mauvaise opinion de soi ou d'elle : je dis qu'il ne l'aime pas de la bonne sorte; car, s'il avait une vraie amour pour elle, il n'aurait aucune inclination à s'en défier; mais ce n'est pas proprement elle qu'il aime, c'est seulement le bien qu'il imagine consister à en avoir seul la possession; et il ne craindrait pas de perdre ce bien s'il ne jugeait pas qu'il en est indigne ou bien que sa femme est infidèle. Au reste, cette passion ne se rapporte qu'aux soupçons et aux défiances, car ce n'est pas proprement être jaloux que de tâcher d'éviter quelque mal lorsqu'on a juste sujet de le craindre.

ART. 170. *De l'irrésolution.*

L'irrésolution est aussi une espèce de crainte qui, retenant l'âme comme en balance entre plusieurs actions qu'elle peut faire, est cause qu'elle n'en exécute aucune, et ainsi qu'elle a du temps pour choisir avant que de se déterminer, en quoi véritablement elle a quelque usage qui est bon; mais lorsqu'elle dure plus qu'il ne faut, et qu'elle fait employer à délibérer le temps qui est requis pour agir, elle est fort mauvaise. Or, je dis qu'elle est une espèce de crainte, nonobstant qu'il puisse arriver, lorsqu'on a le choix de plusieurs choses dont la bonté paraît fort égale, qu'on demeure incertain et irrésolu sans qu'on ait pour cela aucune crainte; car cette sorte d'irrésolution vient seulement du sujet qui se présente, et non point d'aucune émotion des esprits; c'est pourquoi elle n'est pas une passion, si ce n'est que la crainte qu'on a de manquer en son choix en augmente l'incertitude. Mais cette crainte est si ordinaire et si forte en quelques-uns, que souvent, encore qu'ils n'aient point à choisir et qu'ils ne voient qu'une seule chose à prendre ou à laisser, elle les retient et fait qu'ils s'arrêtent inutilement à en chercher d'autres; et lors c'est un excès d'irrésolution qui vient d'un trop grand désir de bien faire, et d'une faiblesse de l'entendement, lequel, n'ayant point de notions claires et distinctes, en a seulement beaucoup de confuses : c'est pourquoi le remède contre cet excès est de s'accoutumer à former des jugements certains et déterminés touchant toutes les choses qui se présentent, et à croire qu'on s'acquitte toujours de son devoir lorsqu'on fait ce qu'on juge être le meilleur, encore que peut-être on juge très-mal.

Art. 171. *Du courage et de la hardiesse.*

Le courage, lorsque c'est une passion et non point une habitude ou inclination naturelle, est une certaine chaleur ou agitation qui dispose l'âme à se porter puissamment à l'exécution des choses qu'elle veut faire, de quelle nature qu'elles soient; et la hardiesse est une espèce de courage qui dispose l'âme à l'exécution des choses qui sont les plus dangereuses.

Art. 172. *De l'émulation.*

Et l'émulation en est aussi une espèce, mais en un autre sens; car on peut considérer le courage comme un genre qui se divise en autant d'espèces qu'il y a d'objets différents, et en autant d'autres qu'il y a de causes : en la première façon la hardiesse est une espèce, en l'autre l'émulation; et cette dernière n'est autre chose qu'une chaleur qui dispose l'âme à entreprendre des choses qu'elle espère lui pouvoir réussir pour ce qu'elle les voit réussir à d'autres; et ainsi c'est une espèce de courage duquel la cause externe est l'exemple. Je dis la cause externe, pour ce qu'il doit outre cela y en avoir une interne, qui consiste en ce qu'on a le corps tellement disposé que le désir et l'espérance ont plus de force à faire aller quantité de sang vers le cœur que la crainte ou le désespoir à l'empêcher.

ART. 173. *Comment la hardiesse dépend de l'espérance.*

Car il est à remarquer que, bien que l'objet de la hardiesse soit la difficulté, de laquelle suit ordinairement la crainte ou même le désespoir, en sorte que c'est dans les affaires les plus dangereuses et les plus désespérées qu'on emploie le plus de hardiesse et de courage, il est besoin néanmoins qu'on espère ou même qu'on soit assuré que la fin qu'on se propose réussira, pour s'opposer avec vigueur aux difficultés qu'on rencontre. Mais cette fin est différente de cet objet; car on ne saurait être assuré et désespéré d'une même chose en même temps. Ainsi quand les Décies se jetaient au travers des ennemis et couraient à une mort certaine, l'objet de leur hardiesse était la difficulté de conserver leur vie pendant cette action, pour laquelle difficulté ils n'avaient que du désespoir, car ils étaient certains de mourir; mais leur fin était d'animer leurs soldats par leur exemple, et de leur faire gagner la victoire, pour laquelle ils avaient de l'espérance; ou bien aussi leur fin était d'avoir de la gloire après leur mort, de laquelle ils étaient assurés.

ART. 174. *De la lâcheté et de la peur.*

La lâcheté est directement opposée au courage, et c'est une langueur ou froideur qui empêche l'âme de se porter à l'exécution des choses qu'elle ferait si elle était exempte de cette passion; et la peur ou l'épouvante, qui est contraire à la hardiesse, n'est pas seulement une froideur, mais aussi un trouble et un étonnement de l'âme qui lui ôte le pouvoir de résister aux maux qu'elle pense être proches.

ART. 175. *De l'usage de la lâcheté.*

Or, encore que je ne me puisse persuader que la nature ait donné aux hommes quelque passion, qui soit toujours vicieuse et n'ait aucun usage bon et louable, j'ai toutefois bien de la peine à deviner à quoi ces deux peuvent servir. Il me semble seulement que la lâcheté a quelque usage lorsqu'elle fait qu'on est exempt des peines qu'on pourrait être incité à prendre par des raisons vraisemblables, si d'autres raisons plus certaines qui les ont fait juger inutiles n'avaient excité cette passion; car, outre qu'elle exempte l'âme de ces peines, elle sert aussi alors pour le corps, en ce que, retardant le mouvement des esprits, elle empêche qu'on ne dissipe ses forces. Mais ordinairement elle est très-nuisible, à cause qu'elle détourne la volonté des actions utiles; et pour ce qu'elle ne vient que de ce qu'on n'a pas assez d'espérance ou de désir, il ne faut qu'augmenter en soi ces deux passions pour la corriger.

Art. 176. *De l'usage de la peur.*

Pour ce qui est de la peur ou de l'épouvante, je ne vois point qu'elle puisse jamais être louable et utile; aussi n'est-ce pas une passion particulière, c'est seulement un excès de lâcheté, d'étonnement et de crainte, lequel est toujours vicieux, ainsi que la hardiesse est un excès de courage qui est toujours bon, pourvu que la fin qu'on se propose soit bonne; et pour ce que la principale cause de la peur est la surprise, il n'y a rien de meilleur pour s'en exempter que d'user de préméditation et de se préparer à tous les événements, la crainte desquels la peut causer.

Art. 177. *Du remords.*

Le remords de conscience est une espèce de tristesse qui vient du doute qu'on a qu'une chose qu'on fait ou qu'on a faite n'est pas bonne, et il présuppose nécessairement le doute : car, si on était entièrement assuré que ce qu'on fait fût mauvais, on s'abstiendrait de le faire, d'autant que la volonté ne se porte qu'aux choses qui ont quelque apparence de bonté; et si on était assuré que ce qu'on a déjà fait fût mauvais, on en aurait du repentir, non pas seulement du remords. Or l'usage de cette passion est de faire qu'on examine si la chose dont on doute est bonne ou non, ou d'empêcher qu'on ne la fasse une autre fois pendant qu'on n'est pas assuré qu'elle soit bonne. Mais, pour ce qu'elle présuppose le mal, le meilleur serait qu'on n'eût jamais sujet de la sentir; et on la peut prévenir par les mêmes moyens par lesquels on se peut exempter de l'irrésolution.

Art. 178. *De la moquerie.*

La dérision ou moquerie est une espèce de joie mêlée de

haine, qui vient de ce qu'on aperçoit quelque petit mal en une personne qu'on en pense être digne : on a de la haine pour ce mal, on a de la joie de le voir en celui qui en est digne; et lorsque cela survient inopinément, la surprise de l'admiration est cause qu'on s'éclate de rire, suivant ce qui a été dit ci-dessus de la nature du ris. Mais ce mal doit être petit; car, s'il est grand, on ne peut croire que celui qui l'a en soit digne, si ce n'est qu'on soit de fort mauvais naturel ou qu'on lui porte beaucoup de haine.

ART. 179. *Pourquoi les plus imparfaits ont coutume d'être les plus moqueurs.*

Et on voit que ceux qui ont des défauts fort apparents, par exemple, qui sont boiteux, borgnes, bossus, ou qui ont reçu quelque affront en public, sont particulièrement enclins à la moquerie; car, désirant voir tous les autres aussi disgraciés qu'eux, ils sont bien aises des maux qui leur arrivent, et ils les en estiment dignes.

ART. 180. *De l'usage de la raillerie.*

Pour ce qui est de la raillerie modeste, qui reprend utilement les vices en les faisant paraître ridicules, sans toutefois qu'on en rie soi-même ni qu'on témoigne aucune haine contre les personnes, elle n'est pas une passion, mais une qualité d'honnête homme, laquelle fait paraître la gaieté de son humeur et la tranquillité de son âme, qui sont des marques de vertu, et souvent aussi l'adresse de son esprit, en ce qu'il sait donner une apparence agréable aux choses dont il se moque.

ART. 181. *De l'usage du ris en la raillerie.*

Et il n'est pas déshonnête de rire lorsqu'on entend les railleries d'un autre; de même elles peuvent être telles que ce serait être chagrin de n'en rire pas; mais lorsqu'on raille soi-même, il est plus séant de s'en abstenir, afin de ne sembler pas être surpris par les choses qu'on dit, ni admirer l'adresse qu'on a de les inventer; et cela fait qu'elles surprennent d'autant plus ceux qui les oient.

ART. 182. *De l'envie.*

Ce qu'on nomme communément envie est un vice qui consiste en une perversité de nature qui fait que certaines gens se fâchent du bien qu'ils voient arriver aux autres hommes; mais je me sers ici de ce mot pour signifier une passion qui n'est pas toujours vicieuse. L'envie donc, en tant qu'elle est une passion, est une espèce de tristesse mêlée de haine qui vient de ce qu'on voit arriver du bien à ceux qu'on pense en être dignes : ce qu'on ne peut penser avec raison que des biens de fortune; car pour ceux de l'âme ou même du corps, en tant qu'on les a de naissance, c'est assez en être digne que de les avoir reçus de Dieu avant qu'on fût capable de commettre aucun mal.

ART. 183. *Comment elle peut être juste ou injuste.*

Mais lorsque la fortune envoie des biens à quelqu'un dont il est véritablement indigne, et que l'envie n'est excitée en nous que pour ce qu'aimant naturellement la justice, nous sommes fâchés qu'elle ne soit pas observée en la distribution de ces biens, c'est un zèle qui peut être excusable, principalement lorsque le bien qu'on envie à d'autres est de telle nature qu'il se peut convertir en mal entre leurs mains; comme si c'est quelque charge ou office en l'exercice duquel ils se puissent mal comporter, même lorsqu'on désire pour soi le même bien et qu'on est empêché de l'avoir, parce que d'autres qui en sont moins dignes le possèdent, cela rend cette passion plus violente, et elle ne laisse pas d'être excusable, pourvu que la haine qu'elle contient se rapporte seulement à la mauvaise distribution du bien qu'on envie, et non point aux personnes qui le possèdent ou le distribuent. Mais il y en a peu qui soient si justes et si généreux que de n'avoir point de haine pour ceux qui les préviennent en l'acquisition d'un bien qui n'est pas communicable à plusieurs, et qu'ils avaient désiré pour eux-mêmes, bien que ceux qui l'ont acquis en soient autant ou plus dignes. Et ce qui est ordinairement le plus envié, c'est la gloire; car encore que celle des autres n'empêche pas que nous n'y puissions aspirer, elle en rend toutefois l'accès plus difficile et en renchérit le prix.

ART. 184. *D'où vient que les envieux sont sujets à avoir le teint plombé.*

Au reste, il n'y a aucun vice qui nuise tant à la félicité des hommes que celui de l'envie : car, outre que ceux qui en sont entachés s'affligent eux-mêmes, ils troublent aussi de tout leur pouvoir le plaisir des autres, et ils ont ordinairement le teint plombé, c'est-à-dire mêlé de jaune et de noir et comme de sang meurtri : d'où vient que l'envie est nommée *livor* en latin; ce qui s'accorde fort bien avec ce qui a été dit ci-dessus des mouvements du sang en la tristesse et en la haine; car celle-ci fait que la bile jaune, qui vient de la partie inférieure du foie, et la noire, qui vient de la rate, se répandent du cœur par les artères en toutes les veines; et celle-là fait que le sang des veines a moins de chaleur et coule plus lentement qu'à l'ordinaire, ce qui suffit pour rendre la couleur livide. Mais pour ce que la bile, tant jaune que noire, peut aussi être envoyée dans les veines par plusieurs autres causes, et que l'envie ne les y pousse pas en assez grande quantité pour changer la couleur du teint, si ce n'est qu'elle soit fort grande et de longue durée, on ne doit pas penser que tous ceux en qui on voit cette couleur y soient enclins.

Art. 185. *De la pitié.*

La pitié est une espèce de tristesse mêlée d'amour ou de bonne volonté envers ceux à qui nous voyons souffrir quelque mal duquel nous les estimons indignes. Ainsi elle est contraire à l'envie à raison de son objet, et à la moquerie à cause qu'elle les considère d'autre façon.

Art. 186. *Qui sont les plus pitoyables.*

Ceux qui se sentent fort faibles et fort sujets aux adversités de la fortune semblent être plus enclins à cette passion que les autres, à cause qu'ils se représentent le mal d'autrui comme leur pouvant arriver; et ainsi ils sont émus à la pitié plutôt par l'amour qu'ils se portent à eux-mêmes que par celle qu'ils ont pour les autres.

Art. 187. *Comment les plus généreux sont touchés de cette passion.*

Mais néanmoins ceux qui sont les plus généreux et qui ont l'esprit le plus fort, en sorte qu'ils ne craignent aucun mal pour eux et se tiennent au-delà du pouvoir de la fortune, ne sont pas exempts de compassion lorsqu'ils voient l'infirmité des autres hommes et qu'ils entendent leurs plaintes; car c'est une partie de la générosité que d'avoir de la bonne volonté pour un chacun. Mais la tristesse de cette pitié n'est plus amère; et, comme celle que causent les actions funestes qu'on voit représenter sur un théâtre, elle est plus dans l'extérieur et dans le sens que dans l'intérieur de l'âme, laquelle a cependant la satisfaction de penser qu'elle fait ce qui est de son devoir, en ce qu'elle compatit avec des affligés. Et il y a en cela de la différence, qu'au lieu que le vulgaire a compassion de ceux qui se plaignent, à cause qu'il pense que les maux qu'ils souffrent sont fort fâcheux, le principal objet de la pitié des plus grands hommes est la faiblesse de ceux qu'ils voient se plaindre, à cause qu'ils n'estiment point qu'aucun accident qui puisse arriver soit un si grand mal qu'est la lâcheté de ceux qui ne le peuvent souffrir avec constance; et bien qu'ils haïssent les vices, ils ne haïssent point pour cela ceux qu'ils y voient sujets, ils ont seulement pour eux de la pitié.

ART. 188. *Qui sont ceux qui n'en sont point touchés.*

Mais il n'y a que les esprits malins et envieux qui haïssent naturellement tous les hommes, ou bien ceux qui sont si brutaux, et tellement aveuglés par la bonne fortune ou désespérés par la mauvaise qu'ils ne pensent point qu'aucun mal leur puisse arriver, qui soient insensibles à la pitié.

ART. 189. *Pourquoi cette passion excite à pleurer.*

Au reste, on pleure fort aisément en cette passion, à cause que l'amour, envoyant beaucoup de sang vers le cœur, fait qu'il sort beaucoup de vapeurs par les yeux, et que la froideur de la tristesse, retardant l'agitation de ces vapeurs, fait qu'elles se changent en larmes, suivant ce qui a été dit ci-dessus.

ART. 190. *De la satisfaction de soi-même.*

La satisfaction qu'ont toujours ceux qui suivent constamment la vertu est une habitude en leur âme qui se nomme tranquillité et repos de conscience; mais celle qu'on acquiert de nouveau lorsqu'on a fraîchement fait quelque action qu'on pense bonne est une passion, à savoir, une espèce de joie, laquelle je crois être la plus douce de toutes, pour ce que sa cause ne dépend que de nous-mêmes. Toutefois, lorsque cette cause n'est pas juste, c'est-à-dire lorsque les actions dont on tire beaucoup de satisfaction ne sont pas de grande importance, ou même qu'elles sont vicieuses, elle est ridicule et ne sert qu'à produire un orgueil et une arrogance impertinente : ce qu'on peut particulièrement remarquer en ceux qui, croyant être dévots, sont seulement bigots et superstitieux; c'est-à-dire qui, sous ombre qu'ils vont souvent à l'église, qu'ils récitent force prières, qu'ils portent les cheveux courts, qu'ils jeûnent, qu'ils donnent l'aumône, pensent être entièrement parfaits, et s'imaginent qu'ils sont si grands amis de Dieu qu'ils ne sauraient rien faire qui lui déplût, et que tout ce que leur dicte leur passion est un bon zèle, bien qu'elle leur dicte quelquefois les plus grands crimes qui puissent être commis par des hommes, comme de trahir des villes, de tuer des princes, d'exterminer des peuples entiers, pour cela seul qu'ils ne suivent pas leurs opinions.

ART. 191. *Du repentir.*

Le repentir est directement contraire à la satisfaction de soi-même, et c'est une espèce de tristesse qui vient de ce qu'on croit avoir fait quelque mauvaise action; et elle est très-amère, pour ce que sa cause ne vient que de nous : ce qui n'empêche pas néanmoins qu'elle soit fort utile lorsqu'il est vrai que l'action dont nous nous repentons est mauvaise et que nous en avons une connaissance certaine, pour ce qu'elle nous incite à mieux faire une autre fois. Mais il arrive souvent que les esprits faibles se repentent des choses qu'ils ont faites sans savoir assurément qu'elles soient mauvaises; ils se le persuadent seulement à cause qu'ils le craignent; et s'ils avaient fait le contraire, ils s'en repentiraient en même façon : ce qui est en eux une imperfection digne de pitié; et les remèdes contre ce défaut sont les mêmes qui servent à ôter l'irrésolution.

ART. 192. *De la faveur.*

La faveur est proprement un désir de voir arriver du bien à quelqu'un pour qui on a de la bonne volonté; mais je me sers ici de ce mot pour signifier cette volonté en tant qu'elle est excitée en nous par quelque bonne action de celui pour qui nous l'avons; car nous sommes naturellement portés à aimer ceux qui font des choses que nous estimons bonnes, encore qu'il ne nous en revienne aucun bien. La faveur, en cette signification, est une espèce d'amour, non point de désir, encore que le désir de voir du bien à celui qu'on favorise l'accompagne toujours; et elle est ordinairement jointe à la pitié, à cause que les disgrâces que nous voyons arriver aux malheureux sont cause que nous faisons plus de réflexion sur leurs mérites.

ART. 193. *De la reconnaissance.*

La reconnaissance est aussi une espèce d'amour excitée en nous par quelque action de celui pour qui nous l'avons, et par laquelle nous croyons qu'il nous a fait quelque bien, ou du moins qu'il en a eu intention. Ainsi elle contient tout le même que la faveur, et cela de plus, qu'elle est fondée sur une action qui nous touche et dont nous avons désir de nous revancher : c'est pourquoi elle a beaucoup plus de force, principalement dans les âmes tant soit peu nobles et généreuses.

ART. 194. *De l'ingratitude.*

Pour l'ingratitude, elle n'est pas une passion, car la nature n'a mis en nous aucun mouvement des esprits qui l'excite; mais elle est seulement un vice directement opposé à la reconnaissance, en tant que celle-ci est toujours vertueuse et l'un des principaux liens de la société humaine; c'est pourquoi ce vice n'appartient qu'aux hommes brutaux et fortement arrogants qui pensent que toutes choses leur sont dues; ou aux stupides qui ne font aucune réflexion sur les bienfaits qu'ils reçoivent, ou aux faibles et abjects qui, sentant leur infirmité et leur besoin, recherchent bassement le secours des autres, et après qu'ils l'ont reçu, ils les haïssent, pour ce que, n'ayant pas la volonté de leur rendre la pareille, ou désespérant de le pouvoir, et s'imaginant que tout le monde est mercenaire comme eux et qu'on ne fait aucun bien qu'avec espérance d'en être récompensé, ils pensent les avoir trompés.

ART. 195. *De l'indignation.*

L'indignation est une espèce de haine ou d'aversion qu'on a naturellement contre ceux qui font quelque mal, de quelque nature qu'il soit; et elle est souvent mêlée avec l'envie ou avec la pitié; mais elle a néanmoins un objet tout différent, car on n'est indigné que contre ceux qui font du bien ou du mal aux personnes qui n'en sont pas dignes, mais on porte envie à ceux qui reçoivent ce bien, et on a pitié de ceux qui reçoivent ce mal. Il est vrai que c'est en quelque façon faire du mal que de posséder un bien dont on n'est pas digne; ce qui peut être la cause pourquoi Aristote et ses suivants, supposant que l'envie est toujours un vice, ont appelé du nom d'indignation celle qui n'est pas vicieuse.

ART. 196. *Pourquoi elle est quelquefois jointe à la pitié, et quelquefois à la moquerie.*

C'est aussi en quelque façon recevoir du mal que d'en faire, d'où vient que quelques-uns joignent à leur indignation la pitié, et quelques autres la moquerie, selon qu'ils sont portés de bonne ou de mauvaise volonté envers ceux auxquels ils voient commettre des fautes, et c'est ainsi que le ris de Démocrite et les pleurs d'Héraclite ont pu procéder de même cause.

ART. 197. *Qu'elle est souvent accompagnée d'admiration, et n'est pas incompatible avec la joie.*

L'indignation est souvent aussi accompagnée d'admiration : car nous avons coutume de supposer que toutes choses seront faites en la façon que nous jugeons qu'elles doivent être, c'est-à-dire en la façon que nous estimons bonne. C'est pourquoi, lorsqu'il en arrive autrement, cela nous surprend, et nous l'admirons. Elle n'est pas incompatible aussi avec la joie, bien qu'elle soit plus ordinairement jointe à la tristesse : car, lorsque le mal dont nous sommes indignés ne nous peut nuire, et que nous considérons que nous n'en voudrions pas faire de semblable, cela nous donne quelque plaisir ; et c'est peut-être l'une des causes du ris qui accompagne quelquefois cette passion.

ART. 198. *De son usage.*

Au reste, l'indignation se remarque bien plus en ceux qui veulent paraître vertueux qu'en ceux qui le sont véritablement; car, bien que ceux qui aiment la vertu ne puissent voir sans quelque aversion les vices des autres, ils ne se passionnent que contre les plus grands et extraordinaires. C'est être difficile et chagrin que d'avoir beaucoup d'indignation pour des choses de peu d'importance; c'est être injuste que d'en avoir pour celles qui ne sont point blâmables, et c'est être impertinent et absurde de ne restreindre pas cette passion aux actions des hommes, et de l'étendre jusques aux œuvres de Dieu ou de la nature, ainsi que font ceux qui, n'étant jamais contents de leur condition ni de leur fortune, osent trouver à redire en la conduite du monde et aux secrets de la Providence.

ART. 199. *De la colère.*

La colère est aussi une espèce de haine ou d'aversion que nous avons contre ceux qui font quelque mal, ou qui ont tâché de nuire, non pas indifféremment à qui que ce soit, mais particulièrement à nous. Ainsi elle contient tout le même que l'indignation, et cela de plus, qu'elle est fondée sur une action qui nous touche et dont nous avons désir de nous venger; car ce désir l'accompagne presque toujours; et elle est directement opposée à la reconnaissance, comme l'indignation à la faveur; mais elle est incomparablement plus violente que ces trois autres passions, à cause que le désir de repousser les choses nuisibles et de se venger est le plus pressant de tous. C'est le désir, joint à l'amour qu'on a pour soi-même, qui fournit à la colère toute l'agitation du sang que le courage et la hardiesse peuvent causer; et la haine fait que c'est principalement le sang bilieux qui vient de la rate et des petites veines du foie qui reçoit cette agitation et entre dans le cœur, où, à cause de son abondance et de la nature de la bile dont il est mêlé, il excite une chaleur plus âpre et plus ardente que n'est celle qui peut y être excitée par l'amour ou par la joie.

ART. 200. *Pourquoi ceux qu'elle fait rougir sont moins à craindre que ceux qu'elle fait pâlir.*

Et les signes extérieurs de cette passion sont différents, selon les divers tempéraments des personnes et la diversité des autres passions qui la composent et se joignent à elle. Ainsi on en voit qui pâlissent ou qui tremblent lorsqu'ils se mettent en colère, et on en voit d'autres qui rougissent ou même qui pleurent; et on juge ordinairement que la colère de ceux qui pâlissent est plus à craindre que n'est la colère de ceux qui rougissent : dont la raison est que lorsqu'on ne veut ou qu'on ne peut se venger autrement que de mine et de paroles, on emploie toute sa chaleur et toute sa force dès le commencement qu'on est ému, ce qui est cause qu'on devient rouge; outre que quelquefois le regret et la pitié qu'on a de soi-même, pour ce qu'on ne peut se venger d'autre façon, est cause qu'on pleure. Et, au contraire, ceux qui se réservent et se déterminent à une plus grande vengeance deviennent tristes de ce qu'ils pensent y être obligés par l'action qui les met en colère; et ils ont aussi quelquefois de la crainte des maux qui peuvent suivre de la résolution qu'ils ont prise, ce qui les rend d'abord pâles, froids et tremblants; mais, quand ils viennent après à exécuter leur vengeance, ils se réchauffent d'autant plus qu'ils ont été plus froids au commencement, ainsi qu'on voit que les fièvres qui commencent par le froid ont coutume d'être les plus fortes.

ART. 201. *Qu'il y a deux sortes de colère, et que ceux qui ont le plus de bonté sont les plus sujets à la première.*

Ceci nous avertit qu'on peut distinguer deux espèces de colère : l'une qui est fort prompte et se manifeste fort à l'extérieur, mais néanmoins qui a peu d'effet et peut facilement être apaisée; l'autre qui ne paraît pas tant à l'abord, mais qui ronge davantage le cœur et qui a des effets dangereux. Ceux qui ont beaucoup de bonté et beaucoup d'amour sont les plus sujets à la première; car elle ne vient pas d'une profonde haine, mais d'une prompte aversion qui les surprend, à cause qu'étant portés à imaginer que toutes les choses doivent aller en la façon qu'ils jugent être la meilleure, sitôt qu'il en arrive autrement ils admirent et s'en offensent souvent, même sans que la chose les touche en leur particulier, à cause qu'ayant beaucoup d'affection, ils s'intéressent pour ceux qu'ils aiment en même façon que pour eux-mêmes. Ainsi ce qui ne serait qu'un sujet d'indignation pour un autre est pour eux un sujet de colère; et pour ce que l'inclination qu'ils ont à aimer fait qu'ils ont beaucoup de chaleur et beaucoup de sang dans le cœur, l'aversion qui les surprend ne peut y pousser si peu de bile que cela ne cause d'abord une grande émotion dans ce sang; mais cette émotion ne dure guère, à cause que la force de la surprise ne continue pas, et que sitôt qu'ils s'aperçoivent que le sujet qui les a fâchés ne les devait pas tant émouvoir, ils s'en repentent.

ART. 202. *Que ce sont les âmes faibles et basses qui se laissent le plus emporter à l'autre.*

L'autre espèce de colère, en laquelle prédomine la haine et la tristesse, n'est pas si apparente d'abord, sinon peut-être en ce qu'elle fait pâlir le visage; mais sa force est augmentée peu à peu par l'agitation d'un ardent désir de se venger excité dans le sang, lequel, étant mêlé avec la bile qui est poussée vers le cœur de la partie inférieure du foie et de la rate, y excite une chaleur fort âpre et fort piquante. Et comme ce sont les âmes les plus généreuses qui ont le plus de reconnaissance, ainsi ce sont celles qui ont le plus d'orgueil et qui sont les plus basses et les plus infirmes qui se laissent le plus emporter à cette espèce de colère; car les injures paraissent d'autant plus grandes que l'orgueil fait qu'on s'estime davantage, et aussi d'autant qu'on estime davantage les biens qu'elles ôtent, lesquels on estime d'autant plus qu'on a l'âme plus faible et plus basse, à cause qu'ils dépendent d'autrui.

ART. 203. *Que la générosité sert de remède contre ses excès.*

Au reste, encore que cette passion soit utile pour nous donner de la vigueur à repousser les injures, il n'y en a toutefois aucune dont on doive éviter les excès avec plus de soin, pour ce que, troublant le jugement, ils font souvent commettre des fautes dont on a par après du repentir, et même que quelquefois ils empêchent qu'on ne repousse si bien ces injures qu'on pourrait faire si on avait moins d'émotion. Mais, comme il n'y a rien qui la rende plus excessive que l'orgueil, ainsi je crois que la générosité est le meilleur remède qu'on puisse trouver contre ses excès, pour ce que, faisant qu'on estime fort peu tous les biens qui peuvent être ôtés, et qu'au contraire on estime beaucoup la liberté et l'empire absolu sur soi-même, qu'on cesse d'avoir lorsqu'on peut être offensé par quelqu'un, elle fait qu'on n'a que du mépris ou tout au plus de l'indignation pour les injures dont les autres ont coutume de s'offenser.

ART. 204. *De la gloire.*

Ce que j'appelle ici du nom de gloire est une espèce de joie fondée sur l'amour qu'on a pour soi-même, et qui vient de l'opinion ou de l'espérance qu'on a d'être loué par quelques autres. Ainsi elle est différente de la satisfaction intérieure qui vient de l'opinion qu'on a d'avoir fait quelque bonne action; car on est quelquefois loué pour des choses qu'on ne croit point être bonnes, et blâmé pour celles qu'on croit être meilleures : mais elles sont l'une et l'autre des espèces de l'estime qu'on fait de soi-même, aussi bien que des espèces de joie; car c'est un sujet pour s'estimer que de voir qu'on est estimé par les autres.

ART. 205. *De la honte.*

La honte, au contraire, est une espèce de tristesse fondée aussi sur l'amour de soi-même, et qui vient de l'opinion ou de la crainte qu'on a d'être blâmé; elle est, outre cela, une espèce de modestie ou d'humilité et défiance de soi-même : car, lorsqu'on s'estime si fort qu'on ne se peut imaginer d'être méprisé par personne, on ne peut pas aisément être honteux.

ART. 206. *De l'usage de ces deux passions.*

Or la gloire et la honte ont même usage en ce qu'elles nous incitent à la vertu, l'une par l'espérance, l'autre par la crainte ; il est seulement besoin d'instruire son jugement touchant ce qui est véritablement digne de blâme ou de louange, afin de n'être pas honteux de bien faire, et ne tirer point de vanité de ses vices, ainsi qu'il arrive à plusieurs. Mais il n'est pas bon de se dépouiller entièrement de ces passions, ainsi que faisaient autrefois les cyniques ; car, encore que le peuple juge très-mal toutefois, à cause que nous ne pouvons vivre sans lui, et qu'il nous importe d'en être estimés, nous devons souvent suivre ses opinions plutôt que les nôtres, touchant l'extérieur de nos actions.

ART. 207. *De l'impudence.*

L'impudence ou l'effronterie, qui est un mépris de honte, et souvent aussi de gloire, n'est pas une passion, pour ce qu'il n'y a en nous aucun mouvement particulier des esprits qui l'excite ; mais c'est un vice opposé à la honte, et aussi à la gloire, en tant que l'une et l'autre sont bonnes, ainsi que l'ingratitude est opposée à la reconnaissance, et la cruauté à la pitié. Et la principale cause de l'effronterie vient de ce qu'on a reçu plusieurs fois de grands affronts ; car il n'y a personne qui ne s'imagine, étant jeune, que la louange est un bien et l'infamie un mal beaucoup plus important à la vie qu'on ne trouve par expérience qu'ils sont, lorsque, ayant reçu quelques affronts signalés, on se voit entièrement privé d'honneur et méprisé par un chacun. C'est pourquoi ceux-là deviennent effrontés qui, ne mesurant le bien et le mal que par les commodités du corps, voient qu'ils en jouissent après ces affronts tout aussi bien qu'auparavant, ou même quelquefois beaucoup mieux, à cause qu'ils sont déchargés de plusieurs contraintes auxquelles l'honneur les obligeait, et que, si la perte des biens est jointe à leur disgrâce, il se trouve des personnes charitables qui leur donnent.

ART. 208. *Du dégoût.*

Le dégoût est une espèce de tristesse qui vient de la même cause dont la joie est venue auparavant; car nous sommes tellement composés, que la plupart des choses dont nous jouissons ne sont bonnes à notre égard que pour un temps, et deviennent par après incommodes : ce qui paraît principalement au boire et au manger, qui ne sont utiles que pendant qu'on a de l'appétit, et qui sont nuisibles lorsqu'en n'en a plus; et pour ce qu'elles cessent alors d'être agréables au goût, on a nommé cette passion *dégoût.*

ART. 209. *Du regret.*

Le regret est aussi une espèce de tristesse, laquelle a une particulière amertume, en ce qu'elle est toujours jointe à quelque désespoir à la mémoire du plaisir que nous a donné la jouissance; car nous ne regrettons jamais que les biens dont nous avons joui, et qui sont tellement perdus que nous n'avons aucune espérance de les recouvrer au temps et en la façon que nous les regrettons.

ART. 210. *De l'allégresse.*

Enfin, ce que je nomme allégresse est une espèce de joie en laquelle il y a cela de particulier, que sa douceur est augmentée par la souvenance des maux qu'on a soufferts et desquels on se sent allégé en même façon que si on se sentait déchargé de quelque pesant fardeau qu'on eût longtemps porté sur ses épaules. Et je ne vois rien de fort remarquable en ces trois passions; aussi ne les ai-je mises ici que pour suivre l'ordre du dénombrement que j'ai fait ci-dessus; mais il me semble que ce dénombrement a été utile pour faire voir que nous n'en omettions aucune qui fût digne de quelque particulière considération.

ART. 211. *Un remède général contre les passions.*

Et maintenant que nous les connaissons toutes, nous avons beaucoup moins le sujet de les craindre que nous n'avions auparavant; car nous voyons qu'elles sont toutes bonnes de leur nature, et que nous n'avons rien à éviter que leurs mauvais usages ou leurs excès, contre lesquels les remèdes que j'ai expliqués pourraient suffire si chacun avait assez de soin de les pratiquer. Mais, pour ce que j'ai mis entre ces remèdes la préméditation et l'industrie par laquelle on peut corriger les défauts de son naturel, en s'exerçant à séparer en soi les mouvements du sang et des esprits d'avec les pensées auxquelles ils ont coutume d'être joints, j'avoue qu'il y a peu de personnes qui se soient assez préparées en cette façon contre toutes sortes de rencontres, et que ces mouvements excités dans le sang par les objets des passions suivent d'abord si promptement des seules impressions qui se font dans le cerveau et de la disposition des organes, encore que l'âme n'y contribue en aucune façon, qu'il n'y a point de sagesse humaine qui soit capable de leur résister lorsqu'on n'y est pas assez préparé. Ainsi plusieurs ne sauraient s'abstenir de rire étant chatouillés, encore qu'ils n'y prennent point de plaisir; car l'impression de la joie et de la surprise, qui les a fait rire autrefois pour le même sujet, étant réveillée en leur fantaisie, fait que leur poumon est subitement enflé malgré eux par le sang que le cœur lui envoie. Ainsi ceux qui sont fort portés de leur naturel aux émotions de la joie et de la pitié, ou de la peur, ou de la colère, ne peuvent s'empêcher de pâmer, ou de pleurer, ou de trembler, ou d'avoir le sang tout ému, en même façon que s'ils avaient la fièvre, lorsque leur fantaisie est fortement touchée par l'objet de quelqu'une de ces passions. Mais ce qu'on peut toujours faire en telle occasion, et que je pense pouvoir mettre ici comme le remède le plus général et le plus aisé à pratiquer contre tous les excès des passions, c'est que, lorsqu'on se sent le sang ainsi ému, on doit être averti et se souvenir que tout ce qui se présente à l'imagination tend à tromper l'âme et à lui faire paraître les raisons qui servent à persuader l'objet de sa passion beaucoup plus fortes qu'elles ne sont, et celles qui servent à dissuader beaucoup plus faibles. Et lorsque la passion ne persuade que des choses dont l'exécution souffre quelque délai, il faut s'abstenir d'en porter sur l'heure aucun jugement, et se divertir par d'autres pensées jusqu'à ce que le temps et le repos aient entièrement apaisé l'émotion qui est dans le sang. Et enfin, lorsqu'elle incite à des actions touchant lesquelles il est nécessaire qu'on prenne résolution sur-le-champ, il faut que la volonté se porte principalement à considérer et à suivre les raisons qui sont contraires à celles que la passion représente, encore qu'elles paraissent moins fortes : comme lorsqu'on est inopinément attaqué par quelque ennemi, l'occasion ne permet pas qu'on emploie aucun temps à délibérer.

Mais ce qu'il me semble que ceux qui sont accoutumés à faire réflexion sur leurs actions peuvent toujours, c'est que, lorsqu'ils se sentiront saisis de la peur, ils tâcheront à détourner leur pensée de la considération du danger, en se représentant les raisons pour lesquelles il y a beaucoup plus de sûreté et plus d'honneur en la résistance qu'en la fuite; et, au contraire, lorsqu'ils sentiront que le désir de vengeance et la colère les incite à courir inconsidérément vers ceux qui les attaquent, ils se souviendront de penser que c'est imprudence de se perdre quand on peut sans déshonneur se sauver, et que, si la partie est fort inégale, il vaut mieux faire une honnête retraite ou prendre quartier que s'exposer brutalement à une mort certaine.

Art. 212. *Que c'est d'elles seules que dépend tout le bien et le mal de cette vie.*

Au reste, l'âme peut avoir ses plaisirs à part; mais pour ceux qui lui sont communs avec le corps, ils dépendent entièrement des passions : en sorte que les hommes qu'elles peuvent le plus émouvoir sont capables de goûter le plus de douceur en cette vie. Il est vrai qu'ils y peuvent aussi trouver le plus d'amertume lorsqu'ils ne les savent pas bien employer et que la fortune leur est contraire; mais la sagesse est principalement utile en ce point, qu'elle enseigne à s'en rendre tellement maître et à les ménager avec tant d'adresse, que les maux qu'elles causent sont fort supportables, et même qu'on tire de la joie de tous.

RECHERCHE DE LA VÉRITÉ

PAR

LES LUMIÈRES NATURELLES

QUI, A ELLES SEULES
ET SANS LE SECOURS DE LA RELIGION OU DE LA PHILOSOPHIE DÉTERMINENT
LES OPINIONS QUE DOIT AVOIR
UN HONNÊTE HOMME SUR TOUTES LES CHOSES
QUI PEUVENT FAIRE L'OBJET
DE SES PENSÉES, ET QUI PÉNÈTRENT DANS LES SECRETS
DES SCIENCES LES PLUS ABSTRAITES.

RECHERCHE DE LA VÉRITÉ

PAR

LES LUMIÈRES NATURELLES

Qui, à elles seules et sans le secours de la religion ou de la philosophie, déterminent les opinions que doit avoir un honnête homme sur toutes les choses qui peuvent faire l'objet de ses pensées, et qui pénètrent dans les secrets des sciences les plus abstraites.

PRÉAMBULE.

Il n'est pas nécessaire que l'honnête homme ait lu tous les livres ni qu'il ait appris avec soin tout ce que l'on enseigne dans les écoles; bien plus, ce serait un vice de son éducation s'il avait consacré trop de temps aux lettres. Il a bien d'autres choses à faire dans la vie, et il doit la diriger de manière que la plus grande partie lui en reste pour l'employer à de belles actions que sa propre raison devrait lui enseigner, s'il ne recevait des leçons que d'elle seule. Mais il vient ignorant au monde, et comme les connaissances de son premier âge n'ont d'autre appui que la faiblesse des sens ou l'autorité des maîtres, il est presque impossible que son imagination ne soit remplie d'une infinité de pensées fausses avant que sa raison puisse prendre l'empire sur elle; tellement que, par la suite, il a besoin d'un bon naturel ou des leçons fréquentes d'un homme sage, tant pour se délivrer des fausses doctrines qui se sont emparées de son esprit que pour jeter les premiers fondements de quelque science solide, et découvrir toutes les voies par lesquelles il peut élever ses connaissances jusqu'au degré le plus haut qu'elles puissent atteindre.

C'est ce que je me suis proposé d'enseigner dans cet ouvrage; j'ai voulu mettre au jour les véritables richesses de nos âmes, en ouvrant à chacun la voie qui lui fera trouver en lui-même, et sans rien emprunter aux autres, la science qui lui est nécessaire pour régler sa vie et pour acquérir ensuite, en s'exerçant, toutes les connaissances les plus curieuses que l'esprit humain puisse posséder.

Mais, de peur que, dès le commencement, la grandeur de mon dessein ne frappe votre esprit d'un étonnement tel que vous n'ajoutiez pas foi à mes paroles, je vous avertis que ce que j'entreprends n'est pas aussi difficile qu'on pourrait se l'imaginer; car les connaissances qui ne dépassent pas la portée de l'esprit humain sont unies entre elles par un lien si merveilleux, et peuvent se déduire les unes des autres par des conséquences si nécessaires, qu'il n'est pas besoin de beaucoup d'art et de sagacité pour les trouver, pourvu qu'on sache commencer par les plus simples et s'élever par degrés jusqu'aux plus sublimes. C'est ce que je tâcherai de démontrer ici à l'aide d'une suite de raisonnements si clairs et si vulgaires que chacun pourra juger que, s'il n'a pas découvert les mêmes choses que moi, cela vient uniquement de ce qu'il n'a pas jeté les yeux du meilleur côté, ni attaché ses pensées sur les mêmes objets que moi, et que je ne mérite pas plus de gloire pour avoir fait ces découvertes que n'en mériterait un paysan pour avoir trouvé par hasard à ses pieds un trésor qui depuis longtemps aurait échappé à de nombreuses recherches.

Et certes je m'étonne que parmi tant d'excellents esprits qui eussent réussi en cela beaucoup mieux que moi, aucun ne se soit trouvé qui ait daigné y porter son attention, et que presque tous aient imité ces voyageurs qui, abandonnant la route royale pour prendre un chemin de traverse, errent parmi les ronces et les précipices.

Mais ce que d'autres ont su ou ignoré, ce n'est pas ce que je veux examiner ici. Il suffira de noter que, toute la science que nous pouvons désirer fût-elle renfermée dans les livres, cependant ce qu'ils ont de bien se trouve mêlé à tant de choses inutiles et dispersé dans une masse de si vastes volumes, qu'il nous faudrait, pour les lire, plus de temps que la vie humaine ne nous en fournit, et de plus grands efforts d'esprit pour en extraire les choses utiles qu'il n'est besoin pour les trouver de nous-mêmes.

J'ai donc lieu d'espérer que le lecteur ne sera pas fâché de trouver ici une voie plus facile, et que les vérités que je vais émettre ne seront pas rejetées, bien que je ne les emprunte ni à Platon ni à Aristote; mais qu'il en sera d'elles comme des pièces de monnaie qui n'ont pas moins de prix lorsqu'elles sortent de la bourse d'un paysan que lorsqu'elles sortent du trésor public. En outre, j'ai donné mes soins à rendre ces vérités également utiles à tous les hommes; et à cette fin je n'ai pu trouver de style plus convenable que celui de ces conversations où chacun expose familièrement à ses amis la meilleure partie de ses pensées; et sous le nom d'*Eudoxe*, de *Poliandre* et d'*Épistémon* je suppose un homme doué d'un esprit médiocre, mais dont le jugement n'est corrompu par aucune opinion fausse, et dont la raison est encore telle qu'il l'a reçue de la nature; et qui, dans sa maison de campagne, où il habite, est visité par deux des hommes de ce siècle les plus avides de connaissances et dont l'esprit est le plus étendu, l'un n'ayant jamais étudié, l'autre, au contraire, sachant très-bien tout ce qu'on peut apprendre dans les écoles. Et là, entre autres discours que chacun d'eux pourra imaginer de lui-même, ou que lui fourniront les circonstances du lieu et de tous les objets environnants, parmi lesquels je leur ferai souvent prendre des exemples pour rendre leurs conceptions plus claires, là, dis-je, ils établissent de la sorte le sujet dont ils traiteront jusqu'à la fin de ces deux livres.

POLIANDRE, ÉPISTÉMON, EUDOXE.

POLIANDRE. Je vous trouve tellement heureux d'avoir découvert toutes ces belles choses dans les livres grecs et latins qu'il me semble que si je m'étais livré autant que vous à ces études, je différerais autant de ce que je suis maintenant que les anges de vous. Et je ne peux excuser l'erreur de mes parents, qui, persuadés que les lettres amollissent l'esprit, m'envoyèrent à la cour et à l'armée dans un âge si tendre que toute ma vie j'aurai à gémir d'être ignorant à ce point, si je n'apprends quelque chose de vos entretiens.

Épistémon. Ce que vous pouvez apprendre de meilleur, c'est que le désir de savoir, désir commun à tous les hommes, est un mal incurable, car la curiosité augmente avec la science; et comme les infirmités de notre esprit ne nous affligent qu'autant que nous les connaissons, vous avez sur nous une espèce d'avantage, c'est de ne pas voir tout ce qui vous manque aussi clairement que nous voyons tout ce qui nous manque à nous-mêmes.

Eudoxe. Est-il possible, Épistémon, que vous, si savant, puissiez vous persuader qu'il y a dans la nature un mal assez universel pour qu'on ne puisse y appliquer aucun remède? Quant à moi, je pense que comme en chaque pays il se trouve assez de fruits et de rivières pour apaiser la faim et la soif de tous les hommes qui l'habitent, de même, il est assez de vérités que l'on peut connaître dans toute matière pour satisfaire pleinement la curiosité des esprits sains; et je regarde le corps d'un hydropique comme n'étant guère plus malade que l'esprit de ceux qui sont continuellement agités par une curiosité insatiable.

Epistémon. Oui, j'ai entendu dire autrefois que nos désirs ne peuvent s'étendre jusqu'aux choses qui nous paraissent impossibles; mais on peut savoir tant de choses qu'il nous est évidemment possible d'apprendre, et qui sont non-seulement honnêtes et agréables, mais encore fort utiles pour la conduite de la vie, que je ne crois pas que jamais quelqu'un en sache assez pour n'avoir pas toujours de légitimes raisons qui lui fassent désirer d'en savoir davantage.

Eudoxe. Que direz-vous donc de moi, si je vous affirme que je ne désire plus rien apprendre, et que je suis aussi content de ma petite science que Diogène l'était jadis de son tonneau, bien que pour cela je n'aie pas besoin de sa philosophie? En effet, les connaissances de mes voisins ne limitent pas les miennes, comme leurs champs environnent de toutes parts ce peu de terre que je possède ici, et mon esprit, dirigeant à son gré toutes les vérités qu'il a trouvées, ne cherche pas à en découvrir d'autres; mais il jouit du même repos que le roi d'un pays qui serait séparé de tous les autres de manière que ce roi s'imaginât qu'on ne trouve au-delà que des déserts stériles et des montagnes inhabitables.

Epistémon. Si tout autre me tenait ce langage, je lui croirais trop d'orgueil ou trop peu de curiosité; mais la retraite que vous êtes venu chercher dans cette solitude, et le peu de soin que vous prenez pour vous faire connaître, écartent de vous tout soupçon d'ostentation. D'un autre côté, le temps que vous avez employé auparavant à voyager, à visiter les savants, à examiner tout ce qui était découvert de plus difficile dans chaque science, nous donne la certitude que vous ne manquez pas de curiosité; en sorte que je n'ai rien autre chose à dire sinon que je vous regarde comme entièrement content, et que je crois votre science plus parfaite que celle des autres.

EUDOXE. Je vous rends grâce de nourrir une si bonne opinion de moi; mais je n'abuserai pas de votre bienveillance jusqu'à vouloir que, sur la seule foi de mes paroles, vous croyiez ce que j'ai dit. Jamais il ne faut émettre de propositions si éloignées de la croyance vulgaire si l'on ne peut en même temps les appuyer de quelques effets. Et pour cette raison je vous prie tous deux de vouloir bien demeurer ici pendant cette belle saison, afin que je puisse vous montrer clairement le peu que je sais. Car j'ose me promettre que non-seulement vous reconnaîtrez que j'ai raison d'être content, mais de plus vous serez vous-même pleinement satisfait des choses que vous aurez apprises.

EPISTÉMON. Je ne veux pas refuser une faveur que je désirais si ardemment.

POLIANDRE. Quant à moi, il me sera très-agréable d'assister à cet entretien, bien que je ne croie pas pouvoir en tirer aucun fruit.

EUDOXE. Croyez au contraire, Poliandre, qu'il sera pour vous de la plus grande utilité, parce que votre esprit est libre de préjugés, et qu'il me sera plus facile d'amener au bon parti celui qui n'en suit aucun, qu'Épistémon, que nous trouverons souvent du parti opposé. Mais pour que vous conceviez plus distinctement de quelle nature est la doctrine que je vais vous exposer, permettez que je vous supplie de noter la différence qui existe entre les sciences et les simples connaissances qui s'acquièrent sans le secours du raisonnement, comme les langues, l'histoire, la géographie et, en général, tout ce qui ne dépend que de l'expérience. Je concède, il est vrai, que la vie d'un homme ne suffirait pas pour acquérir l'expérience de tout ce qui est dans le monde; mais je suis convaincu que ce serait une folie à quelqu'un de le désirer, et que ce n'est pas plus le devoir d'un honnête homme de savoir le grec ou le latin que le suisse ou le bas-breton, et l'histoire de l'empire romano-germanique que celle du moindre État qui se puisse trouver dans l'Europe. Il ne doit consacrer son loisir qu'à des choses utiles et honnêtes, et ne remplir sa mémoire que de ce qui est le plus nécessaire. Quant aux sciences qui ne sont autre chose que des jugements certains que nous appuyons sur quelque connaissance précédemment acquise, les unes se déduisent des choses vulgaires et connues de tout le monde, les autres d'expériences plus rares et qui exigent beaucoup d'habileté. J'avoue qu'il est impossible que nous traitions en particulier de toutes ces dernières; en effet, nous devrions d'abord examiner toutes les herbes et toutes les pierres qu'on nous apporte des Indes; nous devrions avoir vu le phénix, bref ne rien ignorer de ce qu'il y a de plus merveilleux dans la nature. Mais je croirai avoir suffisamment tenu mes promesses si, en vous expliquant les vérités qui peuvent être déduites d'objets vulgaires et connus de chacun, je vous rends capables de trouver de vous-mêmes toutes les autres, si toutefois vous jugez qu'elles vaillent la peine qu'on les cherche.

POLIANDRE. Je crois aussi que c'est là tout ce que nous pouvons désirer, et je serais content, pour peu que vous m'apprissiez ces questions qui sont si célèbres, que personne ne les ignore, par exemple, celles qui concernent la Divinité, l'âme raisonnable, les vertus, la récompense qui les attend, etc.; questions que je compare à ces antiques familles qui sont reconnues de chacun pour très-illustres, bien que tous leurs titres de noblesse soient enfouis sous les ruines du passé. Car je ne doute pas que les premiers qui ont amené le genre humain à croire à toutes ces choses n'aient employé de valables raisons pour les prouver; mais ces raisons ont été depuis si rarement répétées, qu'il n'est personne qui les sache; et cependant les vérités qu'elles établissent sont si importantes que la prudence nous force d'y avoir une foi aveugle, au risque de nous tromper, plutôt que d'attendre que nous ayons sur elles des notions plus exactes dans la vie future.

ÉPISTÉMON. Quant à moi, je suis un peu plus curieux, et volontiers je désirerais, en outre, que vous m'expliquassiez quelques difficultés particulières que je rencontre dans chaque science, et principalement dans ce qui a rapport aux secrets des arts, aux spectres, aux prestiges, bref à tous les effets merveilleux qui sont attribués à la magie. Car je pense qu'il convient de savoir ces choses, non pour nous en servir, mais pour que nulle chose inconnue ne puisse étonner notre jugement.

EUDOXE. J'essayerai de vous satisfaire tous les deux, et pour adopter un ordre que nous puissions conserver jusqu'à la fin, je désire d'abord, Poliandre, que nous nous entretenions de toutes les choses que renferme le monde, en les considérant en elles-mêmes; mais qu'Épistémon n'interrompe notre discours que le moins possible, parce que ses objections nous forceraient souvent à nous écarter de notre sujet. Ensuite nous considérerons de nouveau toutes ces choses, mais sous un autre point de vue, c'est-à-dire en tant qu'elles se rapportent à nous et qu'elles peuvent être appelées vraies ou fausses, bonnes ou mauvaises. C'est alors qu'Épistémon trouvera l'occasion d'exposer toutes les difficultés que les discours précédents ne lui sembleront pas avoir levées.

POLIANDRE. Dites-nous donc quel ordre vous observerez dans l'explication de chaque chose.

EUDOXE. Nous commencerons par l'âme raisonnable, parce qu'elle est le siége de toutes nos connaissances; et après avoir considéré sa nature et ses effets, nous arriverons à son auteur; et une fois que nous connaîtrons quel il est et comment il a créé toutes les choses qui sont dans le monde, nous noterons ce qu'il y a de plus certain touchant les autres créatures, et nous examinerons comment nos sens perçoivent les objets et comment nos pensées sont rendues vraies ou fausses; ensuite je vous placerai devant les yeux les travaux matériels de l'homme, et après vous avoir frappé d'admiration à la vue des machines les plus puissantes, des automates les plus rares, des visions les plus spécieuses et des tours les plus subtils que l'art puisse inventer, je vous en révèlerai les secrets, qui sont si simples que vous perdrez toute admiration pour les œuvres de nos mains. Nous arriverons ensuite aux œuvres de la nature, et après vous avoir montré la cause de tous ses changements, la diversité de ses propriétés, et la raison pour laquelle l'âme des plantes et des animaux diffère de la nôtre, je vous ferai considérer l'architecture des choses qui tombent sous les sens. Et après vous avoir raconté tout ce qu'on observe dans le ciel et ce qu'on peut en conclure de certain, je passerai aux conjectures les plus saines sur les choses qui ne peuvent être déterminées par l'homme, pour vous expliquer le rapport des choses sensibles aux choses intellectuelles et la relation des unes et des autres au Créateur, et pour vous exposer l'immortalité des créatures et quel sera leur état après la consommation des siècles. Nous aborderons alors la seconde partie de cet entretien ; nous y traiterons spécialement de toutes les sciences, nous choisirons ce qu'il y a de plus solide dans chacune d'elles, et nous proposerons une méthode pour les pousser beaucoup plus loin et pour trouver de nous-mêmes, avec un esprit médiocre, tout ce que même les plus subtils peuvent découvrir. Après avoir ainsi préparé votre intelligence à juger parfaitement de la vérité, il sera besoin aussi de vous accoutumer à diriger votre volonté, et pour cela de distinguer le bien du mal et d'observer la véritable différence qui se trouve entre les vertus et les vices. Cela fait, j'espère que votre soif de savoir ne sera plus si violente, et que les choses que je vous aurai dites vous paraîtront si bien prouvées que vous penserez qu'un homme d'un esprit sain, eût-il été élevé dans un désert et n'eût-il jamais été éclairé que par la lumière naturelle, ne pourra, s'il examine avec soin les mêmes raisons, embrasser un autre avis que le nôtre. Pour commencer ce discours, il faut examiner quelle est la première connaissance de l'homme, dans quelle partie de l'âme elle réside, et d'où vient qu'elle est d'abord si imparfaite.

Epistémon. Tout cela me paraît s'expliquer très-clairement si nous comparons l'imagination des enfants à une table rase sur laquelle nos idées, qui sont comme les images fidèles de chaque objet, doivent se peindre. Les sens, les penchants de l'esprit, les précepteurs, et l'intelligence, sont les divers peintres qui peuvent élaborer cette œuvre ; mais parmi eux, ce sont les moins aptes à l'accomplir qui la commencent, c'est-à-dire les sens imparfaits, l'instinct aveugle, et des nourrices ineptes. Vient enfin le plus apte de tous, l'intelligence, qui cependant a besoin de faire un apprentissage de plusieurs années et de suivre longtemps l'exemple de ses maîtres avant d'oser corriger aucune de leurs erreurs. Voilà, selon moi, une des principales causes pour lesquelles nous parvenons si difficilement à la science. Car nos sens ne perçoivent que les choses les plus grossières et les plus communes ; nos penchants naturels sont entièrement corrompus, et quant aux maîtres, bien que sans doute il s'en trouve de parfaits, cependant ils ne peuvent nous forcer d'ajouter foi à leurs raisons et de les avouer avant qu'elles aient été examinées par notre intelligence, à laquelle seule cette tâche appartient. Mais l'intelligence est comme un peintre habile qui, appelé à terminer un tableau ébauché par des élèves, ne pourrait, bien qu'il employât toutes les règles de son art pour corriger peu à peu tantôt un trait tantôt un autre, et pour ajouter tout ce qui manquerait, ne pourrait, dis-je, empêcher qu'il n'y restât de grands défauts, parce que dans le principe l'esquisse aurait été mal faite, les figures mal placées et les proportions mal observées.

EUDOXE. Votre comparaison nous fait voir clairement le premier obstacle qui nous arrête, mais vous ne nous enseignez pas le moyen que nous pouvons employer pour l'éviter; or, selon moi le voici : de même que notre peintre aurait mieux fait de recommencer entièrement le tableau, après en avoir effacé tous les traits, que de perdre son temps à les corriger, de même tous les hommes, aussitôt qu'ils sont parvenus à l'âge où l'intelligence commence à être dans sa force, devraient se résoudre une fois à effacer de leur imagination toutes ces idées imparfaites qui jusque-là y ont été gravées, et se mettre sérieusement à en former de nouvelles, dirigeant vers ce but toute la sagacité de leur intelligence. Car si ce moyen ne les conduisait pas à la perfection, au moins n'en rejetteraient-ils pas la faute sur la faiblesse des sens ou sur les erreurs de la nature.

ÉPISTÉMON. Ce moyen serait certainement le meilleur s'il pouvait être facilement employé ; mais vous n'ignorez pas que les premières opinions que nous avons reçues dans notre imagination y restent empreintes de telle sorte que notre seule volonté, à moins qu'elle n'emploie le secours de quelques solides raisons, ne suffit pas à les effacer.

EUDOXE. Ce sont aussi quelques-unes de ces raisons que je désire vous apprendre, et si vous voulez recueillir quelque fruit de cet entretien, il est besoin que vous me prêtiez maintenant votre attention et que vous me laissiez converser un peu avec Poliandre, afin que je renverse d'abord toutes les connaissances qu'il a acquises jusqu'à ce jour. En effet, comme elles ne suffisent pas à le satisfaire, elles ne peuvent être que mauvaises, et je les compare à un édifice mal construit, dont les fondements ne sont pas assez solides. Je ne sais pas de meilleur remède que de le démolir entièrement pour en élever un nouveau; car je ne veux pas être rangé parmi ces ouvriers sans talent qui ne s'emploient qu'à restaurer de vieux ouvrages, parce qu'ils sont incapables d'en faire de nouveaux. Mais, Poliandre, pendant que nous sommes occupés à renverser cet édifice, nous pouvons en même temps jeter les fondements qui doivent servir à notre projet, et préparer la matière la meilleure et la plus solide pour les affermir, pourvu seulement que vous veuillez examiner avec moi quelles sont, de toutes les vérités que les hommes peuvent savoir, les plus certaines et les plus faciles à connaître.

POLIANDRE. Se trouve-t-il quelqu'un qui doute que les choses sensibles (j'entends par là celles qui se voient et se touchent) soient beaucoup plus certaines que les autres? Quant à moi, je serais fort étonné si vous me montriez aussi clairement quelqu'une des choses que l'on dit de Dieu ou de notre âme.

EUDOXE. J'espère cependant le faire; et il me semble étonnant que les hommes soient assez crédules pour bâtir leur science sur la certitude des sens, puisque personne n'ignore qu'ils nous trompent quelquefois, et que nous avons de solides raisons pour douter toujours de ce qui nous a une fois induit en erreur.

POLIANDRE. Je sais, il est vrai, que les sens nous trompent quelquefois, s'ils ne sont pas en bon état, comme, par exemple, lorsque tous les aliments paraissent amers à un malade; ou s'ils sont trop éloignés, comme, par exemple, quand nous contemplons les étoiles, qui jamais ne nous paraissent aussi grandes qu'elles le sont réellement, ou en général lorsqu'ils n'agissent pas librement, selon la constitution de leur nature. Mais toutes leurs erreurs sont faciles à reconnaître, et n'empêchent pas que je sois maintenant persuadé que je vous vois, que je me promène ici dans un jardin, que le soleil luit; bref, que tout ce qui se présente ordinairement à mes sens est vrai.

EUDOXE. Puisque, si je vous dis que les sens nous trompent en certains cas dans lesquels vous le remarquez, cela ne suffit pas pour vous faire craindre que dans d'autres cas les sens ne vous trompent à votre insu, je veux aller plus loin, et savoir si vous avez jamais vu un homme mélancolique de l'espèce de ceux qui croient être des vases pleins d'eau ou avoir quelque partie de leur corps d'une grandeur énorme? Ils jureraient qu'ils voient cela de la sorte, et qu'ils le touchent tel qu'ils se l'imaginent. Il est vrai que celui-là s'indignerait, auquel vous diriez qu'il n'a pas de meilleures raisons qu'eux de regarder son opinion comme certaine, puisqu'elle ne s'appuie, comme la leur, que sur le témoignage des sens et de l'imagination. Mais vous ne trouverez pas mauvais que je vous demande si vous n'êtes pas sujet au sommeil comme tous les hommes, et si, en dormant, vous ne pouvez pas penser que vous me voyez, que vous vous promenez dans ce jardin, que le soleil vous luit; bref, toutes les choses dont vous croyez avoir maintenant une claire perception? N'avez-vous jamais entendu, dans les vieilles comédies, cette formule d'étonnement : Est-ce que je dors? Comment pouvez-vous être certain que votre vie ne soit pas un songe perpétuel, et que tout ce que vous croyez apprendre par les sens ne soit pas aussi faux maintenant que pendant votre sommeil, surtout sachant que vous avez été créé par un être supérieur, à qui, puisqu'il est tout-puissant, il n'eût pas été plus difficile de vous créer tel que je viens de le dire que tel que vous croyez être?

Poliandre. Voilà, certes, des raisons qui suffiront pour renverser toute la science d'Épistémon, pourvu qu'il puisse y arrêter assez son attention. En ce qui me concerne, je craindrais de devenir un peu fou, si moi, qui ne me suis jamais livré à l'étude, et qui ne me suis pas accoutumé ainsi à détourner mon esprit des choses sensibles, je l'appliquais à des méditations trop au-dessus de ma portée.

Épistémon. Je pense aussi qu'il est dangereux de s'avancer trop loin dans cette voie. Les doutes universels de cette sorte nous conduiraient droit à l'ignorance de Socrate ou à l'incertitude des pyrrhoniens, qui est comme une eau profonde où il nous est, ce me semble, impossible de trouver pied.

Eudoxe. Ce n'est pas, je l'avoue, sans grand péril que ceux qui ne connaissent pas le gué iraient se confier sans guide à cette eau profonde, et beaucoup s'y sont noyés. Mais tant que vous me suivrez, ne craignez pas d'aller en avant; car ce sont des craintes de cette nature qui ont empêché beaucoup d'érudits d'acquérir des connaissances assez solides et assez certaines pour mériter le nom de sciences; s'imaginant qu'ils ne pouvaient appuyer leur foi sur rien de plus ferme et de plus solide que les choses sensibles, ils bâtirent sur ce sable, plutôt que de s'efforcer, en creusant plus avant, de trouver un sol plus ferme. Il ne faut donc pas s'arrêter ici; bien plus, quand même vous ne voudriez pas examiner davantage les raisons que je vous ai dites, cependant elles auront produit leur principal effet, et mon but sera rempli si elles ont assez frappé votre imagination pour vous faire mettre sur vos gardes; car c'est la preuve que votre science n'est pas tellement infaillible que vous ne craigniez que les fondements n'en puissent être renversés, puisqu'ils vous font douter de tout, et que même vous ne doutiez déjà de votre science. C'est la preuve, en outre, que j'ai atteint mon but, qui était de renverser toute votre science en vous en montrant l'incertitude. Mais, de peur que vous ne vous découragiez et ne refusiez de me suivre plus avant, je vous déclare que ces doutes, qui vous ont d'abord frappé de crainte, ressemblent à ces fantômes et à ces vaines images qui vous apparaissent pendant la nuit, à l'aide d'une lumière faible et incertaine; votre crainte vous accompagnera si vous les fuyez, mais si vous en approchez comme pour les toucher, vous ne trouverez que de l'air, qu'une ombre, et à l'avenir votre esprit ne se troublera plus en pareille circonstance.

POLIANDRE. Aussi désiré-je, vaincu par vos raisons, me représenter ces difficultés dans leur plus grande force possible et m'appliquer à douter que toute ma vie je n'aie pas été en démence, et même que toutes ces idées qui me semblaient n'être entrées dans mon esprit que par la porte des sens, pour ainsi dire, ne s'y soient pas formées d'elles-mêmes, comme s'y forment des idées semblables, quand je dors ou que je suis persuadé que mes yeux sont fermés, mes oreilles bouchées, bref, qu'aucun de mes sens n'y participe en rien. De la sorte je douterai non-seulement que vous soyez au monde, qu'il existe une terre ou un soleil, mais encore que j'aie des yeux, des oreilles, un corps, et même que je m'entretienne avec vous, que vous m'adressiez la parole, en un mot, je douterai de tout.

EUDOXE. Vous voilà très-bien préparé, et c'est là précisément où je voulais vous amener. Mais voici le moment où il faut que vous prêtiez votre attention aux conséquences que je veux tirer de ces prémisses. Vous voyez, il est vrai, que vous pouvez douter avec raison de toutes les choses dont la connaissance ne vous vient que par le secours des sens; mais pouvez-vous douter de votre doute, et rester incertain si vous doutez ou non?

POLIANDRE. J'avoue que cela me frappe d'étonnement, et le peu de perspicacité que je dois à mon faible bon sens fait que je ne me vois pas sans stupeur forcé de reconnaître que je ne fais rien avec quelque certitude, que je doute de tout et que je ne suis certain de rien. Mais que voulez-vous conclure de là? Je ne vois pas à quoi peut servir cet étonnement universel, ni comment un pareil doute peut être un principe qu'il nous faille déduire de si loin. Au contraire, le but que vous avez donné à cet entretien est de nous délivrer de nos doutes et de nous faire connaître des vérités que pourrait ignorer Épistémon, quelque savant qu'il soit.

EUDOXE. Prêtez-moi seulement votre attention, et je vous mènerai plus loin que vous ne pensez. Car de ce doute universel, comme d'un point fixe et immobile, je veux faire dériver la connaissance de Dieu, celle de vous-même, et enfin celle de toutes les choses qui existent dans la nature.

POLIANDRE. Voilà, certes, de grandes promesses, et elles valent bien, pourvu qu'elles s'accomplissent, que nous vous accordions l'objet de votre demande. Soyez donc fidèle à vos promesses, nous satisferons aux nôtres.

EUDOXE. Puis donc que vous ne pouvez nier que vous doutiez, et qu'au contraire il est certain que vous doutiez, et même si certain que vous ne pouvez en douter, il est vrai aussi que vous qui doutez vous existez, et cela est si vrai que vous n'en pouvez pas douter davantage.

POLIANDRE. Je suis de votre avis; car si je n'existais pas, je ne pourrais douter.

EUDOXE. Vous existez donc, et vous savez que vous existez, et vous le savez, parce que vous doutez.

POLIANDRE. Tout cela est vrai.

EUDOXE. Mais pour que vous ne soyez pas détourné de votre dessein, avançons peu à peu, et, comme je vous l'ai dit, vous trouverez que cette route va plus loin que vous ne pensez. Répétons l'argument : Vous existez, et vous savez que vous existez, et vous le savez parce que vous savez que vous doutez, mais vous qui doutez de tout et ne pouvez douter de vous-même, qui êtes-vous?

POLIANDRE. La réponse n'est pas difficile, et je devine pourquoi vous m'avez choisi pour interlocuteur préférablement à Épistémon; c'est que vous ne vouliez poser aucune question à laquelle il ne fût très-facile de répondre. Je dirai donc que je suis un homme.

EUDOXE. Vous ne faites pas attention à ce que je vous demande, et la réponse que vous me présentez, quelque simple qu'elle vous paraisse, vous jetterait dans des questions très-difficiles et très-embrouillées, si je voulais tant soit peu vous presser. Et en effet, si je demandais, par exemple, à Épistémon lui-même ce que c'est qu'un homme, et qu'il me répondît, comme dans les écoles, qu'un homme est un animal raisonnable, et si en outre, pour expliquer ces deux termes, qui ne sont par moins obscurs que le premier, il nous conduisait par tous les degrés qu'on appelle métaphysiques, certes nous serions entraînés dans un labyrinthe dont nous ne pourrions jamais sortir. Car de cette question il en naît deux autres : la première : Qu'est-ce qu'un animal? la seconde : Qu'est-ce que raisonnable? Et de plus, si pour expliquer ce que c'est qu'un animal, il nous répondait que c'est un être vivant et sensitif, qu'un être vivant est un corps animé, et qu'un corps est une substance corporelle, vous voyez sur-le-champ que les questions iraient en s'augmentant et en se multipliant comme les branches d'un arbre généalogique, et il est assez évident que toutes ces belles questions finiraient par une pure battologie qui n'éclaircirait rien et nous laisserait dans notre première ignorance.

Épistémon. C'est avec beaucoup de peine que je vous vois mépriser si fort cet arbre de Porphyre qui a toujours fait l'admiration de tous les savants, et de plus je suis fâché que vous cherchiez à enseigner à Poliandre ce qu'il est par une autre méthode que celle qui depuis si longtemps est reçue dans toutes les écoles. En effet, on n'y a pu jusqu'à ce jour trouver la méthode meilleure pour nous enseigner ce que nous sommes, que de mettre successivement sous nos yeux tous les degrés qui constituent l'ensemble de notre être, afin qu'en montant et en descendant par tous ces degrés nous puissions apprendre ce que nous avons de commun avec les autres êtres, et ce en quoi nous en différons; et c'est là le plus haut point auquel puisse atteindre l'intelligence humaine.

Eudoxe. Jamais je ne me suis mis ni ne me mettrai en tête de blâmer la méthode d'enseignement qu'on emploie dans les écoles; car c'est à elle que je dois le peu que je sais, et c'est de son secours que je me suis servi pour reconnaître l'incertitude de tout ce que j'y ai appris. Aussi, quoique mes précepteurs ne m'aient jamais rien enseigné de certain, néanmoins je leur dois des actions de grâce pour avoir appris d'eux à le reconnaître, et je leur ai plus d'obligation de ce que toutes les choses qu'ils m'ont apprises sont douteuses que si elles eussent été plus conformes à la raison; car dans ce cas je me serais peut-être contenté du peu de raison que j'y eusse découvert, et cela m'aurait rendu moins ardent à la recherche de la vérité. Ainsi donc l'avertissement que j'ai donné à Poliandre sert moins à lui faire remarquer l'incertitude et l'obscurité où vous jette sa réponse qu'à le rendre lui-même à l'avenir plus attentif à mes questions. Mais je reviens à mon projet; et, pour ne plus nous en écarter davantage, je lui demande de nouveau ce qu'il est, lui qui peut douter de tout et qui ne peut douter de lui-même.

POLIANDRE. Je croyais vous avoir déjà satisfait à cet égard en vous disant que j'étais un homme; mais je reconnais maintenant que ma réponse n'était pas bien calculée, car je vois qu'elle ne vous contente pas; et, pour parler franchement, elle ne me paraît plus suffisante à présent, surtout lorsque je considère que vous m'avez montré les embarras et les incertitudes dans lesquelles elle pourrait nous jeter si nous voulions l'éclaircir et la comprendre. En effet, quoi qu'en dise Épistémon, je trouve beaucoup d'obscurité dans ces degrés métaphysiques. Si l'on dit, par exemple, qu'un corps est une substance corporelle sans définir en même temps ce que c'est qu'une substance corporelle, ces deux mots, *substance corporelle*, ne nous rendront en aucune manière plus savants que le mot *corps*. De même, si quelqu'un prétend qu'un être vivant est un corps animé, sans avoir expliqué auparavant le sens des mots *corps* et *animé*, et qu'il n'agisse pas autrement pour tous les autres degrés métaphysiques, certes il prononce des mots et même des mots rangés dans un certain ordre, mais il ne dit rien; car cela ne signifie rien qui puisse être conçu et former dans notre esprit une idée claire et distincte. Il y a plus : quand, pour satisfaire à cette question, j'ai répondu que j'étais un homme, je ne pensais pas à tous ces êtres scolastiques qui m'étaient inconnus et dont je n'avais jamais rien entendu dire, et qui, je pense, n'existent que dans l'imagination de ceux qui les ont inventés; mais je voulais parler des choses que nous voyons, que nous touchons, que nous sentons et que nous éprouvons en nous-mêmes; en un mot, des choses que le plus simple des hommes sait aussi bien que le plus grand philosophe de l'univers; je voulais dire enfin que je suis un certain tout composé de deux bras, de deux jambes, d'une tête et de toutes les autres parties qui constituent ce qu'on appelle le corps humain, lequel tout, en outre, se nourrit, marche, sent et pense.

Eudoxe. Je concluais déjà de votre réponse que vous n'aviez pas bien compris ma question, et que vous répondiez à plus de choses que je ne vous en avais demandé; mais comme vous aviez déjà mis au nombre des choses dont vous doutez, les bras, les jambes, la tête et toutes les autres parties qui composent la machine du corps humain, je n'ai aucunement voulu vous interroger sur toutes ces choses dont l'existence ne vous paraît pas certaine. Dites-moi donc ce que vous êtes proprement, en tant que vous doutez. Car voilà le seul point, puisque vous n'en pouvez connaître aucun autre avec certitude, sur lequel je voulusse vous interroger.

Poliandre. Maintenant, certes, je vois que je me suis trompé dans ma réponse, et que je suis allé plus loin qu'il ne fallait, parce que je n'avais pas assez bien saisi votre pensée. Aussi cela me rendra plus circonspect à l'avenir, et me fait en même temps admirer l'exactitude de votre méthode, au moyen de laquelle vous nous conduisez pas à pas, par des voies simples et faciles, à la connaissance des choses que vous voulez nous enseigner. Et cependant nous avons quelque sujet d'appeler heureuse l'erreur que j'ai commise, puisque je lui dois de savoir maintenant que ce que je suis, en tant que je doute, n'est nullement ce que j'appelle mon corps. Bien plus, je ne sais même pas si j'ai un corps, puisque vous m'avez montré que je puis en douter; à cela j'ajoute que je ne puis même nier absolument que j'aie un corps. Cependant, bien que nous laissions entières toutes ces suppositions, cela n'empêchera pas que je ne sois certain de mon existence, au contraire, elles me confirment encore plus dans la certitude que j'existe et que je ne suis pas un corps. Autrement, si je doutais de mon corps, je douterais aussi de moi-même, ce qui m'est impossible; car je suis pleinement convaincu que j'existe, et convaincu de telle sorte que je ne puis aucunement douter.

Eudoxe. Vous parlez à merveille, et vous traitez si bien la question qui nous occupe, que moi-même je ne pourrais dire mieux. Je le vois, il n'est plus besoin que de vous confier entièrement à vous-même, après vous avoir conduit dans la route. Bien plus, pour découvrir les vérités même les plus difficiles, je pense qu'il suffit de ce qu'on nomme vulgairement le sens commun, pourvu toutefois que l'on soit bien conduit; et comme je vous en trouve pourvu autant que je le désirais, je me contenterai à l'avenir de vous montrer la voie où vous devez entrer. Continuez donc de déduire par vous-même les conséquences de ce premier principe.

Poliandre. Ce principe me paraît si fécond, et tant de choses s'offrent en même temps à moi, que j'aurai, je crois, beaucoup de peine à les mettre en ordre. Ce seul avertissement que vous m'avez donné, d'examiner ce que je suis, moi qui doute, et de ne pas confondre ce que j'étais avec ce qu'autrefois je croyais être moi, a jeté tant de lumière dans mon esprit et en a dès l'abord si bien chassé les ténèbres, qu'à la lueur de ce flambeau je vois mieux en moi ce qui ne s'y voit pas, et que je n'ai jamais aussi fermement cru posséder un corps que je crois maintenant posséder ce qui ne se touche pas.

Eudoxe. Cette chaleur me plaît beaucoup, quoiqu'elle déplaise peut-être à Epistémon, qui, tant que vous ne l'aurez pas arraché à son erreur et que vous ne lui aurez pas mis devant les yeux une partie des choses que vous dites être contenues dans ce principe, aura toujours un prétexte pour croire, ou du moins pour craindre que cette lumière qui vous est offerte ne soit semblable à ces feux errants qui s'éteignent et s'évanouissent aussitôt qu'on en approche, et dès lors que vous ne retombiez bientôt dans vos premières ténèbres, c'est-à-dire dans votre ancienne ignorance. Et certes, ce serait un prodige que vous, qui n'avez pas fait d'études et qui n'avez pas lu les ouvrages des philosophes, vous devinssiez savant si vite et avec aussi peu de peine. Il ne faut donc pas s'étonner qu'Epistémon vous juge ainsi.

Épistémon. Je l'avoue, j'ai pris cela pour un mouvement d'enthousiasme, et j'ai pensé que Poliandre, qui ne s'est jamais appliqué à connaître les grandes vérités qu'enseigne la philosophie, a été frappé d'une telle joie en examinant la moindre d'entre elles qu'il n'a pu s'empêcher de vous le témoigner par des transports. Mais ceux qui, comme vous, ont longtemps marché dans cette route, et qui ont dépensé beaucoup d'huile et de peine à lire et à relire les écrits des anciens, à débrouiller et à expliquer ce qu'il y a de plus épineux dans les philosophes, ne s'étonnent pas plus de ces mouvements d'enthousiasme et n'en font pas plus de cas que du vain espoir dont s'éprennent quelques-uns de ceux qui n'ont fait encore que saluer le seuil des mathématiques. Ceux-ci, en effet, aussitôt que vous leur avez donné une ligne et un cercle, et enseigné ce que c'est qu'une ligne droite et une ligne courbe, se persuadent qu'ils vont trouver la quadrature du cercle et la duplication du cube. Mais nous avons tant de fois réfuté la doctrine des pyrrhoniens, et ils ont eux-mêmes retiré si peu de fruit de leur méthode de philosopher, qu'ils ont erré toute leur vie et n'ont pu se délivrer des doutes qu'ils ont introduits dans la philosophie, en sorte qu'ils semblent n'avoir donné leurs soins qu'à apprendre à douter. Aussi, n'en déplaise à Poliandre, je doute qu'il puisse lui-même retirer de là quelque chose de meilleur.

Eudoxe. Je vois bien qu'en adressant la parole à Poliandre vous voulez m'épargner; néanmoins il est manifeste que je suis le but de vos railleries. Mais que Poliandre continue de parler; nous verrons ensuite qui de nous rira le dernier.

Poliandre. Je le ferai volontiers, d'autant plus qu'il est à craindre que ce débat ne s'échauffe entre vous, et que, si vous reprenez la chose de trop haut, je n'y comprenne plus rien; je me verrais ainsi privé du fruit que je me promets de recueillir en revenant sur mes premières études. Je prie donc Epistémon de me laisser nourrir cet espoir tant qu'il plaira à Eudoxe de me guider par la main dans la voie où il m'a placé lui-même.

Eudoxe. Vous avez déjà bien reconnu, en ne vous considérant simplement qu'en tant que vous doutez, que vous n'étiez pas un corps, et partant que vous ne trouviez en vous aucune des parties qui constituent la machine du corps humain, c'est-à-dire ni bras, ni jambes, ni tête, ni yeux, ni oreilles, ni aucun organe qui puisse servir à un sens quelconque; mais voyez si de la même manière vous ne pourriez pas rejeter toutes les autres choses que vous avez comprises tout à l'heure dans la définition de l'homme, tel que vous le conceviez autrefois. Car, comme vous l'avez dit avec raison, c'est une heureuse erreur que celle que vous avez commise en dépassant dans votre réponse les limites de ma question; avec son secours, en effet, vous pouvez parvenir à la connaissance de ce que vous êtes, en écartant de vous et en rejetant tout ce que vous voyez clairement ne pas vous appartenir, et en n'admettant rien qui ne vous appartienne si nécessairement que vous en soyez aussi certain que de votre existence et de votre doute.

Poliandre. Je vous remercie de me ramener ainsi dans mon chemin, car je ne savais plus où j'étais. J'ai dit tout à l'heure que j'étais un tout formé de deux bras, de deux jambes, d'une tête, enfin de toutes les autres parties qui composent ce qu'on appelle le corps humain ; de plus, un tout qui marchait, se nourrissait, sentait et pensait. Il a fallu aussi, pour me considérer simplement tel que je sais être, rejeter toutes ces parties ou tous ces membres qui constituent la machine du corps humain, c'est-à-dire me considérer sans bras, sans jambes, sans tête, en un mot sans corps. Or, il est vrai que ce qui doute en moi n'est pas ce que nous disons être notre corps ; il est donc vrai aussi que moi, en tant que je doute, je ne me nourris pas, je ne marche pas; car ni l'un ni l'autre de ces deux actes ne peuvent se faire sans le corps. Bien plus, je ne puis même affirmer que moi, en tant que je doute, je puisse sentir. Car, de même que les pieds sont nécessaires pour marcher, de même aussi les yeux le sont pour voir et les oreilles pour entendre; mais comme je n'ai aucun de ces organes, puisque je n'ai pas de corps, je ne puis dire que je sente. En outre, j'ai autrefois cru sentir en rêve beaucoup de choses que cependant je ne sentais pas réellement; et puisque j'ai résolu de n'admettre ici rien qui ne soit tellement vrai que je n'en puisse douter, je ne puis dire que je sois une chose sentante, c'est-à-dire une chose qui voie par des yeux et entende par des oreilles; car il pourrait arriver que je crusse sentir de cette manière, bien qu'aucun de ces actes n'eût lieu.

Eudoxe. Je ne puis m'empêcher de vous arrêter ici, non pour vous détourner de votre route, mais pour vous encourager et vous faire examiner ce que peut le bon sens bien gouverné. En effet, dans tout ce que vous venez de dire, y a-t-il rien qui ne soit exact, rien qui ne soit légitimement conclu et rigoureusement déduit? Et cependant toutes ces conséquences se tirent sans logique, sans formule d'argumentation, à l'aide des seules lumières de la raison et du bon sens, qui est moins sujet à se tromper quand il agit seul et par lui-même que lorsqu'il cherche avec inquiétude à observer mille règles diverses que l'art et la paresse des hommes ont inventées plutôt pour le corrompre que pour le perfectionner. Épistémon même semble ici de notre avis; car son silence donne à entendre qu'il approuve ce que vous avez dit. Continuez donc, Poliandre, et montrez-lui jusqu'où le bon sens peut aller, et en même temps les conséquences qui peuvent être déduites de nos principes.

Poliandre. De tous les attributs que je m'étais donnés, il

n'en reste plus qu'un à examiner, la pensée, et je trouve qu'elle seule est d'une nature telle que je ne puis la séparer de moi. Car, s'il est vrai que je doute, comme je n'en puis douter, il est également vrai que je pense. Qu'est-ce en effet que douter, sinon penser d'une certaine manière? Et certes, si je ne pensais pas, je ne pourrais savoir si je doute ni si j'existe. J'existe cependant, et je sais que j'existe, et je le sais parce que je doute, c'est-à-dire conséquemment parce que je pense; et même il pourrait arriver que si, pour un moment, je cessais de penser, je cessasse en même temps d'exister. Ainsi donc la seule chose que je ne puisse séparer de moi, que je sache avec certitude être moi, et que je puisse maintenant affirmer sans craindre de me tromper, c'est que je suis un être pensant.

EUDOXE. Que vous semble, Épistémon, de ce que vient de dire Poliandre? Trouvez-vous dans tout son raisonnement quelque chose qui cloche ou qui ne soit pas conséquent? Auriez-vous cru qu'un homme illettré et sans études raisonnât si juste et fût en tout conséquent avec lui-même? Par là donc, si j'en juge bien, vous devez commencer à voir qu'en sachant se servir convenablement de son doute on peut en déduire des connaissances très-certaines, et même plus certaines et plus utiles que toutes celles que nous appuyons ordinairement sur ce grand principe, dont nous faisons la base de toutes les connaissances et le centre auquel toutes se ramènent et aboutissent : *Il est impossible que dans le même instant une seule et même chose soit et ne soit pas.* J'aurai peut-être occasion de vous en démontrer l'utilité; mais pour ne pas couper le fil du discours de Poliandre, ne nous écartons pas de notre sujet, et interrogez-vous pour savoir si vous n'avez rien à dire ou à objecter.

ÉPISTÉMON. Puisque vous me prenez à partie, et que même vous me piquez, je vais vous montrer ce que peut la logique irritée, et en même temps vous créer de tels embarras et de tels obstacles que non-seulement Poliandre, mais vous-même, pourrez très-difficilement vous en tirer. N'allons donc pas plus loin, mais plutôt arrêtons-nous ici, et examinons sévèrement les principes qui vous servent de base et vos conséquences. Car, à l'aide de la vraie logique, et par vos principes mêmes, je vous démontrerai que tout ce qu'a dit Poliandre ne repose pas sur un fondement légitime et ne conclut rien. Vous dites que vous existez, que vous savez que vous existez, et que vous le savez parce que vous doutez et parce que vous pensez. Mais ce que c'est que douter, ce que c'est que penser, le savez-vous? Et puisque vous ne voulez rien admettre dont vous ne soyez certain et que vous ne connaissiez parfaitement, comment pouvez-vous être certain que vous existez en vous appuyant sur des fondements si obscurs et conséquemment si peu certains? Il eût fallu que vous apprissiez d'abord à Poliandre ce que c'est que le doute, la pensée, l'existence, afin que son raisonnement pût avoir la force d'une démonstration, et que lui-même pût se comprendre avant de vouloir se faire comprendre aux autres.

POLIANDRE. Voilà qui passe ma portée; je m'avoue donc vaincu, vous laissant débrouiller ce nœud avec Épistémon.

EUDOXE. Pour cette fois je m'en charge volontiers, mais à la condition que vous serez juge de notre débat; car je n'ose me promettre qu'Épistémon se rende à mes raisons. Celui qui, comme lui, est plein d'opinions et de préjugés, très-difficilement se confie à la seule lumière de la nature; dès longtemps, en effet, il s'est accoutumé plutôt à céder à l'autorité qu'à prêter l'oreille à la voix de sa propre raison; il aime mieux interroger les autres, peser ce qu'ont écrit les anciens, que se consulter lui-même sur le jugement qu'il doit porter. Et de même que dès l'enfance il a pris pour la raison ce qui ne reposait que sur l'autorité de ses précepteurs, de même il présente maintenant son autorité comme la raison, et il veut se faire payer par les autres le même tribut qu'il a payé autrefois. Mais j'aurai lieu d'être content, et je croirai abondamment satisfaire aux objections que vous a proposées Épistémon, si vous donnez votre assentiment à ce que j'aurai dit, et si votre raison vous en convainc.

ÉPISTÉMON. Je ne suis pas si opiniâtre ni si difficile à persuader que vous le pensez, et très-volontiers je souffre qu'on me satisfasse. Bien plus, quoique j'aie des raisons pour me défier de Poliandre, je ne demande pas mieux que de remettre notre procès entre ses mains; je vous promets même de m'avouer vaincu aussitôt qu'il rendra les armes. Mais qu'il se garde de souffrir qu'on le trompe et de tomber dans l'erreur qu'il reproche aux autres, c'est-à-dire de prendre pour une raison convaincante l'estime qu'il vous porte.

EUDOXE. S'il s'appuyait sur un fondement si faible, certes, il entendrait mal ses intérêts, et je réponds d'avance qu'il s'en gardera bien. Mais assez de digressions; rentrons dans notre sujet. Je conviens avec vous, Épistémon, qu'il faut savoir ce que c'est que le doute, la pensée, l'existence, avant d'être entièrement convaincu de la vérité de ce raisonnement : *Je doute; donc j'existe;* ou, ce qui est la même chose : *Je pense, donc j'existe.* Mais n'allez pas vous imaginer que pour acquérir ces notions préalables il faille violenter et torturer notre esprit pour trouver le genre le plus proche et la différence essentielle, et de ces éléments composer une véritable définition. Laissons cette tâche à celui qui veut faire le professeur ou disputer dans les écoles. Mais quiconque désire examiner les choses par lui-même et en juger selon qu'il les conçoit, ne peut être d'un esprit si borné qu'il n'ait pas assez de lumière pour voir suffisamment, toutes les fois qu'il y fera attention, ce que c'est que le doute, la pensée, l'existence, et pour qu'il lui soit nécessaire d'en apprendre les distinctions. En outre, il est plusieurs choses que nous rendons plus obscures en voulant les définir, parce que, comme elles sont très-simples et très-claires, il nous est impossible de les savoir et de les comprendre mieux que par elles-mêmes. Bien plus, au nombre des plus grandes erreurs que l'on puisse commettre dans les sciences, il faut compter peut-être l'erreur de ceux qui veulent définir ce qui ne doit que se concevoir, et qui ne peuvent ni distinguer les choses claires des choses obscures, ni discerner ce qui, pour être connu, exige et mérite d'être défini, de ce qui peut être très-bien conçu par soi-même. Or, au nombre des choses qui sont tellement claires qu'on les connaît par elles-mêmes, on peut mettre le doute, la pensée et l'existence.

Je ne crois pas qu'il y ait jamais eu personne d'assez stupide pour avoir eu besoin d'apprendre ce que c'est que l'existence, avant de pouvoir conclure et affirmer qu'il existât. Il en est ainsi du doute et de la pensée. J'ajoute même qu'il est impossible d'apprendre ces choses autrement que de soi-même, et d'en être persuadé autrement que par sa propre expérience, et par cette conscience ou ce témoignage intérieur que chaque homme trouve en lui-même quand il examine une observation quelconque; de telle sorte que, comme il serait inutile de définir ce que c'est que le blanc pour le faire comprendre à un aveugle, tandis que pour le connaître il nous suffit d'ouvrir les yeux et de voir du blanc, de même, pour savoir ce que c'est que le doute et la pensée, il suffit de douter et de penser. Cela nous apprend tout ce que nous pouvons savoir à cet égard, et même nous en dit plus que les définitions les plus exactes. Il est donc vrai que Poliandre a dû connaître ces choses avant d'en pouvoir déduire les conclusions qu'il a formulées. Au reste, puisque nous l'avons élu pour juge, demandons-lui s'il a jamais ignoré ce que c'est que le doute, l'existence, la pensée.

POLIANDRE. Je l'avoue, c'est avec le plus grand plaisir que je vous ai entendu discuter sur une chose que vous n'avez pu apprendre que de moi, et je ne vois pas sans quelque joie qu'il faut, du moins, en cette occasion, me reconnaître pour votre maître, et vous reconnaître vous-mêmes pour mes disciples. C'est pourquoi, pour vous tirer d'embarras et résoudre sur-le-champ votre difficulté (on dit en effet d'une chose qu'elle est faite sur-le-champ lorsqu'elle arrive contre toute espérance et contre toute attente), je puis vous certifier que jamais je n'ai douté de ce que c'est que le doute, bien que je n'aie commencé à le connaître, ou plutôt à y réfléchir, que lorsque Épistémon a voulu le mettre en doute. A peine m'aviez-vous montré le peu de certitude que nous avons de l'existence des choses que nous ne connaissons que par le secours des sens, que j'ai commencé à douter de ces choses, et il a suffi de cela pour me faire connaître en même temps et mon doute et la certitude de ce doute ; je puis donc affirmer que j'ai commencé à me connaître aussitôt que j'ai commencé à douter; mais ce n'était pas aux mêmes objets que se rapportaient mon doute et ma certitude. Car mon doute s'appliquait seulement aux choses qui existent hors de moi, et ma certitude s'appliquait à mon doute et à moi-même. Eudoxe avait donc raison de dire qu'il est des choses que nous ne pouvons apprendre qu'en les voyant. De même, pour apprendre ce que c'est que le doute, ce que c'est que la pensée, il ne faut que douter et penser soi-même. Ainsi de l'existence. Il faut savoir seulement ce qu'on entend par ce mot; aussitôt on connaît la chose, autant du moins qu'il est possible à l'homme de la connaître, et pour cela il n'est besoin de définitions ; elles obscurciraient la chose plutôt qu'elles ne l'éclairciraient.

ÉPISTÉMON. Puisque Poliandre est content, je me rends également et je ne pousserai pas plus la dispute; cependant je ne vois pas qu'il ait beaucoup avancé depuis deux heures que nous sommes ici à raisonner, tout ce qu'il a appris à l'aide de cette belle méthode que vous vantez tant, c'est qu'il doute, qu'il pense, et qu'il est une chose pensante. Découverte admirable en vérité! Voilà beaucoup de paroles pour bien peu de choses. On aurait pu tout dire en quatre mots, et nous aurions tous été d'accord. Quant à moi, s'il devait m'en coûter autant de paroles et de temps pour apprendre une chose d'un aussi mince intérêt, j'aurais de la peine à m'y résigner. Nos maîtres nous en disent bien plus et sont beaucoup plus hardis; rien ne les arrête, ils prennent tout sur eux et prononcent sur tout; rien ne les détourne de leur but ni ne les frappe d'étonnement; quoi qu'il arrive enfin, lorsqu'ils se voient trop pressés, une équivoque ou le *distinguo* les retire de tout embarras. Soyez même certain que leur méthode sera toujours préférée à la vôtre, qui doute de tout et qui craint tellement de broncher qu'en piétinant sans cesse elle n'avance jamais.

EUDOXE. Je n'ai jamais eu le dessein de prescrire à qui que ce soit la méthode qu'il faut suivre dans la recherche de la vérité; j'ai voulu seulement exposer celle dont je me suis servi, afin que si on la juge mauvaise on la rejette, si au contraire bonne et utile, d'autres s'en servent aussi. Du reste, je laisse chacun entièrement libre de l'admettre ou de la rejeter. Si maintenant on dit qu'elle ne m'a guère avancé, c'est à l'expérience d'en juger, et je suis certain, pourvu que vous continuiez de me prêter votre attention, que vous-même vous m'avouerez que nous ne pouvons être assez circonspects dans l'établissement des principes, et qu'une fois les principes solidement posés, nous pourrons pousser les conséquences plus loin et les déduire plus facilement que nous n'eussions osé nous le promettre. Aussi je pense que toutes les erreurs qui arrivent dans les sciences viennent de ce que nous avons en commençant jugé avec trop de hâte, en admettant pour principes des choses obscures et dont nous n'avions aucune notion claire et distincte. Ce qui prouve la vérité de cette assertion, c'est le peu de progrès que nous avons faits dans les sciences; dont les principes sont certains et connus de tous, tandis que d'autre part, dans celles dont les principes sont obscurs et incertains, ceux qui veulent être sincères sont forcés d'avouer qu'après avoir dépensé beaucoup de temps et lu beaucoup de volumes ils ont reconnu qu'ils ne savaient rien et qu'ils n'avaient rien appris. Ne vous étonnez donc pas, mon cher Épistémon, si, voulant conduire Poliandre dans une voie plus sûre que celle qui m'a été enseignée, je suis sévère au point de ne tenir pour vrai que ce dont j'ai une certitude égale à celle où je suis que j'existe, que je pense et que je suis une chose pensante.

Épistémon. Vous me paraissez semblable à ces sauteurs qui retombent toujours sur leurs pieds; vous revenez toujours à votre principe; si vous continuez de la sorte, vous n'irez ni loin ni vite. Comment en effet trouverons-nous toujours des vérités dont nous puissions être aussi certains que de notre existence?

Eudoxe. Cela n'est pas aussi difficile que vous le croyez, car toutes les vérités se suivent l'une l'autre et sont unies entre elles par un même lien. Tout le secret consiste à commencer par les premières et par les plus simples, et à s'élever ensuite peu à peu et comme par degrés jusqu'aux vérités les plus éloignées et les plus composées. Or, qui doutera que ce que j'ai posé comme principe ne soit la première de toutes les choses que nous pouvons connaître avec quelque méthode? Il est constant en effet que nous ne pouvons douter d'elle, quand même nous douterions de la vérité de tout ce que renferme l'univers. Puis donc que nous sommes certains d'avoir bien commencé, il faut, pour ne pas nous égarer dans la suite, avoir soin, et c'est ce que nous faisons, de ne point admettre comme vrai ce qui est sujet au moindre doute. A cette fin il faut, selon moi, laisser parler Poliandre seul. Car comme il ne suit aucun maître que le sens commun, et comme sa raison n'est altérée par aucun préjugé, il est presque impossible qu'il se trompe, ou du moins il s'en apercevra facilement, et il reviendra sans peine dans le droit chemin.

Épistémon. Écoutons-le donc parler, et laissons-lui exposer les choses qu'il dit être contenues dans votre principe.

Poliandre. Il y a tant de choses contenues dans l'idée que présente un être pensant qu'il nous faudrait des jours entiers pour les développer. Mais pour le moment nous ne traiterons que des principales et de celles qui servent à rendre plus claire la notion de cet être, et qui la distinguent de tout ce qui n'a pas de rapport avec elle. J'entends par être pensant... (*Le reste manque.*)

FIN DES ŒUVRES CHOISIES DE DESCARTES.

TABLE DES MATIÈRES.

DISCOURS DE LA MÉTHODE

POUR BIEN CONDUIRE SA RAISON ET CHERCHER LA VÉRITÉ DANS LES SCIENCES.

MÉDITATIONS TOUCHANT LA PHILOSOPHIE PREMIÈRE

DANS LESQUELLES ON PROUVE CLAIREMENT L'EXISTENCE DE DIEU ET LA DISTINCTION RÉELLE ENTRE L'AME ET LE CORPS DE L'HOMME.

LES PASSIONS DE L'AME.

RECHERCHE DE LA VÉRITÉ

BAR-LE-DUC, IMPRIMERIE CONTANT-LAGUERRE.

www.ingramcontent.com/pod-product-compliance
Lightning Source LLC
LaVergne TN
LVHW011946220826
846092LV00001B/106

* 9 7 8 2 0 1 9 7 0 6 3 8 8 *